精准决策:
差异化采购供应策略

沈鸿 ◎ 著

中国商业出版社

图书在版编目（CIP）数据

精准决策：差异化采购供应策略 / 沈鸿著. -- 北京：中国商业出版社，2020.6

ISBN 978-7-5208-1151-4

Ⅰ. ①精⋯ Ⅱ. ①沈⋯ Ⅲ. ①采购管理 Ⅳ. ①F253

中国版本图书馆CIP数据核字（2020）第078695号

责任编辑：朱文昊　黄世嘉

中国商业出版社出版发行
（100053 北京广安门内报国寺1号）
010-63180647　www.c-cbook.com
新华书店经销
武汉市金港彩印有限公司

*

710毫米×1000毫米　16开　17印张　233千字
2020年7月第1版　2020年7月第1次印刷

定价：88.00元

*　*　*　*

（如有印装质量问题可更换）

序 言

在采购管理和供应管理中，因为采购标的物的不同，企业内部经营状态（企业自身）和外部经营环境（外部市场、营商环境）的差异，如何有效地制定采购管理策略是企业时常困惑的问题。相信很多管理者都在想，是否存在一种或若干种决策工具或模型，可以快速、有效且广泛地适用于采购供应策略的制定？

品类管理是当前流行通用的采购供应管理中的一种物料分类管理模式，其针对所采购的物料或服务按其本身物理、功能等内生特性以及服务要求不同而进行分类并委派专人专类管理（如 CM，Commodity Manager 等）。但大多数企业容易忽略物料或服务的外在市场特性及自身的业务状态，对多数不同的品类经常用类似的或无差别的采购供应策略，如追求最低价、要求对供应商强势、妄求最高供应弹性与最低价并存等。其结果往往是频繁地更换供应商，频繁地处理交货、质量等售后问题，采购供应管理人员不是在救火，就是在救火的路上。因此，稍微有点规模或有一定管理意识的企业，一般会通过物料/品类采购金额和数量的大小，用 ABC 分类法对物料/品类进行分类，并采取对应的采购供应管理策略。规模较大且管理能力较强的企业，大多会利用复杂一点的卡拉杰克矩阵模型（The Karljic Purchasing Portfolio Management），根据采购额大小和供应风险高低，将物料/品类分为四个类别，即一般物料、杠杆物料、瓶颈物料和战略物料，并据此制定较有针对性的差异化采购供应策略。

然而，笔者在多年的采购和供应管理的学习和实践工作中发现，不管是根据物料/功能特性等内部特性分类的品类管理法，还是针对采购额和供应风险等外部特性分类的卡拉杰克矩阵模型，都难以满足比较复杂的实际决策需要，其策略的准确性和有效性也不是很理想，某些其他未考虑到的因素，可能也大大影响着决策与管理。基于此，本书以大量的实际工作项目为依据，试图找出某些其他关键指标，将上述的影响决策准确性和有效性的指标进行分析，并找出比较深层和基础的影响因素。通过引入某些指标（变量）后，位于同一指标集内（若干关键指标状态的组合）的品类/物料对于采用相同采购供应策略后，其有效性的反馈是比较接近的。因此，在品类管理和卡拉杰克模型的基础上，本书将对影响策略有效性的几项指标进行重新归纳、提炼并进行量化；同时，对指标组合类似的品类进行归集并各自采用对应的差异化策略。经笔者多年实践证明，其执行效果是很理想的、符合预期的。所以，以指标的高与低、大与小所分割成的各种差异性为框架，可以更为精准地对不同指标的品类集制定差异化的策略，使其决策效率和操作效率大大提高。

因此，本书在选择并量化出若干识别采购品类内外特性的指标的基础上，构建采购供应策略模型，辅以实际案例阐述分析，以便于更好地识别、归类分析具有类似内外特性的采购标的物，从而精准地制定策略。同时，本书把某些零散的、技巧性、经验性的策略决策理念和工具，归纳提取，并在一定理论的基础上，依托于策略模型，使决策更简单、更精准、更具有可操作性，并努力使其具有较广泛的适用性。此外，对于策略的实施工具，如以成本和供应优化为导向的各种采购方法及其战术组合应用，供应商管理及其组合优化等做了详细介绍，并以部分案例展示说明，以期精准

序言

的采购供应优化策略能够精准有效地执行落地。在分享思路与操作流程的基础上，本书的目的在于能够提供一套行之有效、可以通过实际情况稍做修改便可套用的快速决策工具和操作指南。

当然，限于理论学识与实际经验的局限，其中不足之处在所难免。笔者抱着野人献曝的心态，抛砖引玉，希望同行、学者专家多多指正。

在此书完稿之际，我要感谢澳门大学工商管理学院的练肇通教授，他是我在供应链管理学术方面的启蒙导师，为我开启了供应链领域的大门，奠定了理论化的基础；也要感谢曾经就职的 IBM 和 Sanofi 两家企业所提供的专业培训及良好的实践平台，使我在工作中能够形成并充分应用我的理论模型。最后，要感谢家人的支持！

沈 鸿

2020 年 2 月 2 日

目 录

第一章 前 言 1

第二章 数据的收集与分析整理 14
2.1 采购数据 14
2.1.1 采购数据的收集 15
2.1.2 采购数据的整理分析 18
2.2 供应市场分析 26
2.3 供应约束因素 31

第三章 数据的量化 34
3.1 供应复杂度的评估表设计和量化 35
3.2 业务吸引度的评估设计和量化 42
3.2.1 供需双方的博弈分析 42
3.2.2 供应商吸引度的评估表设计及量化 56

第四章 采购供应策略立方模型 64
4.1 采购供应策略立方模型的构建 67
4.2 模型内部空间的划分 70

I

4.3 分布空间与品类的特性...74
4.4 不同行业关键品类在采购策略立方模型中的一般分布状态.........93
  4.4.1 大众消费品类行业，采购品类在采购策略模型中的分布特性.....93
  4.4.2 小众专业品行业，采购品类在采购策略模型中的分布特性.......95
  4.4.3 高科技行业中，采购品类在采购策略模型中的分布特性.........95
  4.4.4 大宗物品消耗型行业，采购品类在采购策略模型中的分布特性...98

第五章　分析诊断..100
5.1 优先级判定...100
5.2 分析诊断..103
  5.2.1 采购成本优化分析...104
  5.2.2 供应复杂度优化分析...105
  5.2.3 业务对供应商吸引度的优化分析..................................115

第六章　策略的制定..120
6.1 空间 1　边缘品类...121
6.2 空间 2　理想品类...124
6.3 空间 3　瓶颈品类...128
6.4 空间 4　维系品类...131
6.5 空间 5　被动品类...136
6.6 空间 6　杠杆品类...140
6.7 空间 7　紧要品类...143
6.8 空间 8　战略品类...147

第七章 策略的实施工具 150
7.1 成本优化的方法和工具 150
7.1.1 议价采购 151
7.1.2 明智采购 170
7.1.3 革新采购 181
7.2 采购方法的战术组合应用 207
7.3 供应商的关系管理与优化 215
7.3.1 买卖关系：零和博弈与双赢合作 216
7.3.2 供应商的分类 218
7.3.3 供应管理策略分析 220

第八章 策略的实施与管理 245
8.1 项目的立项 246
8.2 项目的实施进度计划 250
8.3 项目的监管与绩效考核 256

未来展望：采购供应管理的新时代 259

第一章 前言

在日益激烈的市场竞争中，持续的成本降低是企业在市场中占据优势并保证利润的有力手段。如何更加有效并可持续地降低成本，如何保证按时按量的供应，如何更好地管理供应源，一直是企业管理者需要面对的挑战，也是企业维持并提高竞争力的关键因素之一。对于中高层采购供应管理者，如何根据市场的变化快速有效地诊断现有采购供应策略的合理性和有效性，如何制定有效的策略并付诸执行，是当前面临并需要尽快解决的问题。

本书将以量化数据为基础，阐述并展示如何从战略的角度来分析诊断企业的采购供应现状和问题，并制定相应的策略；如何根据策略制定差异化的解决方案，应用不同的思路和工具，不断地深入探寻成本节省的手段并加以执行。对于用传统采购方式已经很难有效降低成本的企业，本书也提供了一系列的分析思路和操作方法，以期抛砖引玉。

采购供应管理的过去、现在与未来

早在1887年，世界上就出现了第一本关于采购供应的手册——《铁路补给品的操作：它们的采购和分销》（*The Handling of Railway Supplies：Their Purchase and Distribution*）。到了1915年，涉及采购方面的书籍和文章也陆续面世，但采购供给的管理和执行主要还是被看作战术层面的行为。直到第一次世界大战和第二次世界大战期间，因为战略物资的快速生产很大程度上依赖于物料的及时供给，所以采购人员的身份才慢慢提高。第二次世界大战后到20世纪60年代，采购流程继续精化，越来越多的采购人员被雇用和培训。采购岗位也逐渐提高并进入组织的决策层。到20世纪70年代，特别是1973年石油欧佩克组织对原油的禁运，导致了很多基础原材料价格的攀升，同时，该时期很多国家开始放松对贸易的限制，企业为了获取竞争优势，开始寻找低成本的原材料。因此，这一时期采购对企业的绩效的好坏起着很重要的作用[1]。

从20世纪80年代开始到90年代初，随着全球化趋势的发展，单纯的采购角色慢慢地被供应管理替代。面对日益激烈的竞争，采购开始更多地被整合到企业战略中。企业高管们认识到成本控制、质量改进和供应商管理能够通过一个强有力的采购部门来实现。采购这个名词所包含的意义也发生了改变，从单纯的购买下单（Buying/Purchasing），变成了包括负责寻源开发（Sourcing）、中间管控和后续管理的采购（Procurement），甚至负责整个供应全链条，涉及多部门合作的供应管理（Supply Management）也开始出现。采购/供应管理部门开始进入组织的战略层面。

到了21世纪初，采购供应管理开始利用信息技术的发展，通过专业的品类管理团队和跨部门职能的团队，对供应全链条的成本进行管控，协调各职能部门和外部供应商，对供应的风险进行控制，开始进入了全面成本管理的时代（Total Cost Management）。到了21世纪初，一些先进的

1.Darin L.matthews,CPPO,C.P.M;Linda L.Stanley,PhD.,Effective supply management performance,Institute for Supply Management,2008,Page3.

企业已经开始通过采购供应管理部门,从上下游供应商和客户中挖掘商机并展开更广泛的合作。采购供应出身的高管有些甚至开始当上CEO（早年CEO很多是从销售人员晋升的）,统筹企业发展的全局。

2015年后,随着AI技术的发展,很多采购供应管理者开始考虑将一些简单的采购工作用人工智能替代,如电子竞价、智能供应商筛选等开始用于处理简单但比重又比较大的日常采购工作。使采购供应管理人员从烦琐的简单日常工作中脱身出来,有足够的时间精力站在更高的角度,从策略、战略层面来为组织做贡献。

未来,一些简单的采购岗位,如初级买手或跟单等这种最早出现的采购岗位（Purchasing/Buyer）,将逐渐被AI技术取代,甚至一些简单的决策和谈判也可能会被高性能AI取代。如Bid Ops AI平台,通过利用市场基准和预测分析的力量,在投标竞价中,帮助采购团队在全球价格波动的常态下和贸易磨擦不断发生的背景下完成采购工作。2019年初,一位使用者利用该AI技术平台,在一项400万美元的原材料采购的自动谈判中,在不到90分钟内取得125万美元的成本折扣[1]。

因此,未来采购供应管理的岗位将更多地注重在战略层面,如供应链的全面管理、成本的全面管控、跨部门协调和采购策略的制定（甚至通过建模和参数的形式输入AI系统,依托大数据,根据设定的不同情景条件自动运行并给出决策）。这无疑对当前占绝大多数岗位的初中级采购供应从业人员产生巨大的挑战,使其面临着潜在失业或转业的威胁。所以,从简单初级的采购供应日常工作中摆脱出来,以更多的时间关注、学习并提

1.First-mover AI procurement platform bid ops lands $1.75M in seed funding to automate vendor negotiations. (2019, Mar 07). PR Newswire Retrieved from https://search.proquest.com/docview/2188566843?accountid=13151.

高自身的分析和策略性思维能力便显得尤为重要，这也是未来一二十年避免被 AI 替代的可能性出路。

关于采购供应管理策略

那么，如何入手并进阶到采购供应管理的战略层次，如何制定采购供应策略呢？

除了以物料/服务的物理特性和功能特性进行分类管理的品类管理外，当前，采购供应策略大多基于 ABC 物料分类法和卡拉杰克（Kraljic）矩阵模型的物料/品类[1]分类分析法，很多差异化的采购供应策略都是在这两种方法上发展衍生出来的。

1951 年，美国管理学家 H.F 戴克发现了库存物料中存在帕累托 80/20 规律[2]并用曲线描述出来，定名为 ABC 分析法。1960 初，P.E 德鲁克在研究企业经济效果和管理效果时，使用了 ABC 分析法的基本思想，基本奠定了 ABC 分类法。目前，ABC 分类法已发展成为一种重要的技术经济分析法和企业管理的基础方法，通过对物料进行分类，制定不同的采购供应管理策略，以降低成本、提高效率。

---

1. 早期的 ABC 分类法和卡拉杰克矩阵模型主要针对单独的物料分类，后来随着品类管理的广泛应用，ABC 分析法和卡拉杰克矩阵模型开始在品类管理的物理或功能特性（内生因素）的归类方法的基础上，根据采购额、供应风险等（外生因素）对品类进一步进行 ABC 分类和卡拉杰克分类。

2. 80/20 规律是意大利经济学家帕累托提出的。他认为，80% 的财富为 20% 的人所拥有，并且这种经济趋势存在普遍性。原因和结果、投入和产出、努力和报酬之间存在着无法解释的不平衡，一般情况下，产出或报酬是由少数的原因、投入和努力产生的，若以数学方式测量这个不平衡，得到的基准线是一个 80/20 关系——结果、产出或报酬的 80% 取决于 20% 的原因、投入或努力。即 80% 的价值是来自 20% 的因子，其余的 20% 的价值则来自 80% 的因子。

ABC 物料分析法主要通过物料采购金额的大小，由大到小累计排列，一般而言，累计比例在前 60%～80% 为重要的 A 类物料，累计比例在中间段的 20%～30% 为次级重要的 B 类物料，累计比例排在最后剩下的 10%～20% 为不重要的 C 类物料。如图（1-1 所示），占总品种数量 20% 的 A 类物料占采购总额的 80%，占总品种数量 60% 的 C 类物料仅占采购金额的 5%。基于此，企业根据物料归属的类别不同，制定出相应的采购供应策略。

这种 ABC 分类法较适用于规模中小、行业技术层级较低、产品品种较少、供应市场竞争比较完全的企业组织，其采购供应策略制定比较简单，易于实施，且效果明显。辅以一定的生产计划和库存管理[1]，如 VMI（供应商管理库存，Vender Managed Inventory），安全库存优化设计，差异化工序延后等，基本可以满足并保持一定竞争力的企业运营要求。

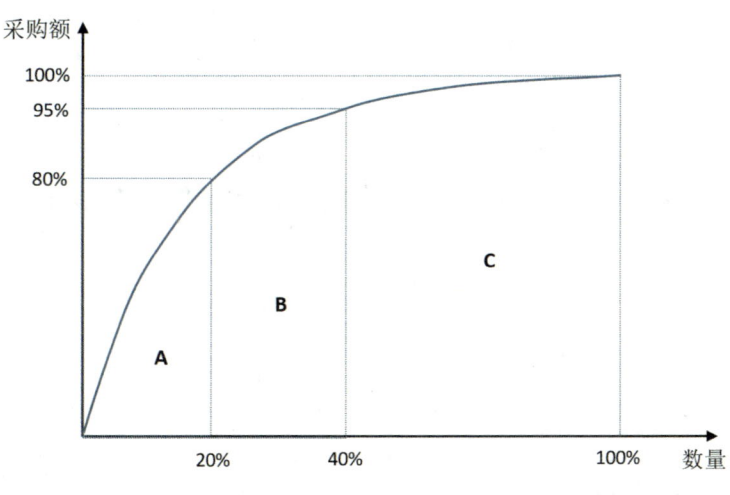

图 1-1 ABC 物料分类图

1.Shen, Hong. A Case Study of Inventory Management in a Manufacturing Company in China. NangYan Business Jorunal （V. 5 no, 1-2017）

然而，ABC 分类法仅主要考虑采购金额和数量，对于策略制定的准确性和有效性有一定的局限性。1983 年，卡拉杰克将收益影响——供应风险矩阵引入采购领域，即卡拉杰克矩阵模型（The Karljic Portfolio Purchasing Model）。卡拉杰克是第一个将组合模型引入到采购领域的学者[1]，与 ABC 物料分类法的一维分析不同的是，他从采购品的利润影响和供应风险两个维度进行分析分类，将采购品分为一般物料、杠杆物料、瓶颈物料和战略物料四个类别[2]。

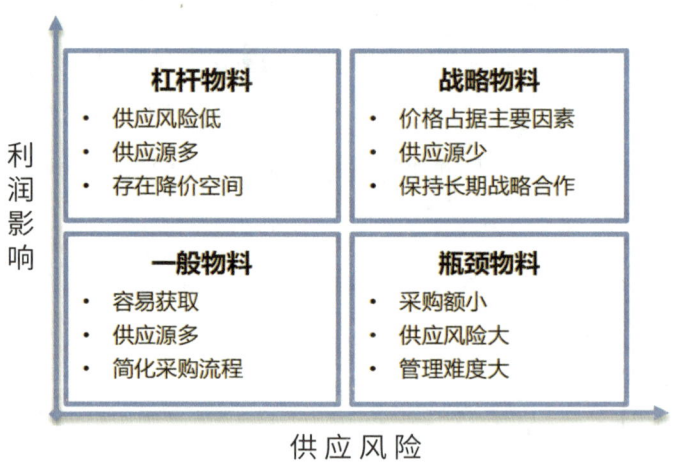

图 1-2　卡拉杰克采购管理矩阵模型

利润影响是指对最终产品成本和利润的影响力，一般可以用采购额大

---

1. Pedersen D. Why relationships do not fit into purchasing portfolio models: A comparison between the portfolio and industrial net work approaches [J]. European Journal of Purchasing & Supply Management. 2002, 8:35-42.
2. Karljic P. Purchasing must become supply management [J]. Harvard Business Review, 1983, 61(5): 109-117.

小来衡量[1]，供应风险是供应过程中面临的各种风险，其可以表达为按时按量按需供应的难易度。对于供应风险大、采购额高的物料，对企业利润影响巨大，这类物料属于战略性物料，一般与供应商建立长期战略合作关系。对于采购金额大、供应源多、供应风险小的物料，由于采购数量巨大，即便单价有少许降低，也将对产品利润产生较大影响，类似杠杆效应，所以称为杠杆物料。对于采购额小、供应风险大的物料，其对利润影响较小，但管理却较为复杂，甚至容易因为缺货的问题制约企业的正常运营，是管理的难点和瓶颈。对于采购金额小、供应风险低、供应源多的物料，一般不是采购供应管理的重点，所以称为一般物料。

卡拉杰克矩阵模型从二维的角度，在考虑采购金额的基础上，将供应风险也纳入决策的分析，是当前采购供应管理中最重要的分析工具[2]之一。相对于 ABC 分类法将物料简单地按采购金额分为三类，卡拉杰克矩阵模型更加细化，更有针对性，制定的采购供应策略也更加准确有效。

但是，卡拉杰克模型在技术门槛比较高，或产品多样复杂，或面对非竞争市场（如某些物料/品类市场属于垄断或寡头垄断市场），或面对不同的交易对手（不同业务级别供应商）时，仅仅这四种分类难以满足实际工作中复杂的采购供应管理需求。如高采购额高供应风险物料大多属于战略物料，应该与供应商建立战略合作关系，但如果供应商属于垄断型供应

---

1. 一般而言，物料/品类的采购金额越大，其在产品的成本架构中所占比重越大，其金额的变动，如降价或涨价，对产品的总成本和利润影响也较大。不排除某些采购金额较小的物料其价格涨跌幅远大于采购金额较大的物料，而导致其对总成本涨跌影响的绝对值高于金额较大的物料，但出于简化分析的需要，仅以一般状态来分析，即利润影响大小与采购额大小呈正比关系。

2. Turnbull P W. A review of portfolio planning models for industrial marketing and purchasing management [J]. European Journal of Marketing, 1990, 24: 7-22.

商，采购额占垄断供应商总销售额比例很小，供应商建立战略合作关系的意愿低，导致供货无法保障怎么办？此外，卡拉杰克矩阵是在1983年提出的，随着全球化和科技水平的迅速发展，营商环境和供应格局产生了巨大的变化。因此，在此模型的基础上，结合品类管理，本书将引入关键的影响变量，以期在复杂多变的情况下，寻找更为精准有效的采购供应管理策略。

基于以上种种，本书将从不同的采购品类、不同的合作对手（供应商）和不同的供应风险中，归纳提炼关键决策因素，并重点介绍如何着手量化。基于此，通过建立决策模型的方式，辅助采购策略的快速、精准、有效地制定。此外，也期望该决策模型对于多数企业的大部分品类的采购供应管理具有较为广泛的适用性，对于中高层采购供应管理者及企业的高层管理人员有一定的借鉴作用。

本书的脉络

本书是在结合品类管理[1]（Categery Management）和卡拉杰克矩阵模型的基础上衍生建立的采购供应策略立方模型，并以此模型中品类所分布的位置作为其决策和优化的依据。此外，在传统成本管理方法的基础上，引入经济学中效用的理论，从更深层次、更加根本的角度寻求成本降低的机会。同时，也通过诸如5Why模型、冰山模型等分析方法，探求问题的根本，从而降低供应的风险（复杂度），使按时、按量、按质供应这一基本的要求得到更好的保障。通过对宏观、中观和微观供求市场的分析，通过对供

---

1. 品类（Category）是指一组能够满足企业经营目标需要的，有着相似市场供应和使用特性的物料或服务。品类管理（Categery Management）是指利用企业的采购资源关注某个特定品类的采购支出，并优化其管理供应，满足企业经营目标。

应商组合的优化配置，使之在合作中占据更多的主动权，并可能展开更多的战略层面的合作。

本书引用了大量的来自实际工作中的图表和案例，其中近半是笔者亲自管理或参与并成功实施的实际案例[1]，以致力于能够更加详尽、直观地展示所要表达的理论、思路、方法和操作步骤，便于读者的理解和套用。

按照操作顺序，本书分为八个主要章节：第一章是前言，第二章是数据的收集与分析整理，第三章是数据的量化，第四章是采购供应策略立方模型，第五章是分析诊断，第六章是策略的制定，第七章是策略的实施工具，第八章是策略的实施与管理。

第二章 数据的收集与分析整理

1. 采购原始数据。包括详细的价格、数量、供应区域和需求区域、供应商、付款条款等详细全面的信息数据。该类信息对于使用 ERP 系统的企业比较容易收集。

2. 供应市场信息。包括宏观的政策社会环境信息、中观的行业数据报告和最为直接的供应源／供应商详细资料。这部分信息旨在通过对卖方市场的全面了解，探求买卖双方的博弈筹码等，以利于后续制定相应的管理策略。

3. 供应约束因素信息。包括采购供应品类的内生要求（质量、物料特性、验证复杂性、功能要求等），外部限制（供应市场竞争度、物流配送、政府部门监管等）。该类信息在于更好地了解供应复杂度和风险点，在于了

---

1. 出于保密性，数据都经过等比例处理，品类名称也有适当更改，但并不影响分析和决策的结果。

解根本的制约因素是什么，这对于后面引入效用理论进行优化提供了依据。

第三章 数据的量化

除了采购交易金额是现有的量化数据外，需要通过结合第二章收集的供应约束因素信息和供应市场分析数据，设计评估量化表格，对供应复杂度（复杂度表示按时按量按质供应的复杂程度，包括但不限于供应风险）和供应商吸引度进行量化，为后续模型的创建和决策提供更精准的数据。

第四章 采购供应策略立方模型

通过第三章数据的量化，每个品类得到其所对应的三个变量，即采购金额、供应复杂度和供应商吸引度。以三个变量（XYZ）作为空间轴，便生成一个立方空间模型，所有品类都在这个立方体里面。每个变量按高低值划分，该立方模型分割出八个空间，不同品类因为其采购金额、供应复杂度和供应商吸引度不同，其在立方体里面所对应的空间位置便有所差异。而每个空间的变量组合是不同的，分布在不同空间的品类，其特性也是不同的，这就为差异化策略提供了依据。

第五章 分析诊断

在采购供应策略立方模型中，通过不同的空间分布确定了各品类的特性，再根据各品类的关键性和紧迫性，确定其策略制定和实施的优先级别，并对需要优先执行策略的品类进行深入的分析诊断。分析诊断根据上面所收集的信息数据并基于各品类所处空间的特性，以改善其三个变量综合指标为目的，通过各种分析工具，如5Why分析法等，并引入效用理念，从根本上分析诊断当前的问题及可能改善的点面，为下一步制定相应的有效策略奠定基础。

第六章 策略的制定

结合上面章节的分析和诊断方法和结果,并根据各品类所处空间的特性及每个品类或其所处行业的某些特殊性,制定出各空间品类的优化策略。包括但不限于一般性解决方案和所要达到的目标。

第七章 策略的实施工具

策略的实施工具主要从成本优化和供应商管理优化两方面入手。成本优化除了传统的一些议价方法外(本书归纳为议价采购法),还提出明智采购法和革新采购法,更深入、全面地展示了成本可持续性优化的理念和操作案例。供应商管理优化基于买卖双方博弈的理论基础,通过供应商组合优化等手段,结合策略模型中处于不同空间品类的各自特性,给出其优化策略思路。通过这两种工具(手段),进行策略的实施,使之达到优化三个综合指标的目的。

第八章 策略的执行与管理

该章介绍了如何以项目管理的方式对策略进行执行与管理,如何对实施过程进行控制与监督,以更有效地贯彻落实采购供应策略。

图1-3是本书的脉络图,也是如何一步步进行策略制定并实施的思维和流程导图。

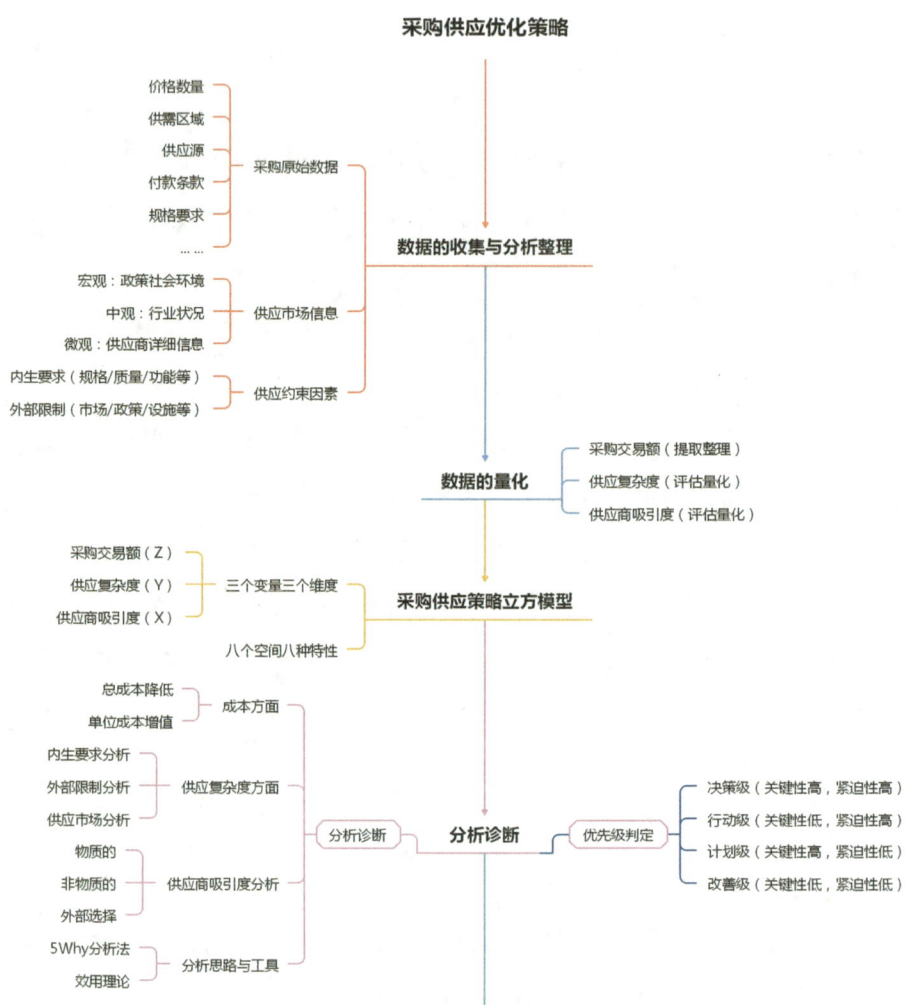

图 1-3 供应管理策略的决策思维导图（1）

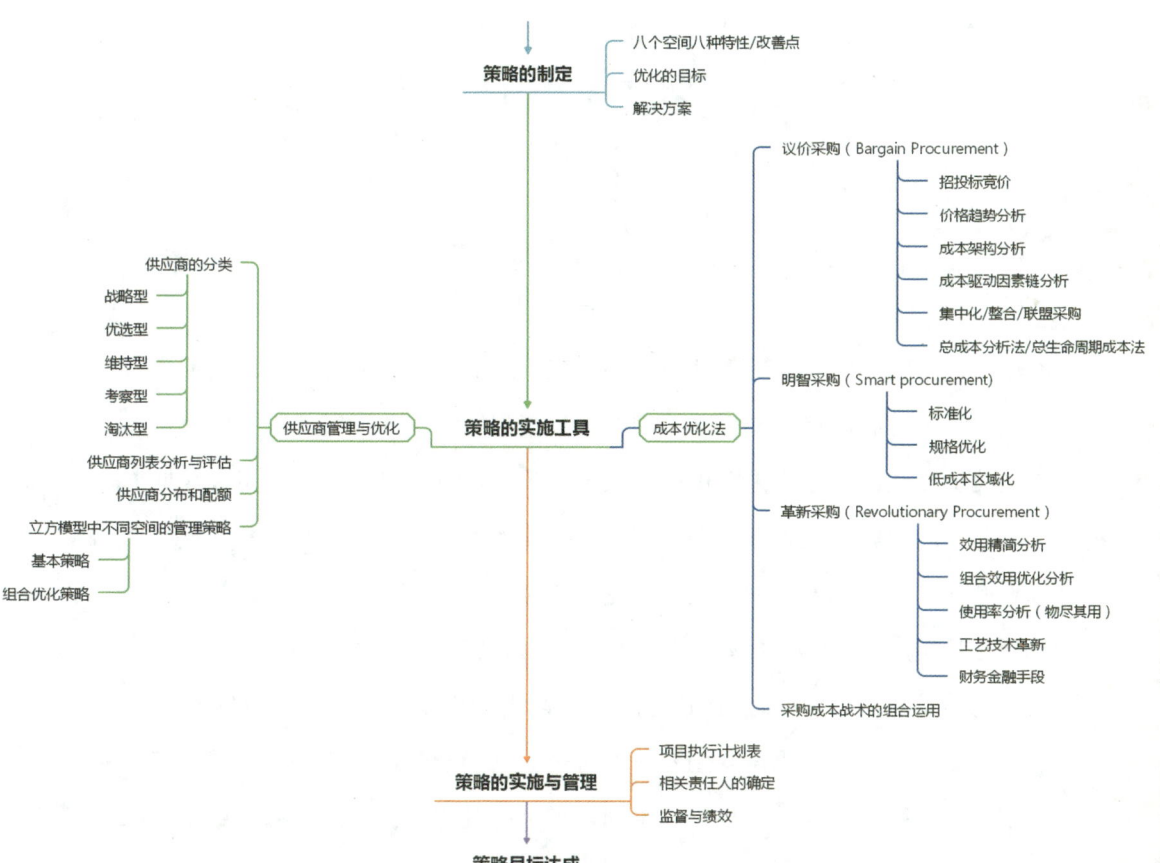

图 1-3 供应管理策略的决策思维导图（2）

第二章 数据的收集与分析整理

数据的收集与分析整理是企业策略管理的第一步。企业在采购管理活动过程中，必须将企业采购管理与大数据相结合，并通过大数据结合企业采购历史状况，分析采购供应链渠道、质量、价格等信息，利用大数据工具和手段收集加工处理各种数据，这样才能使企业在激烈的竞争环境中降低企业的采购成本，为企业获得更多的利润[1]。过去30多年信息技术的发展，特别是近十年大数据的发展，为数据收集分析的改善和供应管理分析理论的发展提供了强有力的支持。从最简单的电子表格到大型的 ERP 系统，从互联网公开的资讯信息到专业的付费数据调查分析报告等，使得供应管理人员能够比较轻松地收集并整理采购供应过程产生的海量内部数据，以及决策所需要的外围数据。

本章中，数据的收集与分析整理包含三部分，即采购数据、供应市场信息、供应约束因素。

◎ 2.1 采购数据

采购数据是供应管理数据中最重要的部分，也是策略的制定和管理的

---

1. 黄华. 大数据环境下中小企业采购成本控制策略. 企业改革与管理，2016（2）.

第二章 数据的收集与分析整理

重要参考因素。采购数据中的交易金额数据又是重中之重,其可以根据品类、供应商、企业内部的事业部、工厂、地理位置等来归类分析,如基于品类的采购金额、基于供应商的采购金额、基于事业部的采购金额、基于区域的采购金额等。所以,在数据收集时,一般需要包含这些信息:物料/服务名称、规格、单价、数量、采购额、付款条款、品类、子品类、工厂、区域、供应商信息等。为了简易明晰化,通常以品类为原始索引(基准)进行分类整理[1]。数据的收集截取的时间段一般是根据决策参考需要,对过去具有可比性、连贯性的一段时间和未来一年或若干年预测的采购数据进行收集。

2.1.1 采购数据的收集

对于多个工厂企业或跨国企业来讲,数据的收集比较复杂,一般从最小的运营单位逐级向上进行归集和整理分析。比如,先收集整理单个工厂的各品类物料各自的采购数据,然后再加总成工厂的总采购数据,大区域(包含多个工厂)的各品类各自的采购总数据,然后汇总得到该大区域所有的采购总数据。对于跨国集团,可以更加细分,比如单个国家的数据、整个大洲的数据(亚太区,北美区,欧盟区等划分)、全球总数据。这样细分有利于后面采购策略的制定。

该部分数据主要由各级品类采购负责人提供。如单个工厂的数据提供人员是品类采购员和工厂采购经理,多工厂的数据由全国品类负责人和采

---

[1]. 本书的所有描述和分析都主要将建立在品类管理的基础上。根据需要,也可在原始数据中按其他分类进行索引提取数据,可以单索引或双索引甚至多索引(一般Excel透视表或ERP系统都可以快速实现),比如按区域和供应商双索引,即表现为某区域内某供应商的采购交易数据,等等。后续的章节将会用到。

购部门负责人提供，依此类推，大区域的如亚太区的由区域品类采购负责人和区域采购负责人负责，全球的由全球品类采购负责人和CPO（或指派人）收集整理。如果企业有完善的ERP系统，也可以由专门的数据处理员收集整理，数据的收集速度和准确性也会高很多。

总结起来，一般数据的收集流是以单工厂（运营单位）中单品类为基本单元的矩阵型性流向，如图2-1。

假设某企业总共有8个大品类的采购物料／服务，全球共有12个工厂分布于4大洲。

色块：每个色块代表单个工厂单个品类的采购数据模块，如红色块（工厂1），表示区域大区域1所辖工厂1中品类1的采购数据。黄色块（工厂3），表示区域大区域2所辖工厂4中品类3的采购数据。

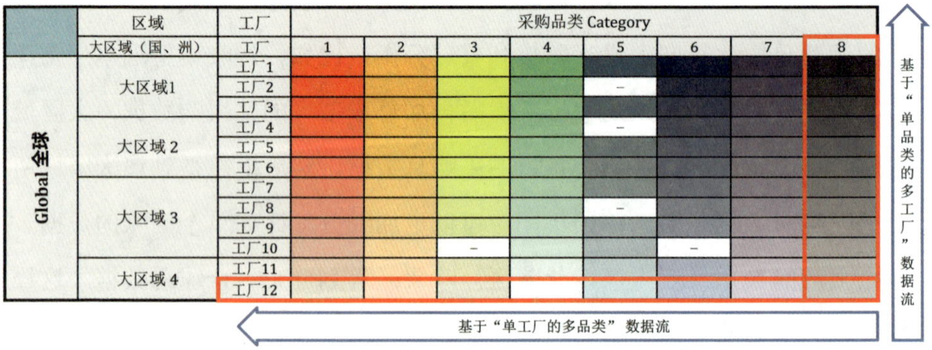

区域		工厂	采购品类 Category								
	大区域（国、洲）	工厂	1	2	3	4	5	6	7	8	
Global 全球	大区域1	工厂1									
		工厂2					—				
		工厂3									
	大区域2	工厂4									
		工厂5									
		工厂6									
	大区域3	工厂7									
		工厂8									
		工厂9									
		工厂10			—						
	大区域4	工厂11									
		工厂12									

（右侧：基于"单品类的多工厂"数据流；下方：基于"单工厂的多品类"数据流）

图 2-1 采购数据收集矩阵图

纵向数据（同一色系）：一个色系代表一个品类，图中8个色系代表8个品类，如红色系代表品类1，绿色系代表品类4。色系表示该企业某一品类所有工厂的采购数据，如红色系包含12个工厂（从工厂1到工厂12），蓝色系包含9个工厂（工厂2，工厂4和工厂8没有采购该品类），不同的工厂以色差表示出来。数据流向是单个品类采购数据由小（单工厂）向大（大区域或全球）流入汇总，如图竖红框品类8表示全球关于品类8的所有采购数据。

横向数据（不同色系）：是以工厂／大区域为最终流向的所有品类的采购数据。比如，将一个工厂内所有品类采购数据收集，工厂12横红框部分，收集了该工厂8个品类的采购数据。同样，工厂级别所有品类的数据收集后可以向上汇总到更高级别的区域，如将工厂11和工厂2数据汇总，即完成一个大区域——大区域4的所有品类采购数据的收集。

一般纵向的是以品类为基准的采购数据，汇总人根据级别由下而上是工厂品类采购员、全国／区域品类采购负责人、全球品类采购负责人等；横向汇总负责人是工厂采购经理或全国／大区域采购负责人。纵向和横向最后总的负责人是全球首席采购官。

如上面提过，如果企业有完善的信息系统，这些数据的收集和整理将非常简单，无须每个品类、每个单位工厂收集后向上汇总，可以由数据管理员统一处理，并通过筛选的功能获取所需的数据，高效且准确率高。一份完整的采购数据，可以根据不同的需要生成基于所选参照指标的数据，如上面所提到的工厂、区域、事业部、供应商等。Excel的透视表和相关ERP系统的筛选功能也可以快速地实现这项要求。

该采购数据收集矩阵流向图，也正体现了现在很多跨国公司流行使用的矩阵管理架构，即基于工厂和区域的采购管理和基于品类的职能采购管理并存。当然，每个公司的组织架构可能会有一些出入，比如以事业部为单位进行细分，也可以以供应商为基准细分等，这里不再一一论述。

2.1.2 采购数据的整理分析

数据收集后，下一步便是对数据进行整理并初步分析。为了更直观地整理分析，可根据实际要求生成图表。同样，图表亦可根据两个不同的数据流向进行汇总。

图2-2，是最常见的基于工厂和区域的单品类流向的数据汇总。

2.1.2.1 基于工厂/区域的数据

如下是某跨国集团个人防护用品（品类）的采购支出表，每个大品类又包含若干子品类，如防摔、听力防护、眼部防护等，该品类数据收集按区域依次为单工厂级别→国家级别→大区域级别→全球级别。

1. 单工厂级别和全国级别

如图2-2，红色虚框部分是中国区SZ工厂个人防护用品的采购费用表，所有子类的数据都能体现出来，这是最基本的采购数据模块，即上面数据收集矩阵表中的一个色块。从下图中还可以看到，中国区总共有三个工厂，SZ工厂、HZ工厂和BJ工厂，其各自数据如图方柱所示，也即对应于三个采购数据色块，构成了全国级别的数据。由图可以看出，SZ工厂对于该品类的支出是150K€，全国三个工厂对于该品类的采购支出是304K€。

第二章 数据的收集与分析整理

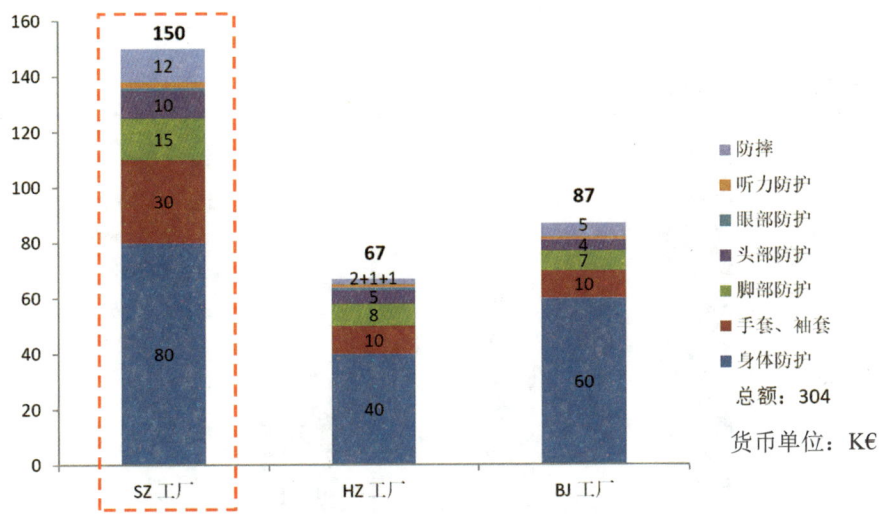

图 2-2 中国区防护用品采购数据图

2. 大区域级别

图 2-2 中国区的数据整合起来如图 2-3 红框部分数据，其子类各自的总费用也逐一体现。其他两个柱状数据分别是印度和泰国的，这三个国家的数据组成了亚太区的总数据。由图可以看出，整个亚太区三个国家对于该品类的总采购支出是 532KE，其中中国区占 304KE。

19

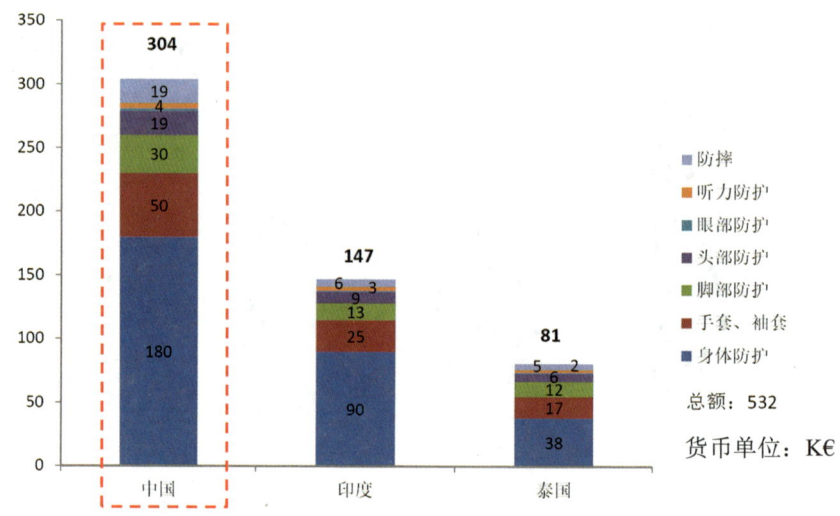

图 2-3 亚太区防护用品采购数据图

3. 全球级别

同样，亚太区域该品类的总数据汇总（包括子类）的数据如图 2-4 红色虚框部分，与其他大区域组成了全球该品类的所有采购汇总数据。如全球该品类总采购额达到 17,174K€，亚太区仅占 532K€。

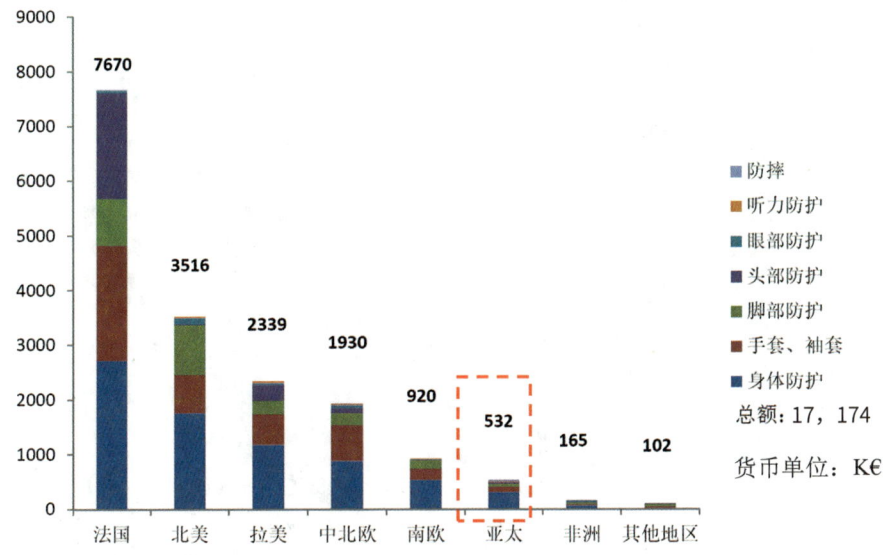

图 2-4 全球防护用品采购数据图

通过如上三个柱状图，数据从工厂到全球最终的逐步汇总，可以很清楚地了解该品类物料，包括子品类的采购支出状况，从而可以更加宏观地分析、管理并制定策略。

为了进一步有效、精准地分析，一般还会考虑未来一年或几年的预测采购额，如图 2-5 所示。以 2016 为标准价格（Standard Price），工厂 SZ Site 在 2017 年总采购额比 2016 年上升 10%；工厂 HZ Site 2017 年比 2016 年高 20%；工厂 BJ Site 2017 年比 2016 年高 30%。根据预计采购额（采购量）的增加，可以采取成本优化措施，使采购额上升率低于采购量增加率。

21

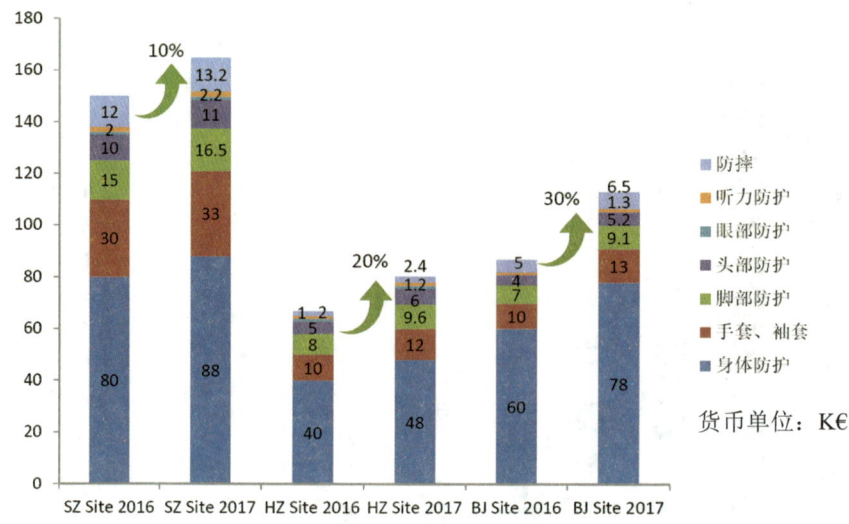

图 2-5 中国区防护用品采购数据图（含未来一年采购预测数据）

采购额和采购标的物的变化波动可能与市场行情、企业运营策略改变、企业重组、技术升级等有关系。采购供应管理者必须对这些变化因素和趋势有比较全面的了解，才能进一步合理规划、管理采购事宜，从中高层的角度上来讲，可以更好地制定采购策略，迎合市场和企业的调整。

2.1.2.2 基于事业部的数据

有些集团企业可能涉及几个行业，有相对独立的若干事业部，每个事业部又有所属的数量不等工厂（在同一区域，可能有不同事业部的工厂并存，如果按区域划分，它们可能又归为一类），在这种情况下，一般会以事业部为基准，其所属工厂为单位，统计某品类或若干品类的采购数据。这对于判断分析各个事业部的采购占比及不同事业部各品类的采购消耗情况，提供了直观的数据和决策依据。

如图 2-6 所示，某集团有 3 个事业部（BU1，BU2，BU3），每个事业部下面都有数量不等的所属工厂（S101，S102,……）。事业部 BU1 有 15 个工厂，事业部 BU2 有 19 个工厂，事业部 BU3 刚起步，只有 1 个工厂。某类间接物料在这些工厂中都有使用，但都由各自事业部单独采购，甚至有些由工厂单独采购。图中每个小彩格中的数据分别表示每个工厂该类物料的采购额，如（S101：$193K），表示事业部 BU1 所属的 S101 工厂每年该品类物料的采购额为 $193K。彩格最右端的数据是每个事业部所有工厂的采购额的汇总，如（BU1：$1,500K），表示事业部 BU1 该品类物料年度采购总额为 $1,500K。

通过如下统计，对各事业部、各工厂的采购状态有清晰宏观的了解，有利于制定更合适的采购策略，进一步整合优化，避免因为事业部的相对独立性，各自为政，致使信息共享不充分，资源利用效率低下。当然，根据实际需要，还可以继续根据区域继续细分分类。

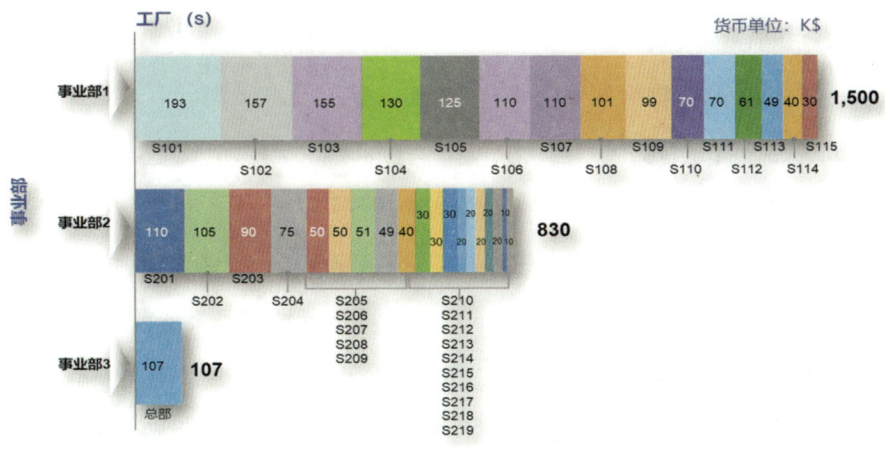

图 2-6 某类间接物料年采购额（基于事业部及其工厂）

2.1.2.3 基于供应商的数据

在采购管理和策略的制定中，抑或是供应商管理优化中，基于供应商的采购数据也是重要的决策依据。基于供应商的数据可以清楚地了解当前供应商的交易额、交易品类、区域分布、每个区域的供应商组合状况和各自配额，在对比其各自的交易比重和各自的成本优劣后，寻找优化供应商组合，降低成本改善供应商的机会。其数据一般可以通过采购原始数据中以供应商为主索引导出。对于多区域运营的企业，如跨国集团，可能还需要进一步根据需要细分，如基于供应商和区域的数据，基于供应商和不同品类（有些供应商可能同时供应多个品类）的数据等。这些数据是供应商的管理和优化的数据基础。

如图 2-7 所示，是图 2-6 所述某类间接物料基于供应商和区域的采购支出数据，Sp 表示供应商（Supplier），后面的数字表示采购额。从图中可以看出：

1. 采购该品类物料的区域有北美、欧洲、亚太地区、南美、非洲；
2. 提供该品类物料的供应商有 12 家以上；
3. 纵坐标表示每个大区域中每个供应商所占的供应比重，横坐标表示每个大区域的采购额占全球所有采购额的比重。

从图中可以看出，北美洲该类物料的采购额占全球总采购额最大的比重达 60%，而供应商 Sp01、Sp02、Sp03 是北美洲区域该品类的前三供应商，占据 80% 的采购支出。此外，这三家供应商在其他大区域都有业务，占全球该品类采购支出的 60% 以上（图中红线以下部分）。很明显，这三家供应商应该是属于战略级别的供应方。

但在欧洲、亚太地区和南美洲，可以看到各有几家其他供应商，在该区域所占的比重还比较大，属于本区域后续发展起来的供应商。因此，也可以进一步了解其优劣势，如成本优势、质量稳定性、贸易壁垒等，以寻求全球优化的可能性。

基于供应商的采购支出数据，对于后续章节提到的改善供应商的吸引度和供应商组合管理具有很重要的意义，是采购战略管理和策略制定的重要组成部分。

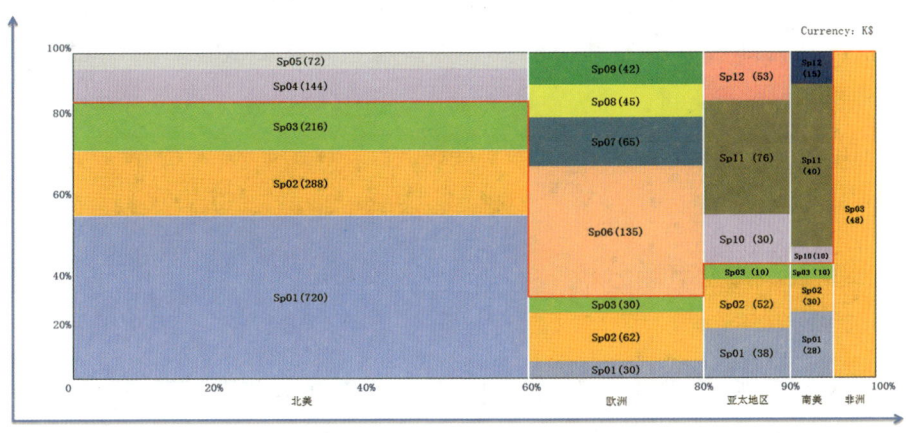

图 2-7 某品类间接物料年度采购额（基于供应商和区域）

2.1.2.4 数据收集范围

如上是基于单品类，以区域、事业部和供应商为流向的采购支出数据收集和分析，即"采购数据收集矩阵表"中同一色系的纵向数据。很多跨国集团的品类经理（GCM，Global Commodity Manager）在做单品类优化的时候，一般就是按这种方式收集的。但对于负责全局采购供应的管理者来说，企业需要做全面采购供应诊断和优化时，还需要收集其他关键品类的数据，即"采购数据收集矩阵表"中横向数据所示的单工厂／单区域内的多品类数据。

因为多数企业采购的物料品种繁多，数量不等，为了提高效率，根据 80/20 原则，一般只考虑采购总额占比 80% 的物料，通过从大到小排序的方式，选取前面加总金额达 80% 的品类物料。当然，对于某些特别关键但用量少的物料或品类，可以单独取出列入 80% 部分的清单里。企业可以根据自身的情况和要求进行调整。

数据的整理和真实性非常重要，这将直接影响后续的策略的制定。所以，预算部门或财务部门的参与核实监督是很必要的。对于已经有 ERP 系统的企业来讲，因为交易大都是通过系统完成，数据的真实性比较有保障。

◎ 2.2 供应市场分析

供应市场分析是指针对所采购的品类，系统地进行供应商、供应价格、供应量、供应风险等基础数据的搜集、整理和分析，为企业的采购决策提供依据。供应市场的调查可以分为三个层次，即第一层——对供应商本身的分析（微观分析）；第二层——对供应商所处行业的分析（中观分析）；第三层——对行业经营宏观环境的分析（宏观分析）。

在前期只需先做第一层和第二层的数据收集与分析，即对供应商本身及其所处行业进行分析。后续在进行策略制定的时候，还需对第三层的宏观环境进行收集分析。

如图 2-8，体现了供应市场的分析由内而外、由微观到宏观的主要考量因素。

微观：供应商及市场分析。包括：

1. 成本结构和价格水平；

2. 市场结构与行业地位；

3. 产能与供应链管理水平；

4. 技术水平和专利；

5. 市场策略和发展规划；

6. 财务和信用等。

中观：供应商所处行业的市场分析。包括：

1. 行业壁垒，如技术壁垒、资本壁垒、政策壁垒、资源壁垒等；

2. 行业市场性质，垄断、寡头、多头、完全竞争；

3. 行业内外竞争状态，如替代品行业等；

4. 行业发展趋势；

5. 行业产能限制与技术水平限制；

6. 行业市场状态，如供求关系。

宏观：经济、政治、人文环境分析。包括：

1. 经济发展水平或经济大环境；

2. 政治体制、法律法规，如所有制问题、贸易壁垒政策等；

3. 科学技术；

4. 人文社会；

5. 自然环境；

6. 产业生命周期。

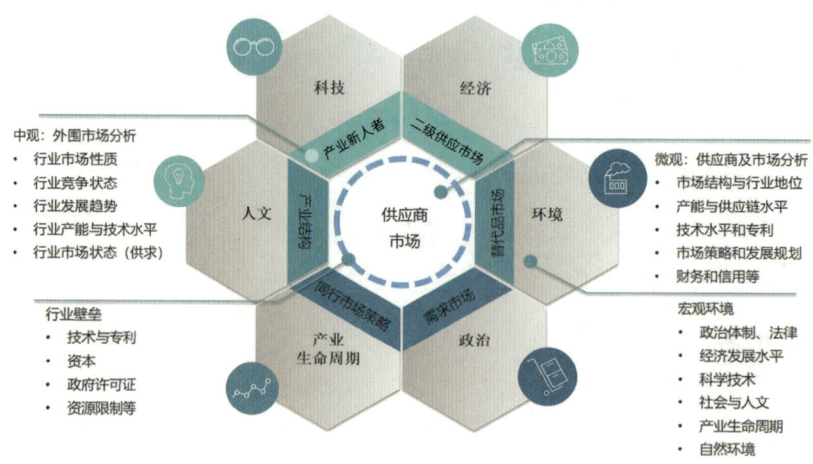

图 2-8 供应商市场分析

供应商的微观分析包括供应商的市场占有率和分布状态、发展趋势、财务状态、组织架构、质量体系与水平、技术专利、产品开发能力、工艺水平、生产能力与产量、交货周期及准时率、服务质量、成本结构与价格水平等。一般可以通过日常合作的经验和记录、问卷调查、财务报表、审计报告，以及第三方调查报告等取得信息。这一层次的调查和分析，是供应商的选择评估、采购流程的改善、采购绩效考核、供应商管理等政策制定和执行的依据。可供分析的工具，如 SWOT 分析[1]，

---

1. SWOT 分析法，即态势分析法，S（Strengths）是优势，W（Weakness）是劣势，O（Opportunities）是机会，T（Threats）是威胁。该分析法于 20 世纪 80 年代初由美国旧金山大学的管理学教授韦里克提出，经常被用于企业战略制定、竞争对手分析等场合。该分析法基于内外部竞争环境和竞争条件下的态势分析，将与研究对象密切相关的各种主要内部优势、劣势和外部的机会和威胁等，通过调查列举出来，并依照矩阵形式排列，然后用系统分析的思想，把各种因素相互匹配起来加以分析，从中得出一系列相应的结论，而结论通常带有一定的决策性。

即自身优势（Strengths）、劣势（Weakness）、机会（Opportunities）、威胁（Threats）。

在判定供应复杂度时，还需考虑供应源的选择空间、该行业的产能和供求关系、行业的发展趋势、替代品行业的发展状态和选择的可能性等，所以必须进行第二层次的分析——中观分析，即对供应商所处行业内外的分析。中观分析包括供应市场性质、行业壁垒、供求状态、行业效率、行业增长状态和发展趋势、行业生产与库存量、供应商数量与分布、二级市场（关键原材料）、替代品市场等。这层分析对于中高层采购管理者的供应源决策、资源战略配置、供需双方的战略博弈等至关重要。这部分数据可以通过公共平台或第三方市场调研机构获得信息。一般使用的分析工具是波特五力分析模型（Michael Porter's Five Forces Model）[1]，即分析供应商的议价能力、购买者的议价能力、潜在竞争者进入的能力、替代品的替代能力、行业内竞争者现在的竞争能力。

第三层次的分析主要针对采购供应的战略决策，从战略的高度规避供应的风险，甚至是企业经营的风险，同时，也可能帮企业找到新的发展契机，通过对外部环境变化的分析，找到更好、更合适的发展路线。其分析包括：产业生命周期、产业政策及发展方向、工资水平及增长速度、税收政策与税率、关税政策与进出口限制、经济增长率、政府体制结构与政治环境、社会人文环境、自然环境、相关科技发展水平和方向

---

[1] 波特五力分析模型是迈克尔·波特（Michael Porter）于20世纪70年代初提出。他认为行业中存在着决定竞争规模和程度的五种力量，这五种力量综合起来影响着产业的吸引力以及现有企业的竞争战略决策。五种力量分别为供应商的议价能力、购买者的议价能力、潜在竞争进入的能力、替代品的替代能力、行业内竞争者现在的竞争能力。

等。可使用的分析工具如 PEST 分析模型[1]，即政治（Political）、经济（Economic）、社会（Social）和技术（Technological）。

在着手进行供应市场分析前，项目负责人或品类采购负责人应该做到：

其一，明确需要多少信息，信息准确到什么程度，如何获取信息，谁负责获取信息，如何处理信息等问题，并分析哪些信息是可用的。

其二，考虑信息获取的来源。从公开出版物和统计资料中可以得到什么信息，是否需要从国际数据库及其专业代理商中获得信息，并以较低的成本从中获得产品和市场分析，是否需要从一些第三方机构购买研究、分析服务，甚至进行外出调研。

其三，制定研究方案与方案实施。确定获取信息需要采取的具体行动，包括目标、工作内容、时间进度、负责人、所需资源等。

其四，供应市场分析及信息收集结束后，要对所获得的信息和情报进行归纳、总结、分析，在此基础上提出总结报告，并就不同的供应商选择方案进行比较。对分析结果的评估应该包括对预期问题的解决程度，对方法和结果是否满意等。

当然，数据收集和分析的成本也必须考虑，对于全球性战略资源的采购，可以通过第三方专业机构进行收集为主，其他信息渠道为辅。虽然其成本较高，但数据的全面性、准确度和收集速度都比较有优势，其带来的

---

1. PEST 分析是指宏观环境的分析，宏观环境又称一般环境，是指一切影响行业和企业的宏观因素。对宏观环境因素进行分析，不同行业和企业根据自身特点和经营需要，分析的具体内容会有差异，但一般都应对政治(Political)、经济(Economic)、社会(Social)和技术(Technological)这四大类影响企业的主要外部环境因素进行分析。

收益也较容易覆盖其成本。对于非关键物料/品类、小范围使用采购额不高的,可以通过公开信息和与供应商或采购同行的交流获取。其优势是成本低,获取的信息基本可以满足比较初级的分析需求。

◎ 2.3 供应约束因素

供应管理人员在控制成本的同时,保证需求品按时、按量、按质地供应也是极为重要的。按时、按量、按质供应与成本的控制,从采购供应岗位出现的那一刻起,就担负这两个基本职能。所以,分析并降低供应过程中出现和可能出现的风险,是实现这个职能的基本要求。

目前很多关于供应管理的书籍文章,甚至在企业实际操作过程中,很多观点都只关注供应的外部影响,如来自供应商的风险、经济政策环境风险、社会人文限制等,而很少关注企业内生的风险点,从而寻求降低供应风险的措施。这一方面是因为一般的采购供应人员在技术质量方面或其他功能要求上无话语权,另一方面是企业高层决策者未能很好地意识到这个问题。所以,只有当供应管理岗位进入企业战略决策层,或得到企业高层的支持,这个矛盾才能有效化解。

供应风险的高低也是按时、按需、按质获得供应的难度,亦可以量化为供应的复杂程度。供应复杂度是指该物料或服务保质、保量、准时获得的复杂程度。其复杂程度是由许多因素决定的,这些因素可以归类为两个大方面:内生要求(I)和外部制约(O)。

因变量供应复杂度可表示为 $SC=f(\alpha I, \beta O)$,SC 为供应复杂度,I 和 O 为内生要求变量和外部制约变量,α 为内部系数、β 为外部系数,$0<\alpha<1$、$0<\beta<1$。

内生要求，主要是指源自企业内部的要求，包括：

• 功能性要求。比如外观、设计、功能或服务的内容、服务级别、满意度等。要求方可以是企业的品牌品质定位，可以是最终产品的消费者，也可以是物料／服务的使用部门。

• 技术要求。表示为实现功能性要求或质量要求所需达到的技术水平。

• 质量要求或服务级别。需要达到什么质量级别或认证，使用前是否需要检验及检验的复杂程度。对于服务型需求则是表现为需要达到哪些服务标准。

• 物料特性。如存储的要求、原材料来源特性和限制性（动植物来源、人体组织来源、微生物来源、矿物来源、化学品等）。

• 验证要求。引进新物料或使用的同时是否需同步做稳定性测试、完整性测试、兼容性测试等，难易程度如何。

• 成本控制的要求。在有限的成本预算下，如何实现按时、按量、按质。

• 需求计划管理水平。需求计划管理水平也是供应管理的风险点。

外部制约，主要是指来自企业外部的风险因素制约，包括：

• 供应商方面的限制。如可用产能、价格水平、供货稳定性、质量控制水平、服务水平，技术支持能力、管理能力、信用等。

• 供应市场。该品类物料／服务所处市场结构是属于完全垄断、寡头垄断、多头垄断还是完全自由的竞争市场。

• 物流配送。是否对物料配送有特殊的要求或是否有政策性限制。比如超低温冷冻运输存储（如微生物源物料）、冷链、高温配送、危险品配送等。

• 政府部门或组织监管。如购买和使用，是否需要通过政府相关部门备案并取得相关资质，是否符合相应的质量体系要求，是否遇到政策变化的风险，如关税贸易政策等。

- 人文宗教制约。需求品是否受当地文化或宗教的制约。

每个因素模块可根据需要继续细分，选取关键的、影响比较大的因素量化。这些因素的收集、整理、定义需要相关部门的协作。只有把这些关键的因素（变量）清晰地整理定义出来，才能比较有效地进行量化。当然，有些因素是很难单纯地定义为内生要求或外部制约的，或者说两方面兼而有之。但这对量化评估影响不大，可以根据哪方面的限制大一点而归为该类。

内生要求和外部制约因素的整理分析除了更好地了解供应风险点外，还能从中找出契机。如通过改善内生要求（优化规格要求、减少冗余的质量标准等方式），在符合要求的情况下，在降低供应风险的同时，降低成本。后面的章节，将会用诸如5Why分析法和效用理论，进一步讨论。

上述三部分数据除了采购数据（采购额）是直接可用的量化数据以外，后面两部分数据很多是非量化的数据信息，还需要通过设计评估表，将它们量化。

第三章 数据的量化

前面提到,采购供应管理的两个基本职能是:按时、按量、按质的供应保障;有效地成本控制。而影响这两个基本职能实现的主要因素(变量)是:采购成本、供应的复杂程度(风险系数)以及业务吸引度(该业务对供应商的吸引度、供应商的合作意愿)[1]。

采购成本(Spending)。狭义的采购成本一般是指所采购的产品的价格。广义的采购成本除了产品价格本身以外,还包括采购前的成本和采购后的成本,如前期寻源成本、后期维护解决问题成本等。为了简化变量和模型分析,这里的采购成本仅指狭义的采购成本,即采购数据中品类的价格。后续在论述总成本分析(TCO)和效用理论成本优化分析时,会将广义采购成本除采购品外的其他成本考虑进去。

供应复杂度(Complexity)。供应复杂度即是保证按时、按量、按质供应的复杂程度,其包括但不限于狭义的供应过程中物流、质量和数量等的风险,还包括更广泛的其他外在影响供应的因素。即上面章节提到的供应约束因素中所列举的诸多内生要求和外部限制因素,如市场中供应源的

---

[1] 相对于卡拉杰克矩阵模型中的两个主要考虑因素——采购额与供应风险,业务吸引度是本书中引入的第三个供应管理决策的考虑因素,其除了考虑企业自身因素(采购额)和外部因素(供应风险)外,还考虑了合作对手(供应商)的因素,使决策信息更全面,进而使决策更加精准。

可选择性、政策法规影响等，也包括供应市场分析中微观、中观和宏观的因素。

业务吸引度（Attractiveness）。业务吸引度是指买方企业业务对供应商的吸引程度，因此也可表述为供应商吸引度。吸引度有物质交易方面的，也有非物质方面的（如品牌合作）。在传统的交易中，供应商业务吸引度主要考虑物质交易的因素，即采购量（采购成本）。一般来说，在竞争市场上，采购额越高，业务吸引度也就越高。但很多品类的市场并不是完全竞争的，交易的成本也有高低，因此，供应商对业务的吸引度还受到卖方市场性质、供需状态、交易成本、利润、品牌价值、政策法规等的影响，这些都是在供需双方交易博弈的过程中都会考虑到的，可以看作博弈的筹码和利益的组成要素。同一业务（如相同的采购需求和条件），对于不同的供应商，其吸引度也是有所差异的。因此，业务吸引度可以很好地反应供方或潜在供方的合作意愿，更好地了解哪方掌握合作主动权（Bargain Power），这对采购供应策略的制定和管理至关重要。因此，业务吸引度将作为影响采购供应的第三个变量。

◎ 3.1 供应复杂度的评估表设计和量化

一般来说，在做分析时，有定性和定量两种分析方式。本书为了更好地表达策略制定的严谨性，会侧重将信息或数据量化。所以，在做供应复杂度分析时，根据企业的需要，找出关键的或需要的影响因素，尽可能地进行量化，以有利于供应复杂度的定量分析。

在对供应复杂度分析和量化时，应该与质量部、技术部、物流部、销售部门等利益相关部门一起进行。所以在设计评分表格时，每个要求条目都需要先找到相对应的部门责任人。同时，品类采购人员基于对该品类物料／服务的认知，提供有效的信息协助评判。

评估表的设计在结合供应市场分析数据的基础上，主要从供应约束因素分析中内生要求和外部制约两个方面进行设计。

比如从内生要求来说：

· 销售或使用部门对物料／产品／服务的功能和范围进行确认；

· 质量部负责确认对质量的要求需要到达什么样的级别，采购人员调查从其他供应源获取等同级别物料的难度；

· 验证人员对该品类物料的验证难度进行确认，特别是对于新供应源物料或替代物料的验证难度。例如，新供应源或新物料的验证周期、需投入成本、稳定性等都需要考虑。

同样，对于外部制约，需要品类采购负责人与供应商或外部第三方对接。

· 确认供应商的产能和质量的稳定性、市场分布和财务的健康性等；

· 对该品类进行市场分析调研，确定该品类物料是属于完全竞争市场、寡头市场还是垄断市场；

· 判断是否容易找到符合要求的替代品；

· 明晰物流配送的限制，比如是否危险品，海关进出口的限制和难度，运输的难度。例如，某些疫苗或血液制品需要在非常稳定的低温环境下运输配送；

· 了解政府部门的监管限制：物料的购买、替换和使用是否需要向相关部门备案注册。例如，医药相关的关键原材料的品牌和来源都是需要向药监部门注册备案的，使用替代品或更换供应渠道，需重新提交验证资料并申请注册备案；类似易制毒和剧毒品物料的购买和使用记录需向公安部门申请备案等。

因此，影响供应复杂度的内生要求和外部限制的方方面面都需要品类负责人牵头，组织相关利益部门、供应商，甚至咨询行业内专家，根据各自的专业观点进行综合分析，设计好评估的因素并将之量化。

数据的量化可以通过分析评分对每个品类进行量化。比如，供应复杂度可以从简单到复杂分为9级，1分为最简单，9分为最复杂。举个例子，对于日常保洁用品清洁剂、抹布等，由于该物料取得非常容易，基本没有质量、物流、缺货的问题，所以其供应复杂度可以设为1。而如果是专业的保洁服务，因为需要对保洁公司进行选择评估，对保洁人员进行培训管理等，所以其供应复杂度可能为4。如果对洁净车间或生物医药公司的A级区域，甚至有病毒的区域进行清洁消毒，那么一般的保洁公司就不能胜任，需要找专业的有资质的保洁机构，保洁专业人员也需要专门的资质，并接受客户专业的上岗培训。这种专业机构在市场上的选择较少，筛选评估的过程和培训的时间长，管理的难度较大，且一旦采用不能轻易更换，所以其供应复杂度可能为7。

在设计评估表格时，应该与各利益相关部门充分沟通，根据内部要求和外部限制，列出或收集比较关键的影响因素，明确评估责任部门，然后对每个因素进行评分。要求／限制因素的设定尽量地能通过客观事实判定出来并评分，不要出现模棱两可的问题。评分过程中以客观事实为依据，避免主观判断。如有些企业每个季度或年度都会有供应商表现评估表、质量分析表、服务水平评价表等，里面的数据也具有借鉴作用。每个因素评分后，通过汇总取其中位数，作为该物料／品类的供应复杂度分数。

表 3-1 是医药行业某疫苗生产企业中国区关键物料预灌封玻璃注射器的供应复杂度评估表，显示了评估表一般的设计结构和评估要素信息。

		要求/限制	描述	责任部门	要求/限制复杂度（最简单1 最复杂9）
1	内部要求	使用部门（客户）要求	符合机器使用的包装要求	生产部	2
2			产品外形功能符合要求（技术要求）		7
3			是否接受其他品牌		4
4			是否能使用其他替代品		9
5		质量要求	符合国家一类药包材标准	质量部	7
6			国家医疗器械生产销售许可		7
7			内部质量标准		6
8		验证要求	需定期进行常规验证	验证部/质量部	4
9			新产品引入需要至少3个批次的试机		7
10			新产品引入需要至少3年的稳定性验证		8
11		成本控制要求	不高于竞争对手采购价	财务部/采购部	4
12			新产品引入需要的更换成本		7
13		需求计划管理水平	计划的准确性	供应链/市场部	4
14	外部限制	供应商	产能有限，需提前4~6个月下单	采购部	6
15			供货的稳定性		4
16			质量保证和技术支持		3
17			单一供应商，两家工厂通过认证		7
18		供应市场	属于多头垄断市场	采购部	7
19			行业准入门槛较高		7
20			替代品较少		7
21		物料配送	国外生产，海运运输，订货周期长	物料部	6
22			需常温库存储，对湿度有一定要求		4
23		政府部门监管	需通过药监部门验证，并注册备案	报关部/政府事务部	8
24			销毁需通过有资质的环保企业处理		5
25			属海关监管医疗器械		7
				预灌封玻璃注射器供应复杂度中位数：	7

表 3-1 预灌封玻璃注射器 —— 供应复杂度评估表

该表格根据对该物料影响供应复杂度的供应约束因素进行收集整理，与各利益相关部门讨论确认，选出 25 个比较关键且易于评判的因素。其中，内生要求主要有 5 个模块（客户/使用部门要求、质量要求、验证要求、成本控制要求和需求计划管理水平）共 13 个约束因素，外部限制有 4 个模块（供应商、供应市场、物料配送和政府部门监管）

共 12 个约束因素。每个企业因所处行业或经营环境不同，其内生要求和外部限制的要素模块也会有所不同，以最能体现供应中可能出现的约束因素为考虑点。

评估表设计好后，一般在评分之前先将表格分发给各负责部门预评估，明确各个因素评分责任部门／人员，根据客观事实进行评分，然后在会议上统一讨论分析并确定分数。最后选取该组数据的中位数作为复杂度分数。

如上所定义，1 分为最简单，9 分为最复杂。该类物料最终得分是 7 分，属于供应复杂度高的物料。

为了更直观的分析，还可以通过将表 3-1 的数据生成雷达图，如图 3-1，判定主要复杂／风险点在哪里，特别是分值大于中位数 7 的部分（高风险点），可能因为其中一个高风险点没控制好，使整体风险大大增加。同时，也要考虑这些风险点是否有改善的可能，为供应优化策略的制定提供依据。

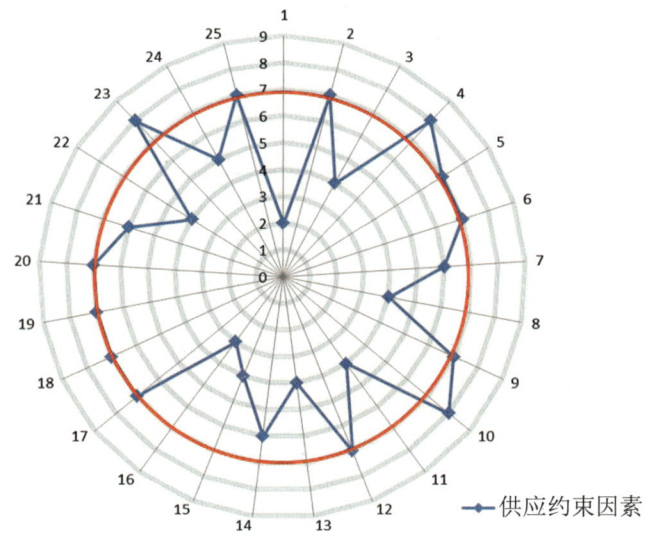

图 3-1 供应约束因素复杂度雷达图

如上图，红色圆圈内及以外的都是复杂度等于或高于 7 的风险点（约束因素），其主要集中在以下几大块。

内生要求高约束点（风险点），主要包括：
● 客户要求

1. 第 2 项产品外形功能符合要求（技术要求）。技术工艺要求比较高，目前世界上能全部达到要求的不超过 10 家。所以该项复杂度设为 7。但随着技术的进步，复杂度可能逐步改善。

2. 第 4 项是否能使用其他替代品。目前使用预灌封玻璃注射器装载疫苗是公司和药监部门比较强制使用的包装方式，短期内基本不可能用其他方式装载，如安瓿、西林瓶等。所以中短期内使用其他替代品的可能性基本为无，结合目前是单一供应源的状态。即单一供应且无可替代，故复杂度为 8。

● 质量要求

第 5、6 项都是国家强制要求的资质证书，取得该类证书对生产商的要求也比较高，所以复杂度都为 7。

● 验证要求

1. 第 9 项新产品的引入需要至少做 3 个批次的验证，不仅要占用产能资源、验证资源，还要投入一定的成本，所有的验证资料还需提交药监部门报备，手续复杂、时间长，所以复杂度为 7。

2. 同样，第 10 项稳定性验证至少需要 3 年的时间，这是为了保证疫苗产品的稳定性和有效性。这里考虑的主要是时间成本的问题。因为这个是硬性要求，短期更换的可能性基本为无，所以复杂度设为8。

● 成本控制要求

第12项新产品引入更换的成本很高。但如果新产品的价格优势大大高于更换成本的话，那么就值得去改善。

外部制约高约束点（风险点），主要包括：

● 供应商和供应市场

1. 第17项，属于单一供应商，且只有两家工厂通过认证可以供货，风险也较高，所以复杂度为7。

2. 第18、19、20项，说明市场竞争对手少，技术门槛和监管门槛高，所以可供选择的余地比较小，属于寡头垄断市场，所以复杂度都为7。

● 政府部门监管

1. 第23项，通过药监部门的验证并注册备案是政府强制性要求，前期需做大量的验证工作并提供数据，所以复杂度为8。

2. 第25项，属于海关监管的医疗器械，给供应造成一定的复杂度。

上面的14项是当前状态下导致供应复杂度提高的主要因素，而这些因素可能随着技术的进步，企业采购策略的改变，供应市场的发展，政府效率的提高，政策的更新等而得到改善，从而降低整体复杂度。

至此，完成了该品类物料供应复杂度的量化并得到初步的分析数据。对于大品类中某些子品类供应复杂度特别高或特别低者，应该挑出来单独考虑，以免影响整个品类的平均供应复杂度。同样，对于同一品类，在不同区域其供应复杂度偏离平均中位数比较大的，该区域也应该单独拿出来分析。

◎ 3.2 业务吸引度的评估设计和量化

业务吸引度也称供应商吸引度，是指采购方企业业务对于供应商的吸引力，即供应商与买方企业合作的意愿有多大。双方合作的目的在于共同得到利益，但从单方面而言，总是希望自己一方利益最大化，所以双方的合作就存在一个博弈的过程。

本书在做业务吸引度评估设计与量化及后续的分析时，将会引入简单的博弈理论和思维方式，该理论在现实企业间的合作中应用非常广泛。早在1944年，冯·诺伊曼（Von Neumann）和摩根斯坦（Morgenstern）合著的《博弈论与经济行为》一书的出版，标志着系统的博弈理论的初步形成，被视为数理经济学确立的里程碑[1]。约翰·纳什（John Nash）为非合作博弈的一般理论奠定了基础，提出了博弈论中最为重要的概念——纳什均衡，开辟了一个全新的研究领域[2]。本章在进入正式的评估表设计之前，先将基于该理论的买卖双方的几个"合作与非合作"的简易博弈模型进行介绍展示。

3.2.1 供需双方的博弈分析

买方企业与供应商是否合作，从本质上看是企业间的博弈结果。依据博弈理论，某一企业的收益不仅取决于他自己的行为，还取决于与之交易

---

1. Von Neumann, Morgenstern O. Theory of Games and Economic Behavior. Princeton University Press. 1944.
2. Nash, J. Equilibrium Points in N-person Games. Proceedings of the National Academy of Science. 1950, (36): 48-49.

的另一企业的行为[1]。其博弈方式分为两类：合作与不合作。这里的合作或不合作是指业务内交易和执行的意愿与行为，并非达成一个具有约束力的协议，也并非撕毁现有协议。其预设的前提是双方已经或即将执行合约。任何一方在必须做出自己的策略选择时，并不知道另一方将会选择什么策略，但每一方都会对另一方将选择的策略做出预期。理性的交易双方都会以自身个体利益最大化为目标。

3.2.1.1 单次博弈分析

假设存在两个博弈参与人，一个为供应商，另一个为买方。供应商与买方都有两个策略，即合作和不合作，并且二者皆可独立采取策略。作为理性经济人，个体对合作与不合作策略的选择，必然是基于"成本—收益"考虑的。

供应商吸引度就是基于供应商从自身利益考虑的合作意愿，买方也是如此。为便于分析，假设资源是有限的，且双方具有相同的收益结构，用效用矩阵来表示双方博弈组合，如图3-2所示。

---

[1]. 尹建华, 苏敬勤. 资源外包战略与管理研究述评. 研究与发展管理. 2002, 14(6): 10-14.

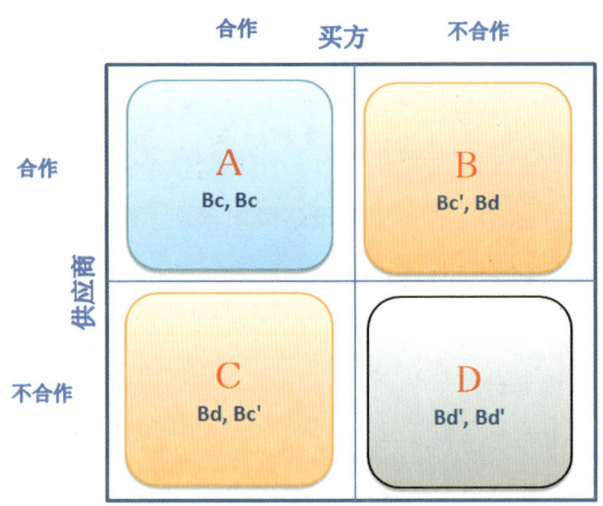

图 3-2 供应商与买方的合作博弈矩阵

图 3-2 中，每组字母（Bc，Bc；Bc'，Bd；Bd，Bc'；Bd'，Bd'），左边代表供应商收益，右边代表买方收益；Bc 表示买卖双方合作时每个企业的收益，Bc>0；Bc'表示一方合作而另一方不合作时，合作方的收益，Bc ≠ Bc'；Bd 表示一方合作而另一方不合作时，不合作方的收益，Bd>0；Bd'表示双方企业都不与对方合作时各自的收益，Bc>Bd'且 Bd ≠ Bd'。在一次博弈中，参数值不同，该模型均衡结果也不同。

假设供应商合作的概率是 x，那么不合作的概率就是 1-x；买方合作的概率是 y，不合作的概率是 1-y。那么：

供应商合作的期待收益是：Bc×y+Bc'×(1-y)=(Bc - Bc')×y+Bc'。

供应商不合作的期待收益是：Bd×y+Bd'×(1-y)=(Bd-Bd')×y+Bd'。

达到纳什均衡时，合作与不合作的期待收益是一样的，即：（Bc - Bc'）×y+Bc'=（Bd - Bd'）×y+Bd'，那么，可以得出合作的概率是：

y=（Bc'－Bd'）/（（Bd－Bd'）-（Bc-Bc'）。

因为双方的收益结构是一样的，所以：x=y=（Bc'-Bd'）/（（Bd-Bd'）-（Bc-Bc'）。

下面以 Bc、Bd 和 Bc'、Bd' 两组值在不同组合时的，即当（Bc＞Bd，Bc'＞Bd'）（Bc＜Bd，Bc'＜Bd'）（Bc>Bd，Bc'＜Bd'）及（Bc＜Bd，Bc'＞Bd'）时，在达到纳什均衡时，供应商合作的概率是多少，即业务对供应商吸引度是多大。

（1）当Bc>Bd、Bc'>Bd'时，双方都选择合作策略是唯一的纳什均衡。

以图 3-3 为例：

当双方克制自己行为，从共同利益（合作）出发时，双方各自收益为 5，即 A(5,5)；

但其中一方从共同利益（合作方）出发，另一方仅从自身利益（不合作方）出发时，合作方的收益为 2，不合作方的收益为 4，即 B(2,4) 或 C(4,2)；

当双方都仅从各自自身利益考虑时，双方收益都为 1，即 D(1,1)。

所以，双方都选择合作策略（A区）才能将双方各自自身利益最大化。按照各博弈区间，基于供应商自身利益考虑，供应商吸引度（合作意愿）比较强。

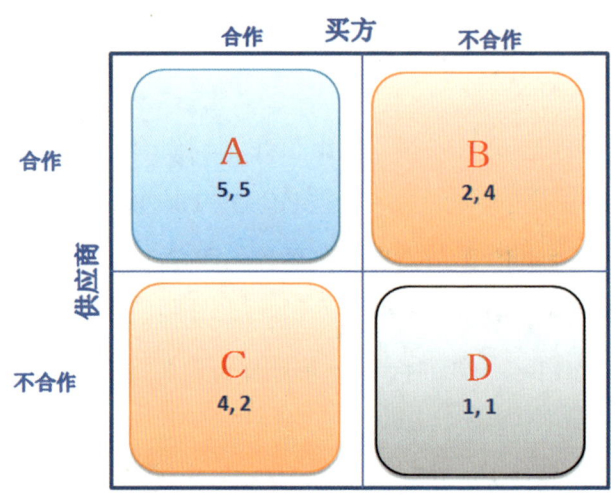

图 3-3 供应商与买方合作博弈矩阵 —— 高供应商吸引度

假设供应商合作的概率是 x，那么不合作的概率就是 1-x；买方合作的概率是 y，不合作的概率是 1-y。那么：

供应商合作的期待收益是：5y+2(1-y)=3y+2。

供应商不合作的期待收益是：4y+1(1-y)=3y+1。

很明显，3y+2>3y+1,(y≥0)。即合作的期待收益总是高于不合作的期待收益。

同样，买方合作的期待收益是：5x+2(1-x)=3x+2；买方不合作的期待收益是：4x+1(1-x)=3x+1。

得出：3x+2>3x+1,(x≥0)。即合作的期待收益总是高于不合作的期待收益。

所以对于两者而言，合作都是他们的最优选择，一方不合作或双方不合作的收益都小于双方都合作的收益。这种情况下，业务对供应商吸引度就很高。

（2）当 Bc＜ Bd、Bc'＜ Bd'时，双方不合作是唯一的纳什均衡。以图 3-4 为例：

● 当双方克制自己行为，从共同利益（合作）出发时，双方各自收益为 4，即 A(4,4)；

● 但其中一方从共同利益（合作方）出发，另一方仅从自身利益（不合作方）出发时，合作方的收益为 2，不合作方的收益为 5，即 B(2,5) 或 C(5,2)；

● 当双方都选择不合作时，双方收益都为 3，即 D(3,3)。

当双方都仅从各自自身利益考虑时，如果己方合作，对方合作和不合作时己方的收益是 4 和 2，如果己方不合作，那么对方合作和不合作时己方的收益是 5 和 3，所以选择不合作预期收益最大，基于这个博弈均衡，供应商吸引度（合作意愿）比较弱。

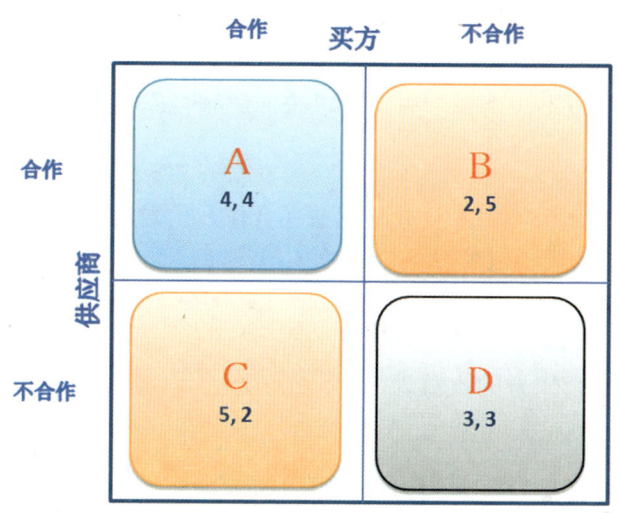

图 3-4 供应商与买方合作博弈矩阵 —— 低供应商吸引度

假设供应商合作的概率是 x，那么不合作的概率就是 1-x；买方合作的概率是 y，不合作的概率是 1-y。那么：

供应商合作的期待收益是：4y+2(1-y)=2(y+1)，供应商不合作的期待收益是：5y+3(1-y)=3(y+1)；很明显，3(y+1)>2(y+1)，(y≥0)。不合作的期待收益更高。

所以供应商合作的意愿就非常低，即不合作。

同样，买方合作的期待收益是：4x+2(1-x)=2(x+1)；买方不合作的待收益是：5x+3(1-x)=3(x+1)；得出：3(x+1)>2(x+1)，(x≥0)。不合作的期待收益更高。

所以买方也会选择不合作。

这种情况下，供应商吸引度非常低。当然，如果买方的合作意愿很强烈的话，供应商在非合作状态下的收益最高，即位于 C 象限。但这种仅对于单次且无惩罚措施的博弈有效。

（3）当 Bc＞Bd、Bc'＜Bd' 时，"买卖双方都合作"和"买卖双方都不合作"都是纳什均衡；如果一方想合作而另一方不想合作的情况下，想合作一方收益低于不想合作一方，所以未能达到合作共识。

以图 3-5 为例：

● 当双方克制自己行为，从共同利益（合作）出发时，双方各自收益为 5，即 A(5,5)；

● 但其中一方从共同利益（合作方）出发，另一方仅从自身利益（不合作方）出发时，合作方的收益为 2，不合作方的收益为 4，即 B(2,4) 或 C(4,2)；

● 当双方都仅从各自自身利益考虑时，双方收益都为 3，即 D(3,3)。

双方博弈可能出现两种结果，是分别基于利益最大化和利益损失最小化来考虑的。明智的双方通过沟通和建立信任关系，一般都会选择A，即双方合作利益最大，所以在这种博弈状态下供应商吸引度较大。

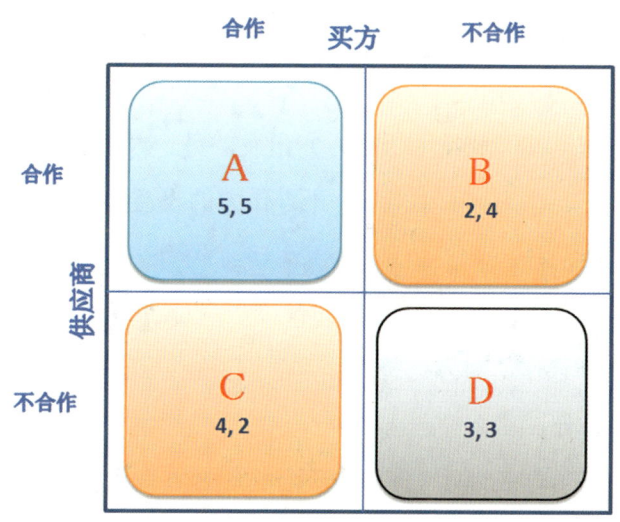

图 3-5 供应商与买方合作博弈矩阵 —— 条件型高供应商吸引度

假设供应商合作的概率是 x，那么不合作的概率就是 1-x；买方合作的概率是 y，不合作的概率是：1-y。那么，供应商合作的期待收益是：5y+2(1-y)=3y+2，供应商不合作的期待收益是：4y+3(1-y)=y+3；当达到纳什均衡时：3y+2=y+3=>y=0.5，即合作的概率是 50%。

同样，买方合作的期待收益是：5x+2(1-x)=3x+2；买方不合作的期待收益是：4x+3(1-x)=x+3；当达到纳什均衡时：3x+2=x+3=>x=0.5，即合作的概率是 50%。

由此可以看出，双方选择合作的概率都是 50%，平均期望收益是 3.5。即供应商吸引度为中等。从这个博弈模型可以看出，如果双方建立长期的信任基础（如及时沟通并签订长期合作协议），那么双方都合作的收益可以最大化，达到 5。

（4）当 Bc< Bd、Bc'> Bd' 时：

●当双方克制自己行为，从共同利益（合作）出发时，双方各自收益为 4，即 A(4,4)；

●但其中一方从共同利益（合作方）出发，另一方仅从自身利益（不合作方）出发时，合作方的收益为 3，不合作方的收益为 5，即 B(3,5) 或 C(5,3)；

●当双方都仅从各自自身利益考虑时，双方收益都为 1，即 D(1,1)。

如果己方选择合作，对方选择合作和不合作时己方的收益是 4 和 3；如果己方选择不合作，那么对方选择合作和不合作时己方的收益是 5 和 1。所以在这种情况下，背叛对方（即己方不合作，对方合作）所得利益最大。此时，供应商吸引度也比较大（C 区）。

以图 3-6 为例：

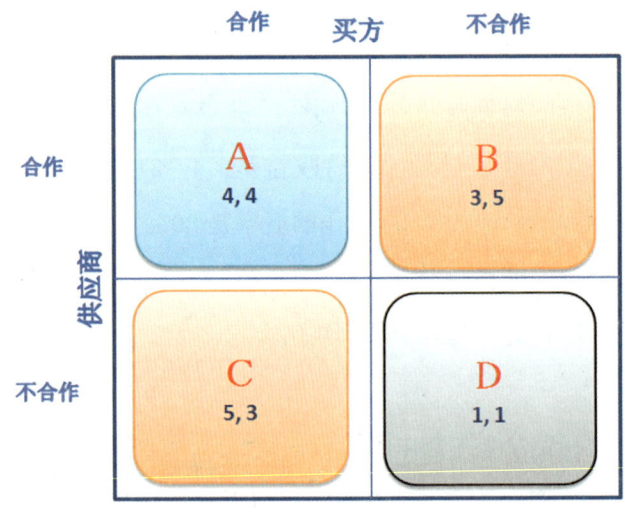

图 3-6 供应商与买方合作博弈矩阵——中等供应商吸引度

假设供应商合作的概率是 x，那么不合作的概率就是 1-x；买方合作的概率是 y，不合作的概率是 1-y。那么：

供应商合作的期待收益是：4y+3(1-y)=y+3。

供应商不合作的期待收益是：5y+1(1-y)=4y+1。当达到纳什均衡时：y+3=4y+1=>y=2/3，即合作的概率是 66.7%。

同样，买方合作的期待收益是：4x+3(1-x)=x+3；买方不合作的期待收益是：5x+1(1-x)=4x+1。当达到纳什均衡时：x+3=4x+1=>x=2/3，即合作的概率是 66.7%。

所以，双方选择合作的概率都是 66.7%，由此可以得出，供应商吸引度比较大。双方的平均期待收益是 3.67。

由此可见，每个参与方着眼于短期利益，只考虑一次性的自身收益，则博弈双方的收益不一定是最优的，双方长期合作的可能性很多时候也会比较小，特别是在去掉双方收益结构一致的假设条件后，收益结构占有优势的一方具备更大的主动权。

3.2.1.2 垄断型供应商博弈模型

如图 3-7 所示，供应商属于垄断型行业，且产能有限；或是买方的采购额占供应商的销售的比重非常小。在不考虑其他非经营性收益的情况下，买方对卖方的业务贡献非常小，但卖方对买方的业务贡献却非常大。转换成模型收益如下：

1. 双方合作时，供应商收益是 4，买方收益是 5，即 A(4,5)；

2. 供应商合作，买方不合作时，供应商因为买方的不合作（失信）收益只有 3，买方是 5，即 B(3,5)；

3. 供应商不合作，买方合作时，供应商收益是 4，买方是 1，即

C(4, 1);

4. 双方都不合作时，供应商收益不受影响，仍是4，买方是1，即D(4, 1)。

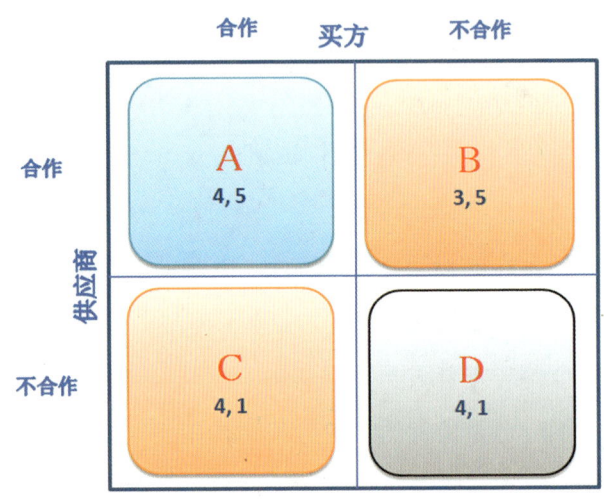

图 3-7 垄断型供应商与买方博弈矩阵

假设供应商合作的概率是 x，那么不合作的概率就是 1-x；买方合作的概率是 y，不合作的概率是 1-y。那么，供应商合作的期待收益是：4y+3(1-y)=y+3；供应商不合作的期待收益是：4y+4(1-y)=4；y+3≤4，(0≤y≤1)。

由此看到，供应商合作的期待收益小于等于不合作的期待收益，可以解释为，供应商面对小规模买方时，在单次交易中，会因为买方可能的失信（不合作）风险而出现收益下降，所以供应商不合作的意愿比较大。只有在保证买方完全合作时，才能保证收益不受损。即：当 y+3=4，=>y=1，买方合作的概率是 100%。

同样，买方合作的期待收益是：4x+1(1-x)=3x+1；买方不合作的期待收益是：5x+1(1-X)=4x+1；达到纳什均衡时：3x+1=4x+1=>x=0。

即供应商合作概率为 0，供应商吸引度非常低，因为供应商处于垄断地位，有广泛的合作对象，跟谁合作的收益都是一样的，如果买方无法保证百分之百完全合作的话，其就有损失收益的风险，所以单次博弈的合作概率是 0。这也是为什么绝大多数具有垄断性质的供应商要求小规模买方必需先付全款后才发货或提供服务的原因。

当然，也可以看到，3x+1（买方合作的期待收益）≤4x+1（买方不合作的期待收益），（0≤x≤1），即单次合作中，买方可以在供应商合作的前提下，通过失信违约（不合作），可能获取更多的收益，但这种收益是不可持续的，甚至可能面临违约惩罚失去更多收益，如垄断性电力公司停止电力供应等。

所以，处于垄断地位或更大决定权地位的供应商，对单一小规模买家合作或不合作对他们的收益基本是没有影响的，如政府电力石油等能源企业，半政府状态的非营利性组织等。对于小规模买方，其业务对供应商吸引度非常低，但却只能通过合作才能得以生存，且要给供应商足够的收益保证，如预付款项，或愿意承担违约失信惩罚等。因此，其也更倾向于与供应方签订长期协议，保证需求的及时稳定供给。

综上所述，买方供应管理人员，必须通过更多的信息进行分析和博弈，了解供应商的合作意愿（即供应商吸引度），从而改善自身的博弈筹码（当然，也包括更换供应商，即博弈的对象）。同时，可以释放愿意长期合作的信息和表明对违约的惩罚立场，使双方尽可能地往合作互利的决策方面倾斜，以此较为稳定并长期地维持自身利益。比如表示谈判成功后签订长期合同或战略协议，那么，双方就会放弃短期博弈利益，而着眼于长期博弈收益，从而使双方合作的总收益最大化。当然，对于一次性交易的话，双方可以制定惩罚措施，如未开始合作，双方可以更好地权衡利弊，如已经合作，可更好地控制违约的风险。

3.2.1.3 重复博弈的分析 —— 建立长期合作预期

从上面的单次博弈中可以看出，初始合作双方无法确认长期的可能性，从自身短期利益最大化出发，很容易出现互信和失信并存的局面，也因此造成双方总体利益无法达到最优。

如果引入失信惩罚措施和长期合作的意向，那么，一旦一方失信并被查出，该失信方所得到的额外收益将受到惩罚的影响，并可能失去双方下一次合作的机会。同时，如果表明长期合作的意向，那么双方将放弃短期博弈的利益，着眼于长期博弈（即重复博弈）的利益，促使双方达成互信合作的共识。

长期博弈即是无限次重复的单次博弈，假设博弈方都采用触发策略：在第一阶段采用合作策略，在第 t 阶段，如果 t-1 次的结果都是合作，则继续采用合作策略，否则采用不合作策略。也就是说，双方在这种无限次重复博弈中的思想都是先试图合作，在第一次无条件选择合作策略，如果对方也是合作的态度，则坚持合作策略；一旦发现对方不合作，也用不合作报复，并且以后也永远采取不合作策略[1]。

---

1. 陆杉, 高阳. 知识联盟稳定性的博弈分析. 统计与决策.2006(1):148-149.

以图 3-8 为例：

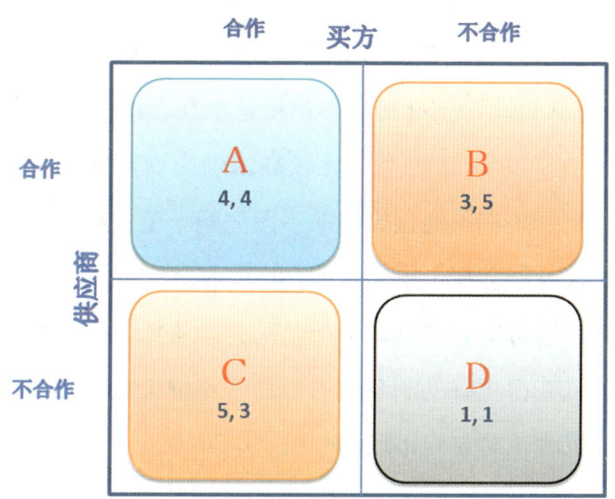

图 3-8 重复合作博弈 —— 长期合作预期

假设供应商在某一阶段采用 B 象限策略，即买方合作，供应商失信，那么该阶段供应商将得到收益 5（这里暂不考虑失信惩罚），当买方发现这个失信行为后，将采取一直不合作报复，此时供应商也只能选择不合作，即到 D 象限，收益为 1。于是未来供应商的收益之和为[1]：

$5+\delta*1+\delta^2*1+\cdots = 5+\delta/(1-\delta)$，$\delta$ 为贴现率（$\delta=1/(1+i)$，i 为利率）；

如果供应商选择合作，在默认买方一直选择合作的前提下，那么供应商的收益为 4，未来总收益：

$4+5+\delta \times 4+\delta^2 \times 4 + \cdots = 4+4\delta/(1-\delta)$，

---

[1]. 刘晓峰. 服务外包供应商选择问题研究. 管理学博士学位论文. 2008.

所以当 $(4+4\delta/(1-\delta)) > (5+\delta/(1-\delta))$ 时，

即，当 $\delta \geq 1/4$ 时，双方都会采取合作策略。

在这种前提条件下，只要参与者有足够的耐心，当贴现率 δ 足够接近1，即低利率，那么每一次博弈的结果都将是相互合作。

那么当 $\delta < 1/4$ 时，即市场利率比较高，供应商可能选择不合作。这是因为供应商可能会短期内通过失信的手段先赚一笔快钱，然后这部分块钱产生的利息收入可能会高于未来长期合作的收益。因此，当利率高时，供应商继续投资的意愿可能会降低，一个是因为融资成本高，另一个是因为现有资金成本可以获得更好的利息收益，而不愿继续投资交易。所以，在供应商博弈和分析时，对宏观市场的分析也很重要。

3.2.2 供应商吸引度的评估表设计及量化

在实际工作中，影响供需双方博弈的因素很多，每个因素都可以看作一个单独的博弈矩阵，且大多是基于中长期博弈的考虑或是附加一定的失信（不合作）惩罚条款。所以把所有关键因素得到的博弈结果综合起来分析，大体就可以得到该供应商或该业务对供应方的吸引度。因此，可以基于博弈的理念，知己知彼，把尽可能多的关键因素考虑进来，通过评估和博弈量化，从而判断出供应商综合吸引度的强弱。

3.2.2.1 业务吸引度影响因素的整理与分析

不同行业、不同企业，供需双方博弈的点是不同的，但大致可以从三个方面入手，即供方（供应商）的分析、需方（买方）的分析和双方的外部市场环境分析，每个方面又可以细分多个因素进行分析和量化。

1. 对供应商自身的分析

（1）确定供应商的性质：是否属于营利性质的机构，是否属于政府管理基础设施能源机构。

（2）通过调查问卷，收集近三年供应商的财务状况，近三年企业业务占供应商所有业务的比例和发展趋势，供应商近三年市场占有率和发展趋势。

（3）技术、质量和服务水平。

（4）供应商主观合作意愿和反馈。

（5）供应商的行业地位，市场地位。

（6）……

2. 买方自身业务发展和行业地位的分析

（1）所在企业的业务增长量及与供应商合作业务的增长量。

（2）企业的信用，特别是财务信用。

（3）企业在行业中的地位和品牌效应。如果企业是知名品牌，其对供应商的资质审核及对所供物料的质量和验证相当严格，甚至是行业的标杆，某些供应商可能为了提高其产品的知名度并迅速扩大业务，愿意在不盈利甚至亏本的情况下成为企业的供应商。

（4）技术和管理水平是否具有吸引力。买方企业是否有助于合作供应商技术水平和管理水平的提升。

（5）……

3. 外部供应市场分析

(1) 确定市场的竞争度（完全竞争市场？寡头市场？垄断市场）。

(2) 供应市场业务准入门槛。

(3) 是否有替代品。

(4) 供应商其他客户（特别是竞争对手）的业务增长情况。

(5) ……

每个因素的量化，都可以看作博弈中供应商合作的概率数据。因此，供应商吸引度的每个因素可以量化为 1 到 9，分为 9 级，1 级为毫无吸引力（即预期博弈的合作概率最低），9 级为非常有吸引力（即预期博弈的合作概率最高）。通过多个因素指标共同评判，采用其中位数作为综合得分。

3.2.2.2 业务吸引度表格设计与量化

在现实工作中，各个行业或企业针对这三方面细分因素的考量可能不尽相同，且有些指标也很难准确量化，所以需要供应管理人员和评估人员对各自评估因素所属的领域比较熟悉，并尽可能多地了解供应商的信息，包括财务报表信息和发展策略。量化是为了更好地分析，虽然不大可能跟自然科学一般非常精准，但只要抓住关键的影响因素，小范围的偏差是不会影响分析和后续策略的制定的。

如下图 3-9，仍用前面供应复杂度量化中所提到的例子。供应商是一家国际品牌的预灌封注射器生产商，评估的买方是一家国际排名靠前的跨国医药企业在中国的分公司。主要从三个方面进行评估：供应商，买方自身和外部市场，每个方面包含若干评估量化因素，共18个因素。根据上面的博弈模型，评估标准的每个因素都可以看作一个博弈点。例如供应商分析中的第7点，行业市场地位。供应商是该品类销售世界排名前三，且该行业具属于寡头垄断市场。因为买方也是世界排名前5的疫苗制造商，注射器的消耗量巨大，所以单从这个博弈点来说，博弈双方的市场地位相当，合作体量也较大。但在销售旺季时由于产能的限制，单位时间内该供应商只能按比例配额交货，供方具有更高的主动权，所以供应商吸引度为6，高于中位数。如果买方是一个小型企业，市场地位相差巨大，那么博弈双方的地位和筹码不在同一级别，供应商合作的意愿就比较小，在产能有限的情况下，可能不予发货，优先供应高级别客户，所以其供应商吸引度可能低于4。

买方自身分析中第13点，技术或管理水平是否有助于供应商的提升。对于该品类世界排名前三的供应商，其技术和管理肯定处于比较高的水平，虽然买方也是其所在行业内的领军企业，但其先进的技术水平和管理水平并不一定能给供应商带来提升，所以单纯对于该博弈点来说，供应商的合作收益比较低，因此供应商吸引度为3。相反，如果是规模比较小且处于快速发展的供应商，因为其技术水平或管理水平仍有很大的提升空间，在买方所要求的高标准质量体系和管理体系的推动中，可以并可能促进其全面提高技术、质量、工艺和管理的水平，为将来进一步拓展市场打下良好的基础。因此，该博弈点的中供应商的合作收益将会很高，即供应商吸引度会很高，比如7，甚至是在前期不盈利的情况下。因此，对于不同的博弈对象，合作的意愿是不同的，因此供应商吸引度也不同。这种分析就可以为后续的优化策略提供精准的信息和改善点。

以此类推，将每个因素都看作是一个博弈点，在充分调查分析的基础上，与相关利益部门／人员充分讨论并给出量化分数。每个量化分数可以是看作所对应博弈点中供应商的合作概率。

		影响因素	描述	吸引度评分
			吸引度最小	1
			吸引度最大	9
1	供应商分析	企业性质和发展阶段	处于发展的平台期，市场进攻策略减弱	5
2		采购方近3年采购额所占其营业额比重	全球业务：10% => 9.5% => 11.3%；中国业务不到1%	5
3		供应商近三年市场占有率及发展趋势	50% => 55% => 53%	4
4		客户投入产出比	投资或成本是否高于收益	7
5		供应商欲合作的客户群体/类型	大型客户基本饱和，医药、美容行业	5
6		供应商主观合作意愿和合作反馈	合作良好，表现出较强的合作意愿	6
7		行业/市场地位	世界前三	6
8		最新技术或技术垄断	在全球同类别为技术顶尖	3
9	买方自身分析	未来几年与供应商合作预计业务增长量	全球业务增长基本停滞，中国地区增长较快，但体量小	5
10		企业信用、财务信用	企业信用良好，财务付款及时	8
11		企业在行业中的地位、品牌效应	世界500强企业，行业内排名前三，品牌知名度高	7
12		是否可以使用替代品	不可以	3
13		技术或管理水平是否有助于供应商提升	较小	5
14	外部市场分析	属于什么竞争度的市场	在高端市场中属于多头垄断	5
15		供应市场业务准入门槛	门槛比较高	5
16		市场总产能有限	未来2年内产能很难大幅提高	4
17		是否有新的替代品或替代技术	暂时无替代品和更先进的替代技术出现	3
18		买方企业竞争者限制条件要求更少	其他买方企业竞争者质量要求相当或略低	5
			预灌封玻璃注射器供应商吸引度中位数：	5

表3-2 预灌封玻璃注射器——供应商吸引度评估表

根据上表各个博弈点评分，最后综合分是5（中位数）。为了更好地分析，可以通过雷达图分析哪些因素是造成吸引度分数比较低和比较高的，分数比较低的要素即是需要改善的点。如图3-9所示。

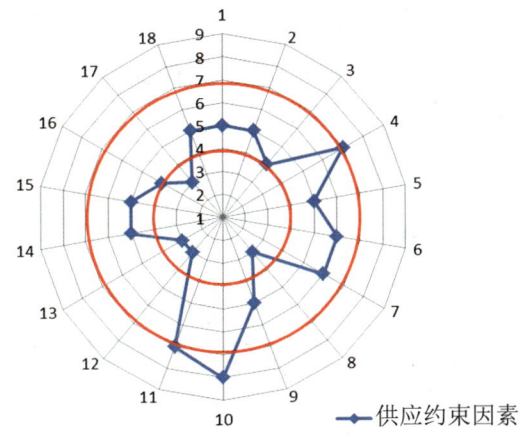

图 3-9 预灌封玻璃注射器供应商吸引度

吸引度<5 的因素（改善点）：

第 3 项，供应商目前发展进入平台期，高端市场占有率非常高，但这家客户近三年贡献的业务额并没有相应的增长，且中国区所占的业务量不到 1%，所以单纯从这个博弈点来看，该类客户中国区业务对这家供应商的吸引度是比较低的，评估分数为 4。

第 8 项，供应商的技术水平处于全球领先地位，具有很强的技术话语权，具有一定的技术垄断地位，基于这个博弈点，供应商吸引度评估分数为 3。

第 12 项和第 17 项，买方中短期内无法使用其他替代品。所以在多头垄断市场，这对于供应商来讲是利好的，不担心被其他替代品抢占客户，在该博弈点中占上风。所以评估分数为 3。

第 13 项，买卖双方都是属于大型跨国集团，对技术和管理的水平都较高，供应商在合作中并不能带来该博弈点的收益，所以评估分为 3。

第 16 项，目前该供应商或该行业的产能有限，往往需要提前 3 个月以上订货，且短期内很难改善，所以供应商具有一定的主动权，该博弈点的合作意愿不高，所以该项评估分为 4。

吸引度 >6 的因素：

第 4 项，开发该客户不需要巨大的额外资金投资，只需改动一些模具和工艺，且利润空间较大，投入产出比比较理想，在该博弈点中，合作带来的收益比较高，所以吸引度为 7。

第 10 项，客户企业信用较高，属于优质客户，所以吸引度为 8。

第 11 项，客户属于全球财富 500 强企业，品牌知名度高，有利于巩固供应商的业务和业界地位，所以评分为 7。

通过上述评分表格的设计，信息的收集分析和评估，基本上可以给出某品类物料／服务的供应商吸引度。当然，一个品类可能有好几个供应商，而每一个供应商给出的供应商吸引度的值可能是不一样的，其分数差别主要是在第一部分和第二部分，即供应商分析和买方自身分析两部分。为了便于整合和分析，可以取其主流供应商的中位值。当然，对于跨国集团，每个大区域的区别可能更大，所以可以根据实际情况分开或整合分析。当然，这种吸引度的差异也是后续进行多供应商博弈、供应商优化、供应源战略管理等的优化契机，使买方在与供应商的博弈中取得更多利益成为可能。这些在后面关于供应商组合优化的章节会重点提到。

小结

通过如上三部分的数据量化，每个品类都具有三个指标值，即采购额、供应复杂度和供应商吸引度。对于企业管理来讲，很多影响管理和策略的因素是很难精准量化的,很多经验或决策都是靠多年的经验感觉总结出来的。多数资历较浅的管理者只能靠着悟性在实际工作中摸索或向资深管理者学习。这样就很难以更科学、更精准,或以更工具化的模式把管理的经验和思路表达出来。本章供应复杂度和供应商吸引度的量化思路也只是抛砖引玉,当我们在评判一种物料购买有多复杂的时候,可以更有依据、更为直观地表述出来。较之很简单、还好、一般、有些困难、很麻烦这种定性的表达,这种量化思维的方式对于策略的制定及改善后的结果对比,会更清晰,更有说服力。

第四章 采购供应策略立方模型

采购供应管理的目的在于可持续性地以最优的总成本保证按时、按需、按量的供应。因此，采购策略的精准性和有效性就显得尤为重要。通过前面三个主要变量的定义和量化，每个品类可以从三个维度来判定其现有状态，进而精准有效地制定对应的优化策略。

对于拥有多个工厂或跨国企业来说，采购供应策略的分析制定有两个方向：一是品类优化采购策略，主要针对某种或某个系列的品类进行深度的采购策略分析、制定和优化。一般是从单个工厂到区域多个工厂，乃至全球所有工厂、所有事业部的该品类数据的归集、分析评估、量化，并制定策略，其主要目标在于提高该品类的采购供应绩效。二是整体采购优化策略，主要是专门针对一个工厂、一个事业部或某个大区域所有工厂所有关键品类的采购数据的归集、分析评估、量化，并制定策略，其主要目标在于提高该工厂、事业部、大区域的多品类整体采购绩效。整体采购优化策略可以说是多个单品类优化策略的有机整合，只是深度和广度可能略有差异。

在第二章介绍数据收集时，提及数据收集的两种流向，即呈矩阵形式的纵向和横向数据流。纵向，即是基于单品类，在整个企业集团的范围内数据收集。这正好满足单品类优化采购策略所需的数据。横向，即是基于运营单位（如单个工厂、单个事业部或单个大区域），针对所有（关键）

第四章 采购供应策略立方模型

品类的数据收集。其数据可以满足分析制定整体采购优化策略的需要。这两种优化策略所涉及的运营单位和品类范围，与数据收集矩阵表类似，如图 4-1 所示。

假设某企业总共有 8 个大品类的采购物料／服务（每个色系代表一个品类），每个色块代表单个工厂单个品类的采购数据模块。全球共有 12 个工厂分布于 4 大洲。

单品类采购优化策略：如图中的纵向优化。纵向（同一色系）表示企业所有区域和工厂所需求的某一品类的采购供应优化策略方向，数据流向是基于单品类采购数据，由下（单工厂）而上（大区域或全球）汇总。如图竖红框品类 8，其单品类采购供应策略是针对 4 大洲 12 个工厂所采购的品类 8 的优化策略。该策略的优势在于可以集中更多的需求提高谈判力，通过规模经济降低成本。同时，其深度的单品类挖掘，可以从更多维的角度，比如后面章节将提到的关于明智采购和革新采购的分析方法，优化成本、降低供应风险。

整体采购优化策略：如图中的横向优化。横向（不同色系）的是以工厂／大区域为最终流向的所有品类的采购数据，比如一个工厂内所有品类的采购优化策略。如图横红框 Site12 工厂内所有品类（8 个品类）的优化策略，或者是针对大洲 Region4 所有品类的整体优化策略。整体采购供应优化策略比较流行于中小企业，或大型企业中经营环境差异较大的单区域、单事业部、单工厂。其对于运营单位的整体成本和供应优化效果比较明显，其更容易有机地整合各品类的优劣势（如采购量、价格水平、业务吸引度等），具有更好的机动性和市场反应灵敏度。

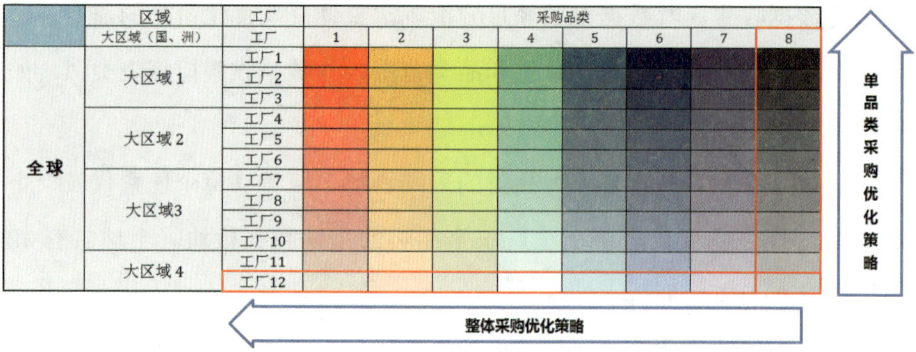

图 4-1 采购供应优化策略方向矩阵图

这两种优化策略各有优劣。一般而言，对于大型跨国集团，如财富500强企业，单一品类的区域或全球采购额特别巨大，所以较多地倾向于第一种方向。但一般只会挑选受区域差异化和事业部门特性影响比较小的品类进行大区域或全球统筹优化，如共用关键原材料、一般性共用消耗品等。该职能一般是由（全球）品类采购管理岗位担任，如 GCM（Global Commodity Manager）。对于受经营区域限制或事业部门特性影响比较大的品类，一般进行小区域的单品类优化，或使用第二种优化策略，即小区域的多品类整体优化策略。此外，对于中小型企业，特别是经营区域比较集中、受区域或事业部特性影响比较小的企业，更多地倾向于第二种采购优化策略，即整体采购优化策略。

随着信息化的高速发展，数据和管理在理论上受到的时空限制越来越少，且随着全球化的进一步发展，这两种策略方向在大型跨国集团中也逐步深入交叉运行。采购供应管理部门的组织形式一般是呈矩阵式结构的，即品类采购员/经理，既要向大区域或全球的负责该品类的采购管理负责人汇报，同时也要向其所在的工厂采购经理汇报，并接受这两条管理线的调度管理。既担负着配合执行品类采购总负责人的单品类采购优化策略（第一种方向），又担负着配合执行其所属工厂／区域采购负责人的多品类整体优化策略（第二种方向）。

所以，在实际工作中，也往往会因为两条管理线的侧重点不同，使采购人员的工作处于不明确的甚至是冲突的状态，特别是不同工厂或区域其运营策略和运营环境有所不同时。所以，针对这种情况就要品类管理负责人与工厂采购管理负责人，或是更高层的管理人员协调解决了。

当然，这两种优化方向在某种程度上并不冲突，可以说整体采购供应优化策略是较小规模的单品类优化策略的有机集合。如果把这个"整体"放大到大洲级别或是全球级别，如亚洲区整体采购优化策略或全球采购优化策略，那就是所有单品类优化策略的集合。所以，采购供应策略的构建模型即是以品类为单位的集合模型。其模型策略覆盖范围的大小取决于单品类优化策略所涵盖范围的大小。在模型中，可以对其中单个或若干个品类进行策略分析与制定，也可以进行整体的（多个或所有品类有机结合的）策略制定。

◎ 4.1 采购供应策略立方模型的构建

为了更直观地展示和分析，下面将以某实际案例来构建模型（基于保密性，数据按比例调整，某些品类名称也做了更改）。

表 4-1 中的数据，是某世界 500 强企业某一个区域所属几个工厂整理量化后的采购汇总数据。按照二八原则，该表总共选了采购加总额占比 80% 以上，最为关键的 26 个品类。每个品类都包括采购额、和量化后的供应复杂度和供应商吸引度三个数据，并按各品类采购总金额从大到小排

序，得到如下数据表。

表 4-1 采购供应策略数据汇总表

品类编号	品类名称	采购额	供应复杂度	供应商吸引度
N01	原材料（E）	31,973,496	8.5	8.0
N02	注射器	19,770,183	7.0	5.0
N03	包装材料	13,201,756	3.0	8.0
N04	过程滤芯	9,887,633	7.5	4.0
N05	冷链物流（冷库和冷链运输）	7,973,698	6.0	7.0
N06	电力燃气	5,680,998	2.0	2.0
N07	一次性管路	4,925,083	7.5	4.0
N08	备件	4,476,919	6.5	3.0
N09	设备维护	3,860,297	6.0	6.0
N10	清洁消毒剂	3,731,544	7.5	6.0
N11	消防安全	2,838,711	3.0	8.0
N12	化学辅料	2,267,312	8.0	3.0
N13	试剂类	2,235,323	8.0	2.0
N14	清洁绿化服务	1,786,581	3.0	7.0
N15	实验室耗材	1,277,674	7.0	4.0
N16	生物废弃物处理	1,181,307	6.0	6.0
N17	IT服务	1,123,619	3.0	5.0
N18	个人防护用品	1,053,866	4.0	6.0
N19	第三方检验	888,655	4.0	3.0
N20	员工通勤	866,800	3.0	7.0
N21	实验室仪器维护维修	739,247	7.0	3.0
N22	厂房维护	728,184	3.0	6.0
N23	培训	645,880	4.0	6.0
N24	咨询	627,796	3.0	6.0
N25	办公文具	603,147	2.0	7.0
N26	工程工具	590,992	2.0	5.0

数据表中，每个品类都有三个数据，通过三个变量数据可以生成的三维立体模型，每个品类都可以在三维空间中找到相应的位置。三维立方模型的好处在于每个品类所处的状态（采购支出状态、供应风险状态和业务合作状态）都可以直观地从模型中反映出来。

因此，根据这三个数据，使用三维建模软件，如OriginLab，构建生成采购供应策略立方模型，如图4-2所示。

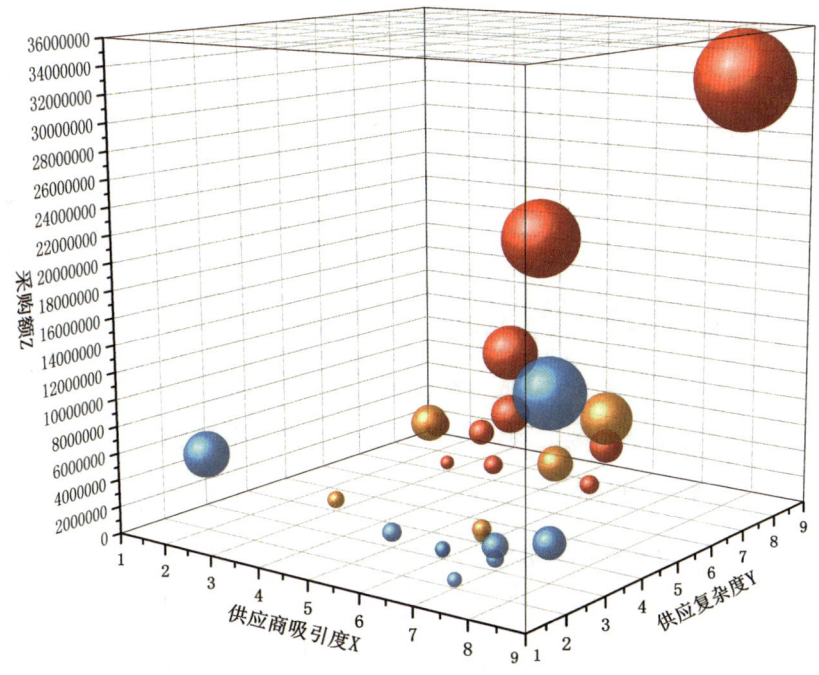

图 4-2 采购供应策略立方模型

图中 X 轴表示供应商吸引度，Y 轴表示供应复杂度，Z 轴表示采购额。立方模型中的每一个球体表示一种采购品类，共 26 个球体表示 26 个品类。球体越大表示该品类的采购额越大（同时也反映在 Z 轴的刻度上）。根据实际需要，也可以设置球体的颜色，比如该图中，用颜色辨别供应的复杂度：供应复杂度 1～3 可以设为蓝色，供应复杂度 4～6 可设为橙色，供应复杂度 7～9 设为红色。这样可以更直观地从球体的大小、颜色等快速地得到该品类的大概信息。比如图 4-2 模型中右上角最大的红球，即是采购金额最大（球体体积最大）、供应复杂度很高（球体呈红色）和供应商吸引度都很高的品类，即对应于数据表中的"原材料（E）"。

通过不同的分布位置，该模型可以一目了然地看清各品类所处的状态，更直观地了解高低采购额、高低供应风险度和高低供应商吸引度空间各有哪些品类，找出其相似性与差异性，为策略的制定提供直观的信息。因此，在模型分析中，必须对空间进行划分，对相似分布状态的品类进行初步归类。

◎ 4.2 模型内部空间的划分

基于策略分析的需要，根据实际情况，在模型中的 X、Y、Z 轴各取某一值，作为高低值的分割线。

采购额（Z 轴）。根据企业自身需要，在 Z 轴上以某点（某金额）作为分割线。如在 1000 万元人民币处划分分界线，则表示小于 1000 万元的为低采购额区间，大于 1000 万元的为高采购额区间。

当然，在实际操作中，可以根据需要划分更多段，比如 0～200 万元为低采购额，200 万～1000 万元为中等采购额，大于 1000 万元的为高采购额，这样可以更加精细地分析和决策。这些都可以根据企业自身情况进行定义，本书仅以一条分割线划分高采购额和低采购额两段，这里先暂时以 S_p 作为高低采购额的分界线金额。

供应商吸引度（X 轴）。根据 1～9 分的厘定，以吸引度 5 作为确定低吸引度和高吸引度的分界线。

在判断标准一致的情况下（但在实际操作中，不同行业的判断标准很难一致），不同行业、不同规模的企业，其所采购的关键品类与供应商吸引度轴上的分布差异是比较大的。比如，对于规模中小，且产品技术门槛比较低的企业来说，其所使用的物料买卖双方市场大多属于完全竞争市场，采购很容易在市面上找到其他供应商,而供应商也很容易在市面上开拓其他客户,这样双方的吸引度就比较低。所以供应商吸引度超过 5 分的品类物料估计占不到所有品类的 20%。同样,对于上规模的尖端科技行业,对于多数关键品类物料,买卖双方的合作意愿都比较高,甚至多数是战略合作伙伴关系,所以有可能超过 50% 以上的品类吸引度比较高。所以不同行业、不同规模的企业,在不同的竞争市场下,各种品类的供应商吸引度分布是不一样的。

供应复杂度(Y 轴)。供应复杂度也分为 9 个级别,从 1 到 9 复杂度逐步升高,为了便于分析,同样设定 5 为高低复杂度分界线。

在判定标准一致的前提下,不同行业其品类在供应复杂度的轴上的分布状态也有所差异。在高科技或一些特殊行业中,比如生物制药行业,相当部分的品类物料是危险化学品、生物制品和无菌高洁净度物料,从原材料来源、生产制造到成品的包装方式、冷链配送,再到客户端,都需要进行严格的管控,且其供应商市场大多属于完全垄断或寡头垄断市场,选择余地小。所以大多数的品类供应复杂度较高,比如,供应复杂度超过 5 的品类可能超过 50%。对于普通消费品行业,如中低档制衣行业,各种原材料市场配套成熟,竞争完全,所以可能 90% 以上的品类物料供应复杂度都在 5 以下。与供应商吸引度类似,不同的行业,在不同的竞争市场下,各种关键品类的供应复杂度分布是不一样的。

当然,如果去掉判断标准一致的前提,因为对所接触的大多品类的认知惯性,高科技行业中所设定的供应复杂度为 5 的品类,其实际供应复杂度可能远高于大众消费品行业中所设定的供应复杂度为 5 的品类。但因为该模型只是针对单个企业构建,所以可以根据企业自身的经营状况和行业环境自行定义。

根据上述所定义的高低成本、高低供应复杂度和高低供应商吸引度分界线，模型内部可划分为 8 个空间。如下空白三维模型，每个空间对应着三个变量不同的组合，如图 4-3 所示。

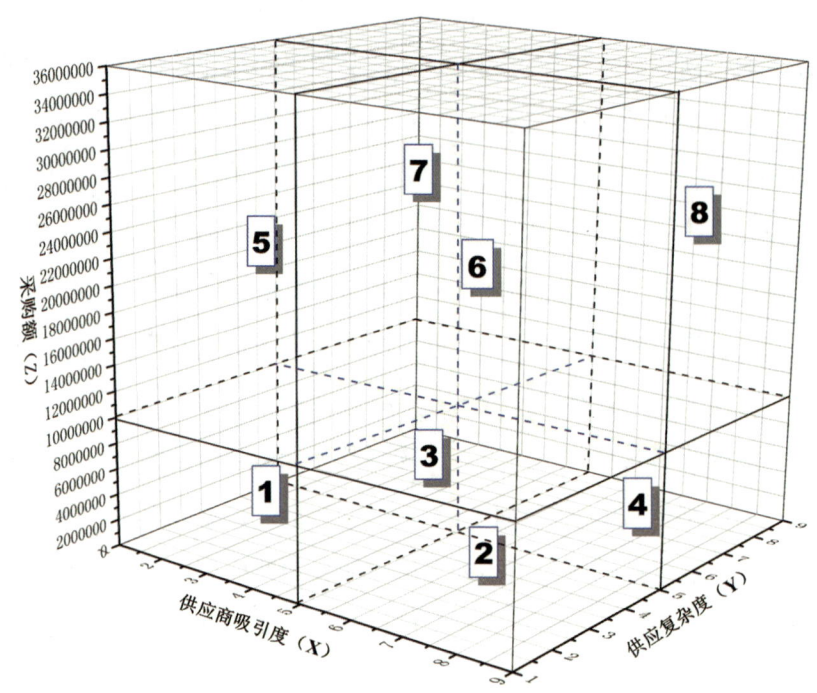

图 4-3 采购供应策略模型空间划分

如图 4-3 空白立方模型图（Sp 为高低采购额的划分值，图中 Sp=10,000,000）：

空间 1（X=<5，Y=<5，Z=<Sp），边缘类

变量组合为：低供应商吸引度（X），低供应复杂度（Y），低采购额（Z）；

空间 2（5<X=<9，Y=<5，Z=<Sp），理想类

变量组合为：高供应商吸引度（X），低供应复杂度（Y），低采购额（Z）；

空间 3（X=<5，5<Y=<9，Z=< Sp），瓶颈类

变量组合为：低供应商吸引度（X），高供应复杂度（Y），低采购额（Z）；

空间 4（5<X=<9，5<Y=<9，Z= < Sp），维系类

变量组合为：高供应商吸引度（X），高供应复杂度（Y），低采购额（Z）；

空间 5（X=<5，Y=<5，Z > Sp），被动类

变量组合为：低供应商吸引度（X），低供应复杂度（Y），高采购额（Z）；

空间 6（5<X=<9，Y=<5，Z > Sp），杠杆类

变量组合为：高供应商吸引度（X），低供应复杂度（Y），高采购额（Z）；

空间 7（X=<5，5<Y=<9，Z > Sp），紧要类

变量组合为：低供应商吸引度（X），高供应复杂度（Y），高采购额（Z）；

空间 8（5<X=<9，5<Y=<9，Z > Sp），战略类

变量组合为：高供应商吸引度（X），高供应复杂度（Y），高采购额（Z）。

基于此，每个子空间对应的变量组合不同，分布于其间的品类特性也就不同。

◎ 4.3 分布空间与品类的特性

不同的变量组合，表示其所对应的采购额、供应复杂度和业务吸引度是不一样的，因此，分布于不同空间中的品类都有其不同的特性，而这些特性便是差异化策略分析制定的依据，也是优化改善的入手点。这里仍沿用上面的实际案例所构建的模型展示说明。

空间1 边缘品类（X=<5，Y=<5，Z=<Sp），支出少，供应简单、业务吸引度低

处于该空间的品类采购额比较小，供应复杂度低，买卖双方的市场比较开放，可供买方选择的供应商比较多。业务吸引度低可能是因为买方的采购金额小，或是因为供应商的可选择性多，没有整合需求，分散购买，造成单个供应商的订单不稳定、采购份额小，对供应商没有吸引力。所以一般买方企业和供应商都不是特别关注（业务吸引度低）该区域的品类采购，双方的合作比较松散。很多企业对这部分品类的管理相对也比较松，管理被边缘化，一般由比较初级的采购员负责。

如表4-2，空间1包含3个品类。球体比较小，表示采购额少，两个呈蓝色的表示供应复杂度低，量化值分别是3和2，一个是橙色的表示供应复杂度为4.0，属于中等偏低。

品类"IT服务"，该品类包含网络服务、打印设备外包服务等，其中打印设备外包服务又因为品牌的不同或工厂的不同，有4～5家所属品牌的供应商提供服务。所以分摊到每个服务商的采购额并不大，但因为服务供应市场竞争比较激烈，可选择性多，所以对供应商吸引力尚可，如平均吸引度为5。

表4-2 空间1（X=<5, Y=<5, Z=<2.5M）为低供应商吸引度，低供应复杂度，低采购额

品类编号	品类名称	采购额（Z）	供应复杂度 (Y)	供应商吸引度(X)
N17	IT服务	1,123,619	3.0	5.0
N19	第三方检验	888,655	4.0	3.0
N26	工程工具	590,992	2.0	5.0

对于品类"第三方检验"，在一个区域内，具有某种检验资质的第三方机构数量相对是有限的，本身具有一定的垄断性，且该品类包含的几种检验服务是需要几家不同的检验机构提供的，导致每家机构的交易额就更少。因此，该业务对这些检验机构的吸引力就较小，平均吸引度为3。

"工程工具"的采购最为简单，主要是五金工具类的标准品，一般大点的五金工具店都可以提供，所以供应商复杂度最低（2），但由于采购比较分散且金额不大，供应商的吸引力中等（5）。

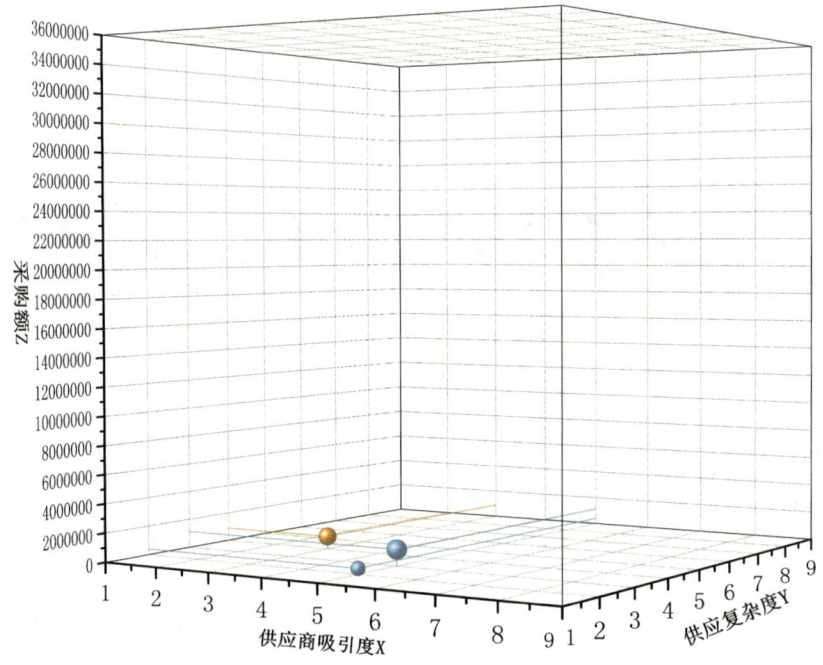

图 4-4 位于空间 1 的品类

处于该空间的品类往往比较多比较杂，虽然单品类或单品种型号的采购额不大，但该空间中所有品类加总的总金额可能会比较大，且因为大多属于标准品，供应复杂度低，一个供应商同时提供几种或多种品类的可能性也比较大，所以具有一定的优化整合可能性。

空间 2 理想品类（5<X=<9, Y=<5, Z=<Sp），采购额较小，供应复杂度低，业务对供应商的吸引度却比较大

为什么处于该空间的供应商对小金额交易比较感兴趣？可能有如下几种原因：

交易成本和风险较低。因为供应难度低，供应商可以不用花费太多的精力、物力、财力或承担更多的风险来进行交易，边际成本低，投入产出比高，因此具有较大的吸引力，特别是对于一些规模小、管理成本低的企业。

业务体量不对等。对于大型买方企业而言，较小的年度采购额对于某些小微企业来说，或许也是大单，能占据其年度销售额相当的比例，因此，业务吸引度较高。

提高品牌知名度的需要。买方具有一定的行业地位，供应商急需提高产品的市场知名度。具有一定行业地位的大型企业对供应商的选择往往需通过一系列的认证和考察，甚至这些考察和认证得到同行其他企业的认可。所以当通过认证成为合格供应商后，尽管其生意额很少，但其产品和企业资质同样受到同行其他企业的认可，对于其品牌知名度的提高、业务的开拓有很大的助力，特别是对于一些刚起步的企业来说。

对于该空间的品类来说，虽然采购金额小，但由于供应难度也低，且一般供方属于竞争比较完全的市场，愿意合作的供应源相对较多，所以有很大供应商管理主动权和成本优化空间，属于比较理想的状态。

如表4-3，处于该空间的各品类供应商，都是属于行业门槛比较低的企业，小微型企业较多，市场竞争比较完全，且提供的产品质量和服务质量差别不大。所以，在采购金额比较小的情况下，如"办公文具"一类，年度采购额60万元以上，即便同时有5家供应商供货，每家平均年供货额也有10万元以上，对于个体户类型的文具店来讲，也是比较可观的营业收入。同样，对于"清洁绿化服务"，对于买方这种大型企业来讲，年度采购额170万元以上，属于低采购额品类，但对于门槛较低、竞争激烈、大多以小微型企业形式存在的清洁绿化服务商来讲，该采购额可能在其年营业额中占有较大的比重，所以吸引度很高（7）。对于下表中其他品类，如个人防护用品、员工通勤、厂房维护、培训、咨询等,也是大同小异。

表4-3 空间2(5<X=<9,Y=<5,Z=<2.5M)为高供应商吸引度,低供应复杂度,低采购额

品类编号	品类名称	采购额(Z)	供应复杂度(Y)	供应商吸引度(X)
N14	清洁绿化服务	1,786,581	3.0	7.0
N18	个人防护用品	1,053,866	4.0	6.0
N20	员工通勤	866,800	3.0	7.0
N22	厂房维护	728,184	3.0	6.0
N23	培训	645,880	4.0	6.0
N24	咨询	627,796	3.0	6.0
N25	办公文具	603,147	2.0	7.0

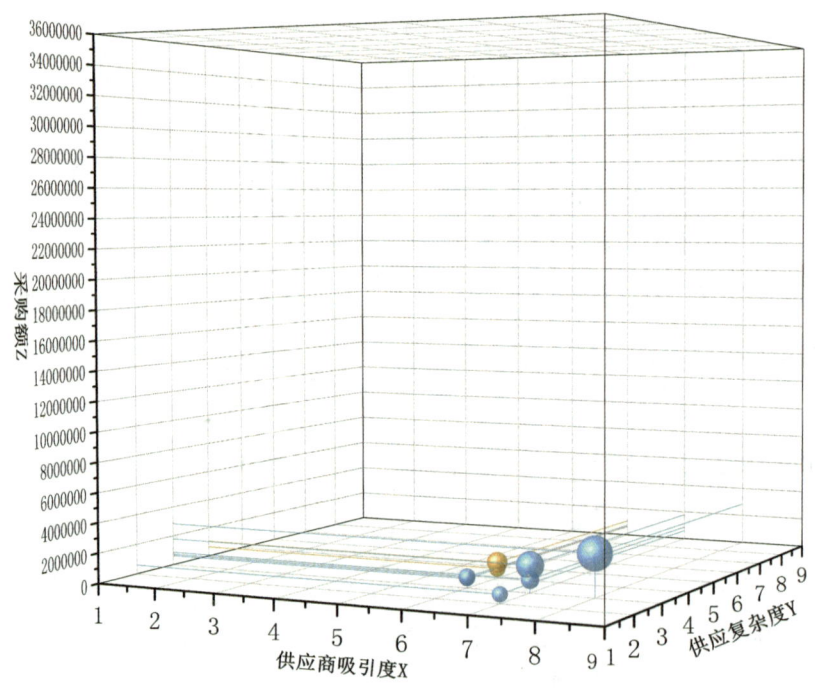

图4-5 位于空间2的品类

空间 3 瓶颈品类（X=<5, 5<Y=<9, Z=<Sp），采购额低，供应复杂度很高，供应商合作意愿（业务吸引度）低

该空间的品类是比较麻烦却又经常容易被忽视的地方。因为供应复杂度高，说明供应商一般具有一定的技术质量、渠道或专业资质的优势，甚至具有一定的垄断地位，在采购金额比较小的情况下，如果没有其他附加收益，一般对这种业务兴趣不是特别大，所以，供应商和品类供应管理起来都比较麻烦。

这部分品类的物料或服务往往是最容易出问题的。因为采购额较小，一般不会引起企业的重视，如果运气比较好，或负责该品类的采购人员管理能力强，那么很多风险点都会被掩盖，因此也容易被忽视。一旦因为供应商主观或客观的原因或采购管理的疏忽，就很容易出现供应的问题，如果是关键物料的话，可能会成为生产顺利进行的瓶颈。同样，于采购供应部门而言，负责该品类的采购管理人员也往往是最吃力不讨好的。所以，如何更好地保证供应，是处于该空间品类物料管理的首要任务，其优先级更甚于成本管理。

如下面例子，化学辅料、试剂等品类包含的子品类参数规格比较多，需向不同的生产商购买，因此每个供应商的交易份额并不多。提供该品类的生产商一般具有其独特的技术质量特性，难以短期更换，具有短期的供应垄断性。且属于化学品或试剂，部分甚至是危险化学品或受政府监管的生物试剂，不管是购买和使用的备案程序，还是运输保存的特殊要求等，都大大增加其供应复杂度（平均供应复杂度为 8）。供应商在其专业领域可能的垄断性，使其对小金额业务合作意愿不高，也由此可能进一步增加供应风险。

请看图 4-5 立方模型，红色小球表示复杂度高且采购金额小，都集中在供应商吸引度较小的区域。

表 4-4 空间 3（X=<5, 5<Y=<9, Z=<2.5M）为低供应商吸引度，高供应复杂度，低采购额

品类编号	品类名称	采购额（Z）	供应复杂度（Y）	供应商吸引度（X）
N12	化学辅料	2,267,312	8.0	3.0
N13	试剂类	2,235,323	8.0	2.0
N15	实验室耗材	1,277,674	7.0	4.0
N21	实验室仪器维护维修	739,247	7.0	3.0

当然，品类在模型所处的空间与行业特性有关，并不是说哪种类型的品类固属于哪个空间。比如，该例子是基于生物制药行业的，对物料技术要求比较高，所以处于该空间。如果对于一般性化学制药厂，因为技术成熟，门槛较低，供需双方市场开放度高，所以同样是化学辅料品类，但其供应复杂度将会很低（如供应复杂度为4），同样的采购额，其对供应商的吸引度可能比较高（如吸引度为6）。

品类在空间中的分布取决于企业和行业的实际情况，取决于品类所包含具体物料或服务的性质，以及外部营商环境、基础设施的状况，而不是定性地认为哪种品类就一定是属于供应复杂度高或低，就一定分布于哪几个空间等。

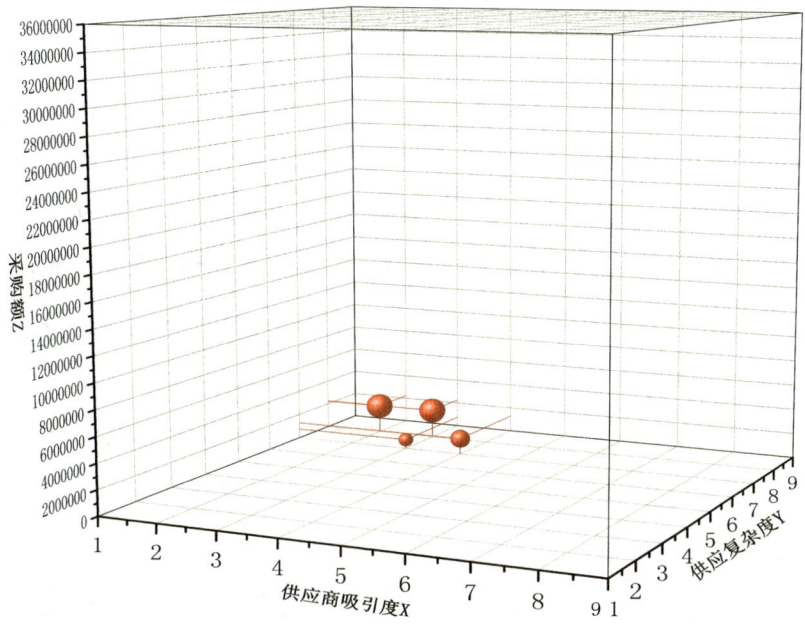

图 4-6 位于空间 3 的品类

空间 4 维系品类（5<X=<9，5<Y=<9，Z=< Sp），采购额小，且供应复杂度高，但业务对供应商的吸引力比较高

处于这个空间的品类管理相比于空间 3 的品类管理会容易很多，虽然同样是低采购额、高供应复杂度，但供应商却愿意花更多的资源来保证供应或提高服务，这种物料状态是值得维系下去的。正常来讲，有能力处理复杂度较高的物料／服务供应的供应商，其资质、能力、技术水平应该不会太差，甚至有些经营规模还不小。但在采购额较小的情况下还对他们具有一定吸引度，那么，有可能基于几个原因。

1. 对未来的预期。比如对于新项目，初期采购金额小，但未来可以看到发展的前景。

2. 扩大业务的期望。供应商希望通过良好和专业的表现，拓展到买方其他工厂的业务，扩大采购份额；或在其他领域有更好的合作，比如发展到采购金额大的品类，增加供货的品类等，特别是对于产品线丰富的企业来说。

3. 提高品牌知名度的需要。买方具有一定的行业和品牌地位，供应商急需提高产品的市场知名度。具有一定行业地位的大型企业对供应商的选择往往需通过一系列的认证和考察，甚至这些考察和认证得到同行其他企业的认可。所以当通过认证成为合格供应商后，尽管其生意额很少，但其产品和企业资质同样受到同行其他企业的认可，对于其品牌知名度的提高、业务的开拓有很大的助力，特别是对于一些刚起步的企业或需要开拓新市场的企业而言。

4. 高利润回报。可能某些品类就是属于小众市场，采购金额小，供应难度大，但具有一定的垄断性，丰厚的利润足以让供应商保持强烈的合作意愿。

5. 相对业务量较大。如果买方是大型企业，其所定义的小采购额，可能相对于小型或初创型企业的供应商来说算是比较大的业务量，因此吸引力也高。

6. 不排除具备高职业素养的供应商。

当然，可能还有其他的因素。按常理来讲，采购金额少，供应复杂度又高的品类，供应商的吸引度有可能会因为某些因素的变化而变化，由此可能在采购人员不经意间，发生较大的供应风险。作为采购供应管理人员，特别是负责该品类的主管人员，必须比较清楚地了解供应商持续较高合作意愿的动机，然后给出相应的对策。比如上述 a 和 b 的例子，如果供应商知道项目可能失败或终止，抑或是即便项目成功后，对该类物料的需求并不会大幅增加，可能合作意愿就会马上大大降低。如果供应商知道不可能发展到其他高采购额品类的业务，或其他工厂的业务，估计现有业务对其吸引度也会大大减少。所以，在与供应商沟通合作的过程中，采购人员可以适当地留给供应商一定的想象空间。

在这里，不得不提到第 c 点：高利润回报。供应商较高的利润率是很多成本管理者不能接受的。但对于低采购额、供应复杂度特别高的品类，保障供应往往是首要任务，适当接受供应商较高的利润率，也是维持供应稳定的手段。对于采购人员来说，以最优的成本获取物料或服务，是一项基本指标，但最优的成本并不等于最低的单品类价格。一味地追求低价格，可能对物料的质量、交期、收货和技术支持产生不必要的影响，特别是对于这些采购额不大，但复杂且关键的品类来讲，可能小小的供应问题就会大大影响生产进程和产品质量，造成巨大损失。这也是战略采购所需考虑的供应链总成本 TCO 最优。

所以，专业的采购管理人员必须知己知彼，对供应商充分了解，适时博弈分析，想出相应的对策，这样才能保证合理采购、稳定供应。

如图 4-7，生物废弃物处理，主要是针对制药环节中带病毒生物废弃物的处理。拥有该资质的企业较少，且具有一定的专业性和地方垄断性，所以该服务的供应复杂度较高。但因为利润空间较大，且该供应商看好买方企业未来的发展，期待业务量增加，所以保持较高的合作意愿。

表 4-5 空间 4（5<X=<9, 5<Y=<9, Z=<2.5M）为高供应商吸引度，高供应复杂度，低采购额

品类编号	品类名称	采购额（Z）	供应复杂度（Y）	供应商吸引度（X）
N16	生物废弃物处理	1,181,307	6.0	6.0

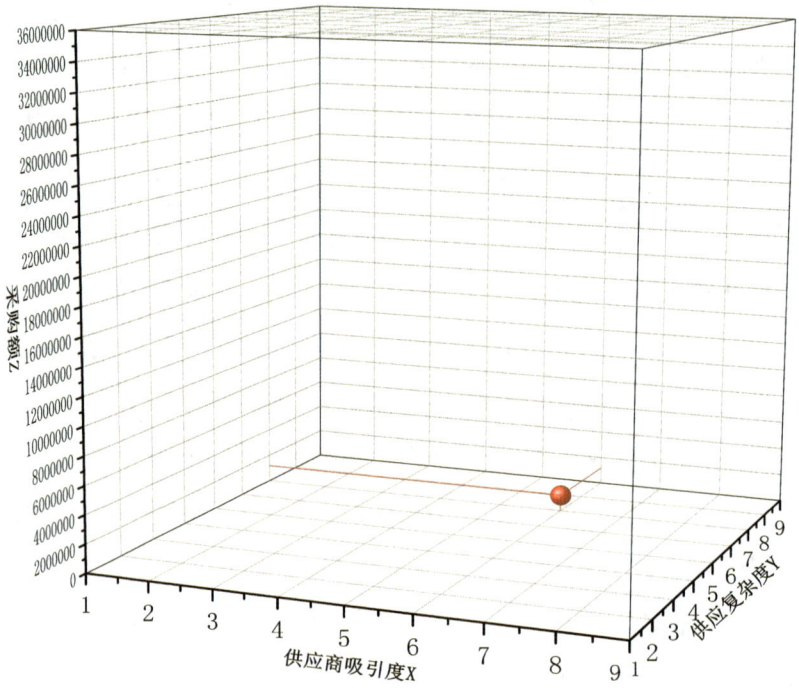

图 4-7 位于空间 4 的品类

空间 5 被动品类（X=<5，Y=<5，Z> Sp）,采购金额大、供应风险低，供应商吸引度小。

处于这个空间的品类虽然采购金额大,供应复杂度也比较低,但供应商合作意愿却比较小,这种现象一般是比较反常的,采购方很难通过提高采购额提高供应商的合作意愿,处于被动的状态。低业务吸引力可能产生潜在的合作风险,进而造成供应的风险和成本的风险。为此,必须深入了解形成这种状态的原因。

1. 业务量不对等。供方市场是否属于垄断行业？所选供应商是否规模太大,这部分业务对他们可有可无？在实际的采购操作中,一定要避免一味地追求与大供应商合作，而是要寻找合适的供应商合作，特别是在采购方的业务量或品牌知名度无法形成对等谈话资格的情况下。

2. 供应商利润低于市场水平。比如经过多年多次招投标，或经过价格战的物料，虽然交易金额大，但利润过低，投入产出比低于平均水平，属于"鸡肋"业务。这种情况下，供应商可能在市场行情好或产能受限的时候会将产能或资源优先留给利润高的客户。

3. 公开市场大宗货物。一般大宗资源型货物也容易出现这种问题，比如与国际或国内指数挂钩的农产品、石油产品、矿产产品等，其市场竞争充分、透明。

4. 采购或相关利益部门人员管理能力差，与供应商有矛盾，甚至是因不合规的要求产生矛盾等。这就需要绩效部门和监督部门的介入。

5. 政府管控的公共资源。如电力、燃气、石化等由国家统一管控，是具有绝对垄断地位的能源类供应商。对于这类供应商，买方基本没有谈判的余地，只能服从其规则。

如图4-8案例，处于该空间的品类是电力燃气，其供应商电力公司或燃气公司属于政府管理的事业型企业，具有绝对的垄断性。即便采购费用（电费/燃气费等）较大，但对电力公司和燃气公司并无特别的吸引力。供应复杂度也比较低，唯一的供应风险就是电路故障停电或在用电高峰时被限电。但企业自备的发电机等设备正常可以覆盖这个风险。但对于电力能源基础设施比较薄弱的欠发达国家或地区，可能供应复杂度就比较高。所以，同一品类的特性也会因经营环境的不同而改变。

表 4-6 空间 5（X=<5, Y=<5, Z>2.5M）为低供应商吸引度，低供应复杂度，高采购额

品类编号	品类名称	采购额（Z）	供应复杂度（Y）	供应商吸引度（X）
N06	电力燃气	5,680,998	2.0	2.0

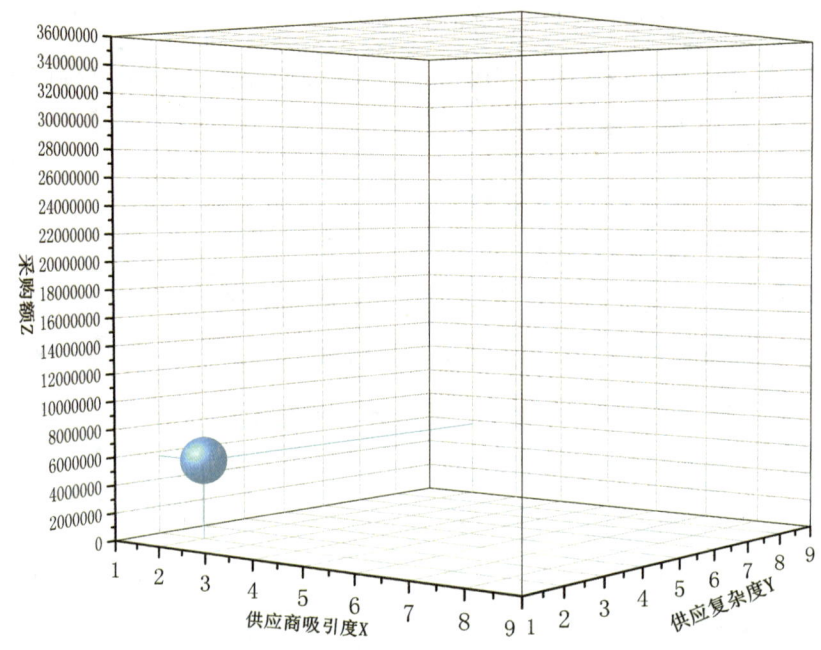

图 4-8 位于空间 5 的品类

空间 6 杠杆品类（5<X=<9，Y=<5，Z> Sp），采购金额大，供应复杂度低，供应商吸引度也高

这部分是传统采购操作上最容易降低成本，提高供应管理的地方。因为其供应复杂度低，市场上也比较容易找到供应源，大部分属于竞争比较充分的市场。一般来讲，以传统的成本架构分析和招投标手段，通过需求

杠杆就可以取得较大的成本节省。如果过于引导供应商进行激烈的价格战，过于压榨他们的利润，就有可能导致该品类转移至空间 5，这样就很容易出现供应风险，而且成本的降低也不具有可持续性，特别是对于长期重复采购的品类。

同时，也要防范供应商低价渗透策略，在寡头或多头垄断市场中，某些供应商可能通过低价渗透策略挤出其他竞争对手，然后利用中标后供应商转换成本高的软肋，绑架买方，逐步提价。所以在做供应商市场分析的时候，必须对供应商的财务报表认真审核，对于低于成本价格售出的产品，必须格外小心。同时，也要防范供应商偷工减料的可能性。

在传统的竞价方式难度进一步降低成本的情况下，我们必须转变思路，考虑其他的方式，寻找成本降低的可能性和可持续性，并保证供应的稳定，后面的章节将会详细介绍非传统的降本方法。

例如，品类"包装材料"是属于用量大但供应简单的物料，行业门槛低，市场上可供选择的供应商多，竞争激烈，所以供应商吸引度很高。一般前期的招投标可以取得比较好的效果。但因为成本架构简单、价格透明，几轮竞价后，单纯的竞价方式便比较难以持续有效地降低成本。

表 4-7 空间 6（5<X=<9, Y=<5, Z>2.5M）为高供应商吸引度，低供应复杂度，高采购额

品类编号	品类名称	采购额（Z）	供应复杂度 (Y)	供应商吸引度(X)
N03	包装材料	13,201,756	3.0	8.0
N11	消防安全	2,838,711	3.0	8.0

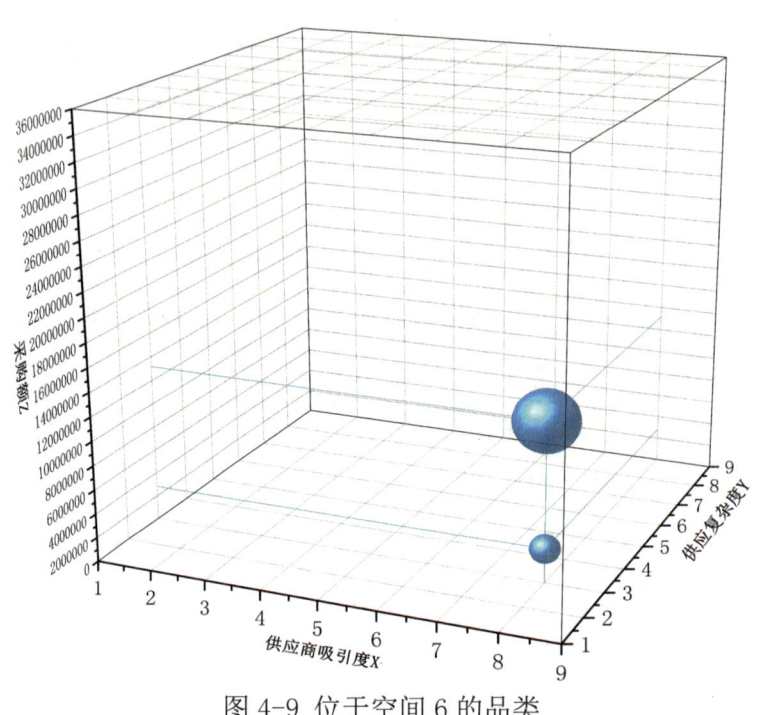

图 4-9 位于空间 6 的品类

空间 7 紧要品类（X=<5，5<Y=<9，Z> Sp），高采购额，高供应复杂度，低供应商吸引度

处于该空间的品类，因为采购金额大，供应风险高，所以往往是比较容易出问题、也是企业比较重视的地方。特别是较低的供应商合作意愿，使供应商管理难度加大，进一步加剧了供应复杂度。因此，如何在合理的价格下，确保按质按量按时的供应是至关紧要的。

一般来讲，处于这个空间的品类对技术质量要求高（内生要求），或是监管力度大（外部制约）。同时，卖方一般具有一定的专业性和垄断性。能提供该品类的供应商往往规模较大，具有一定的技术或资源垄断地位，或很强的渠道控制力。他们不担心失去这部分业务，或这部分业务对他们来讲所占份额很小，无足轻重。且因为供应复杂度比较高，供应商所需投入较大，如果需求区域销售配套不成熟的话，较低的采购额可能无法覆盖其销售成本。虽然对买方来说采购金额较大，但如果相对于供应商总的销售比重太小，或是子品类涉及的品牌型号过多，就会使单个品牌供应商的采购份额较少。

这种供应复杂度高、采购金额大但供应商吸引度低的状态，不仅使采购供应管理处于很被动的位置，对于企业的经营也产生很大的风险。

传统的采购供应管理手段对于改善该空间品类的管理基本没有太多有效的措施，一般采取成本控制方法，如竞价谈判、成本架构分析等，所起的效果并不大。所以，只能通过其他方式或新的采购理念，来改善甚至是颠覆这种困境。

例如，所涉及的品类是属于全球寡头的市场，且所有品类"注射器""滤芯""一次性管路"都属于与产品和半成品接触的物料，因为最终产品是注射入人体的药品，所以其品牌、来源、使用等都受到内部和外部的严格质量监管，甚至需要向政府部门报备。供应商的更换非常复杂，验证时间和成本高昂，且要面对可能的质量风险。同时，因为属于全球寡头垄断，这些采购额所占供应商的业务量并不高，特别是每个品类下面的子品类分属于几个不同品牌，每个品牌的供应商所占份额更小。所以对供应商的吸引力不足，进而增加供应管理的难度，风险系数提高。

表4-8 空间7（X=<5, 5<Y=<9, Z>2.5M）为低供应商吸引度，高供应复杂度，高采购额

品类编号	品类名称	采购额（Z）	供应复杂度（Y）	供应商吸引度（X）
N02	注射器	19,770,183	7.0	5.0
N04	滤芯	9,887,633	7.5	4.0
N07	一次性管路	4,925,083	7.5	4.0
N08	备件	4,476,919	6.5	3.0

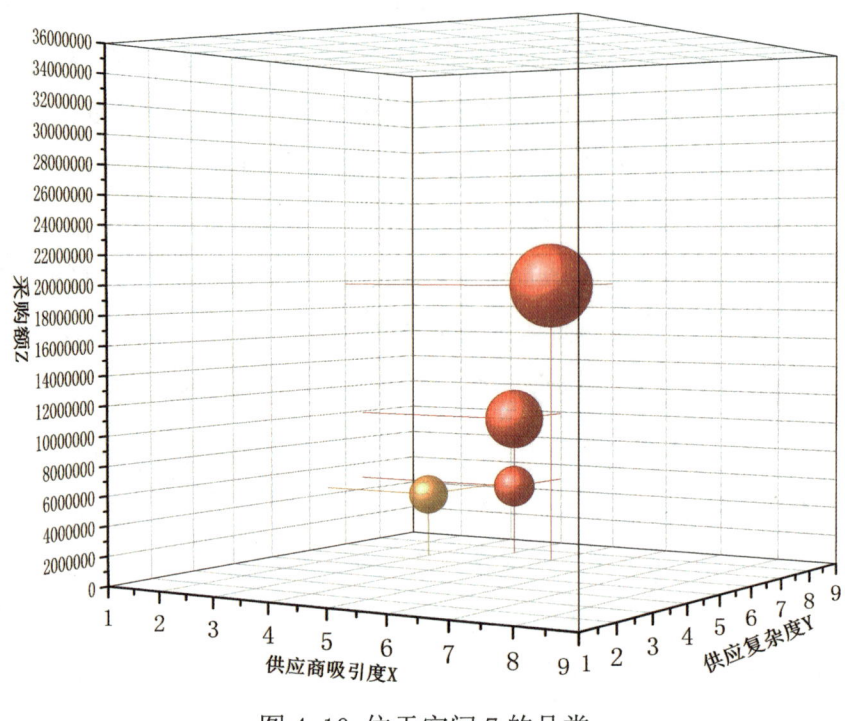

图 4-10 位于空间 7 的品类

空间 8 战略品类（5<X=<9，5<Y=<9，Z> Sp），高采购额，高供应复杂度，高供应商吸引度

一般来讲，这种高采购额、高供应复杂度、高供应商吸引力品类很多都属于战略性物料，与供应商一般会建立长期的战略合作关系。所以无论是从成本上，还是供应复杂度上，双方都有很大的意愿进行优化。在这里，我们要明确一点，成本的优化并不是一种零和博弈，不是说买方成本的降低是建立在卖方利润减少的基础上的，而应该是一种双赢合作，即正和博弈。比如，双方共同改善工艺或物料特性后，可以大大降低成本，买方有收益，卖方的利润率也可能增加。如果因此买方的产品在市场上的竞争力提高而扩大市场份额的时候,双方收益就更为可观。同时,卖方也会因为工艺质量的改善使竞争力提高,获得更多的客户。所以很多时候,供应商和采购方企业是可以共同进步发展的。作为买方,也要充分尊重有价值的供应商。

如图 4-11,"原材料 E"是这个采购数据表中采购额最大的,供应复杂度和供应吸引度也最高,亦是最关键的原材料。技术门槛和质量要求高,政府监管严格。每一批原料使用前都需要严格的检验。供应商是通过严格筛选并逐步合作培养起来的,双方合作非常紧密,且相互依存度高。前期合作时甚至互相签订排他协议,以保证双方合作的保密性和战略的一致性。

品类"冷链物流""清洁消毒剂"虽然也属于这个空间,同样面临高质量要求和政府监管,但并没有达到战略性的地位,只能算作核心供应商。双方都有一定的选择余地,但合作意愿还是比较高的。

所以虽然同处于一个策略模型空间,但会因为不同的物料特性、合作前提、行业特征等而有所不同,所要采取的策略也不尽相同。

表 4-9 空间 8(5<X=<9, 5<Y=<9, Z>2.5M)为高供应商吸引度,高供应复杂度,高采购额

品类编号	品类名称	采购额(Z)	供应复杂度(Y)	供应商吸引度(X)
N01	原材料 E	31,973,496	8.5	8.0
N05	冷链物流(冷库和冷链运输)	7,973,698	6.0	7.0
N09	设备维护	3,860,297	6.0	6.0
N10	清洁消毒剂	3,731,544	7.5	6.0

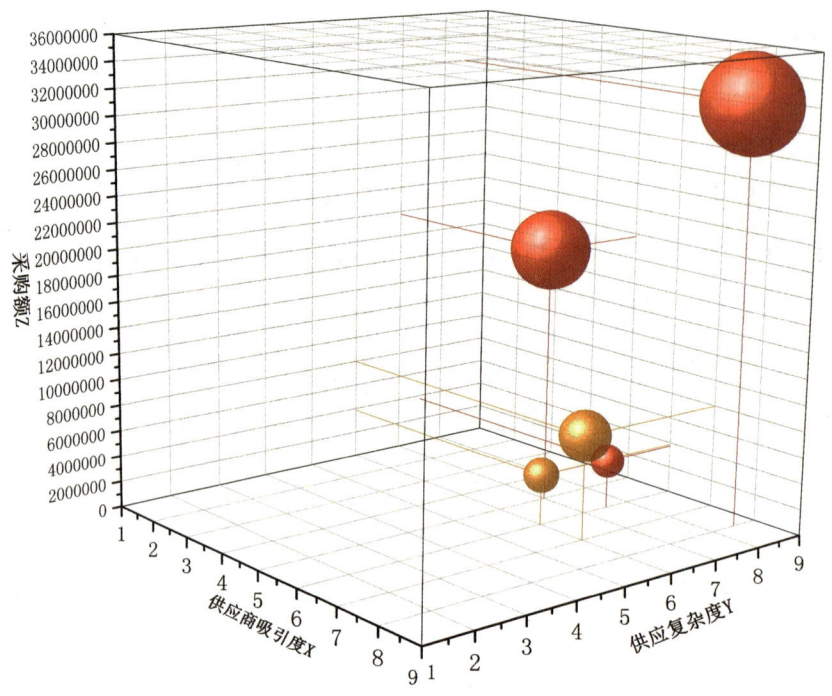

图 4-11 位于空间 8 的品类

综上所述，采购供应策略立方模型中的 8 个子空间具有明显不同的属性，通过分析处于各空间内的各个品类特征，采取的采购策略是不同的，同样，其要优化的方向也会因分布空间属性的不同及内部品类的特性差异而不同。这个模型的建立是依据现有数据和量化数据的基础之上的，是为了更为客观地提供决策思路和工具。

当然上述我们仅用某医药企业的案例数据生成模型，但其实不同行业，其关键品类在该策略立方模型的各个子空间的分布是有区别的。

◎ 4.4 不同行业关键品类在采购策略立方模型中的一般分布状态

上面提到，不同行业，其关键物料／服务的供应市场状态、质量要求等不同，导致了供应复杂度和供应商吸引度的差异。

假设评判的标准是一致的，那么对于行业门槛比较低的成熟行业，如衣帽、日用消费品等行业，因为所需物料／服务大多容易获得，供方大多属于完全竞争市场，所以供应复杂度低，但采购量比较大，所以大部分品类将集中于模型的第 5 空间和第 6 空间。对于高科技的行业，因为主要的关键物料／服务的供应商可能每种就几家甚至 1 家可供选择，供应商市场属于垄断或寡头垄断，且其他限制也比较多，如产能、质量技术稳定性等，所以供应复杂度大多较高。即便采购额在本企业中占比比较高，但如果相对供应商的销售额不高的话，可能将处于空间 7。这也是为什么很多初创的科技公司相比于大型的科技公司一开始就先天不足，难以维系的原因。相反，对于比较大型的企业，因为采购额对于供应商的销售额占比比较高，所以这些关键品类将集中位于空间 8。

下面是不同行业关键供应品类在采购策略模型中的空间分布图。

4.4.1 大众消费品类行业，采购品类在采购策略模型中的分布特性

该行业的主要特点：

1. 所需采购品类的供方市场一般属于多头垄断或完全竞争市场，竞争比较充分，供应商可选择性大，且合作意愿较高，即供应商吸引度高。

2. 技术门槛较低，质量标准化、物流配送完善、市场或政府监管成熟，

所以供应风险较低，即供应复杂度低。

3. 买方一般具有较大的议价筹码。

如图4-12所示，模型中的品类主要集中处于空间2（5<X=<9，Y=<5，Z=<Sp）和空间6（5<X=<9，Y=<5，Z>Sp）。不管采购金额多少，其供应复杂度普遍较低，但由于供方大多市场竞争充分，所以供应商吸引力普遍处于中高状态。

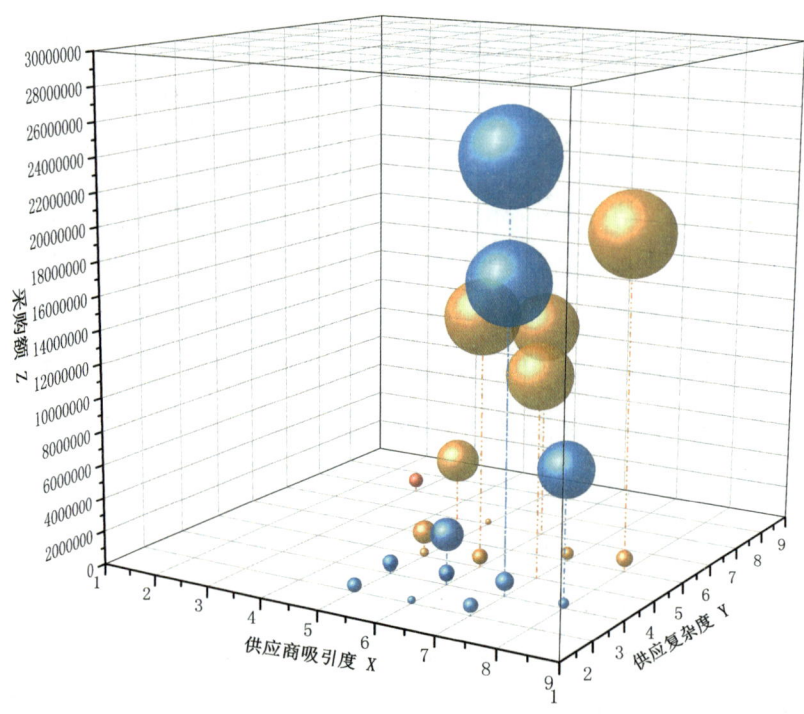

图4-12 大众消费品行业采购供应策略模型

4.4.2 小众专业品行业，采购品类在采购策略模型中的分布特性

该行业的主要特点：

1. 市场比较专业，受众面小，关键品类所处的行业一般具有一定的垄断性、专业性，所以供应商可选择性较小，但同样由于其客户的可选择性也比较有限，所以双方大多处于相互依存的合作关系，相互吸引度较高。

2. 由于关键品类可选择供应源较少，无疑也增加了供应风险系数。但一般非关键品类视其所处行业的市场结构，和采购金额大小，面临的供应风险度也有所差异。如图 4-12 所示。

如下可以看出，该行业采购的关键品类主要集中在空间 4（5<X=<9，5<Y=<9，Z=< Sp）和空间 8 （5<X=<9，5<Y=<9，Z> Sp），一般的非关键品类分布于空间 2（5<X=<9，Y=<5，Z=<Sp），供应商吸引度大多比较高。这是因为市场比较小众，买方和供应方只有比较固定的几家，相互可选择性小，所以相互依赖度比较高。

4.4.3 高科技行业中，采购品类在采购策略模型中的分布特性

该类行业的主要特点：

1. 关键品类供应商一般也属于高科技行业，行业技术门槛高，竞争较少，一般属于垄断、寡头及多头垄断的市场结构。所以，如果买方是大型企业，采购金额高，市场地位强，一般双方合作就比较紧密，特别是对供应商的吸引度比较高。如果是小型或初创型小科技企业，因为其购买额和知名度低，所占的供应商的业务比重很小且无其他增益，所以供应商吸引度就较小，请参考图 4-14-1 和图 4-14-2（缩短采购额 Z 坐标）。

2. 关键品类一般科技含量高，质量标准严，且由于供应源的可选择

性有限，所以供应复杂度普遍较高。

所以，相对大型的企业，其采购的主要品类集中在空间 4（5<X=<9，5<Y=<9，Z=<Sp）和空间 8（5<X=<9，5<Y=<9，Z>Sp），请参考图 4-13。

对于小企业，采购的主要品类集中在空间 3（X=<5，5<Y=<9，Z=<Sp）和空间 7（X=<5，5<Y=<9，Z>Sp），即高复杂度，低吸引度。因为对于小企业的高采购额相对应供应商的销售额可能占比较少，所以供应商吸引度较低，请参考图 4-14-1。把采购额坐标（Z）放大三倍后，小企业关键品类在策略模型中的分布的如图 4-14-2。

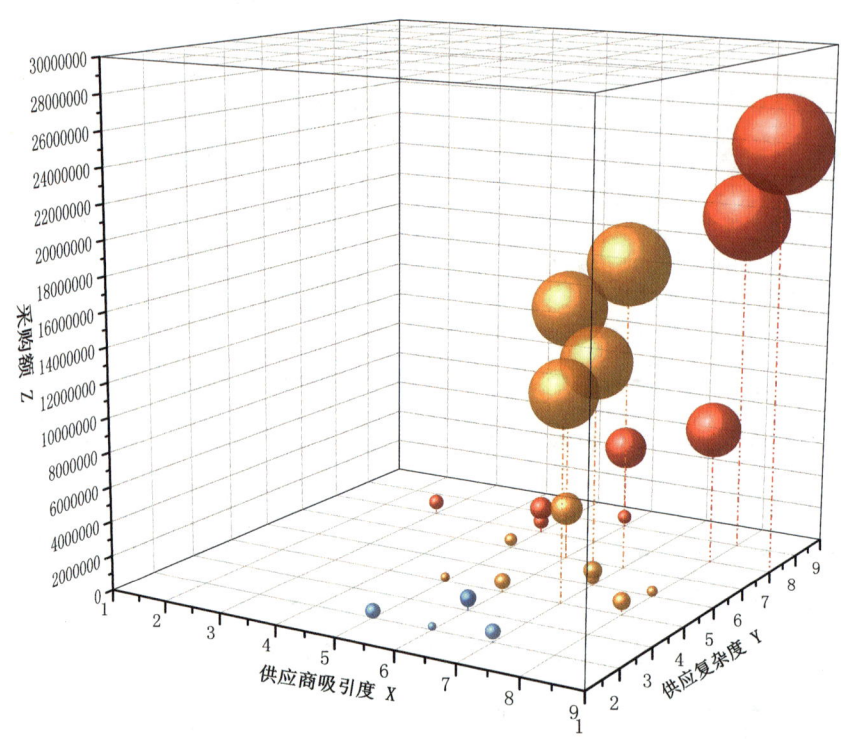

图 4-13 小众品行业采购供应策略模型

第四章 采购供应策略立方模型

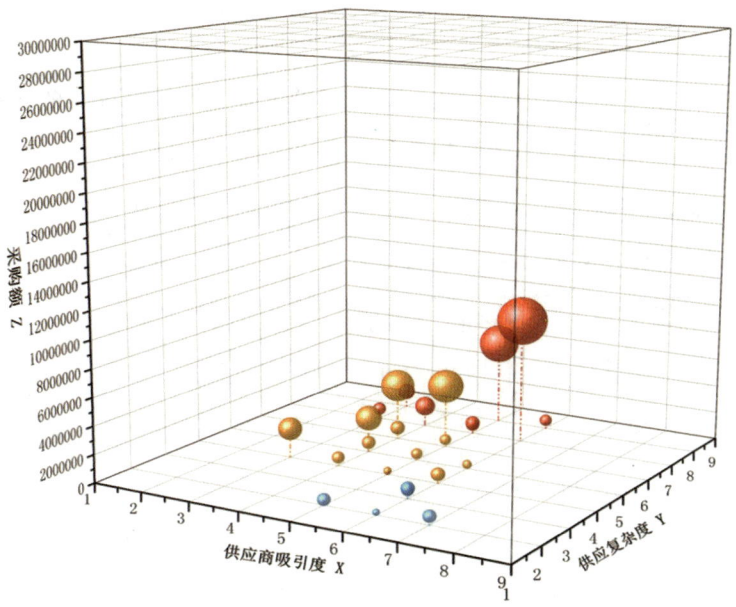

图 4-14-1 高科技行业的小企业采购供应策略模型

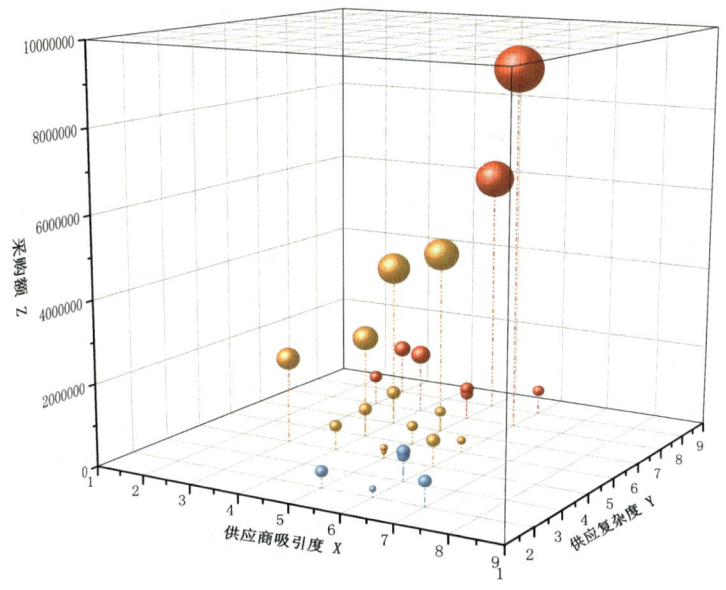

图 4-14-2 高科技行业的小企业采购供应策略模型（短坐标）

4.4.4 大宗物品消耗型行业，采购品类在采购策略模型中的分布特性

如石油化工行业、大宗农产品加工行业，其主要特点：

1. 关键品类属于大宗货物，如石油、玉米、大豆等，都是全球或国内市场定价，且交易市场庞大且充分开放，所以供应复杂度比较低。

2. 市场竞争充分，价格和交易体系完善透明，市场总体交易额大，所以对于单一买方的业务量来讲，供应商吸引度不大。

所以，从图 4-15 可以看出，该类行业采购的关键品类主要集中在空间 1（X=<5, Y=<5, Z=<Sp）和空间 5（X=<5, Y=<5, Z> Sp），即低复杂度，中低吸引度，高采购额。

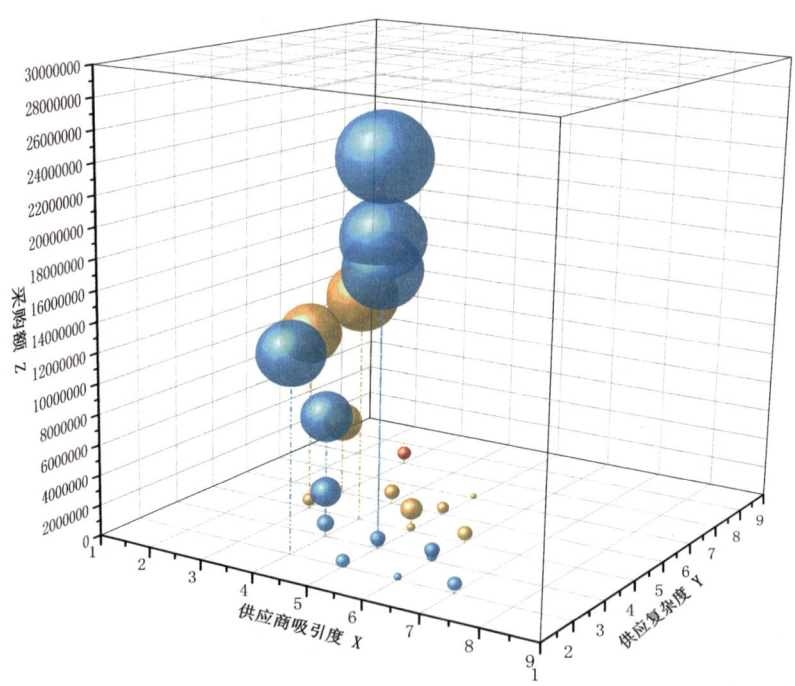

图 4-15 大宗物品消耗行业采购策略模型

小结

本书中,为了便于分析和理解,所构建的采购策略立方模型是基于较为简单的单工厂或差异化较小的单区域(如一个国家或经济政治体接近的几个国家或大洲)的整体采购优化策略,其是由多个单品类优化的有机组合。对于区域差异化或存在一定贸易壁垒的跨国运营来说,很难实现用一个模型表达出其跨国或跨事业部的整体采购优化策略,可能需要根据不同的区域或事业部门单独建立一个基于其区域特性或业务特点的模型。但基于单品类优化的策略会简单很多,因为它仅从该品类入手,深挖其优化的可能,其中包括如何更好地减少差异性等,从而从另一个角度达到各区域或事业部整体采购优化的目的。

第五章 分析诊断

◎ 5.1 优先级判定

采购供应策略立方模型有 8 个空间,每个空间可能有多个品类,而每个品类也往往包含多种型号、品牌、供应源等。所以在有限的时间内,以有限的人力、物力、财力获取最大的优化成果,就需要对空间和品类的改善安排出对应的优先级别。

优先级别的制定可以通过两个方面来评判:关键性和紧迫性。

关键性主要从以下几个方面来考虑:

1. 成本支出的比重和优化的可能性。成本支出的比重越高,优化的可能性越强,则越关键,呈正相关。

2. 对产品和销售的影响。对产品和销售影响越大,则关键性越高,呈正相关。

3. 对企业运营的重要性等。对企业的运营影响越大,则关键性越高,呈正相关。

紧迫性主要包括:

1. 成本降低的压力。成本降低的压力越大,则优化的紧迫性越高,呈正相关。

2. 供应稳定性。供应的稳定性（即按时按量按质）越差，则纠正优化的紧迫性越高，呈负相关。

3. 经营内外环境改变的影响。经营内外环境的改变越剧烈，调整优化的紧迫性越高，呈正相关。

4. 监管制度的改变等。监管政策制定的改变越大，则优化的紧迫性越高，呈正相关。

每个企业所面临的实际运营情况不同，可以根据自身的需要进一步细化或增减其关键性和紧迫性两个方面的判定标准。其目的在于真实地反映客观状态，以利于优先级的判断。

因此，根据如上判定，确定品类改善的优先级别。

如图 5-1 优先级别判定模型。根据关键性的高低和紧迫性的高低可以分为 4 个级别。

决策级：关键性和紧迫性都高，优先级别最高，需要高层管理快速决策并执行。一般是针对战略性物资、关键物料；或是内外经营环境突变，如经济环境或政策环境等，需要紧急修正；或者是出现较为重大的质量或供应问题，如出现明显的短期无法解决的质量问题，或供方遭受天灾人祸或政策性风险而无法供货等；抑或是因管理能力的提高或技术的明显进步，而出现的效果明显、成绩显著且易于短期实施的优化机会。

行动级：关键性低但紧迫性高，虽然对企业运营层面的影响不大，但却是需要尽快改善解决的。其主要针对一些非关键品类，但可能会因为质量或供应出现问题而成为生产或运营的瓶颈。

计划级：关键性高但紧迫性低，需要把优化提上日程并执行，避免因为经营环境或其他突发事件，造成紧迫性升高，给企业的运营带来风险。这主要是针对战略物资、关键物料及可能对生产经营产生瓶颈的非关键品类。

改善级：不关键也不紧迫，但可能仍有改善的余地。主要针对供货稳定对突发事件有比较充分准备的品类，但其可能会因为技术的进步或管理水平的提高而出现新的改善的机会，如供应复杂度进一步降低，成本进一步优化等。

正常来讲，关键物料、采购金额大且优化可能性大的品类，供应不稳定或潜在风险较大的品类，优先级最高。非关键性、采购金额小、供应稳定且潜在风险小的品类，优先级最低。企业可以根据实际的需要制定优先级。

图 5-1 是优先级判定模型，对优先级别的分类、特征和适用范围进行了定义。

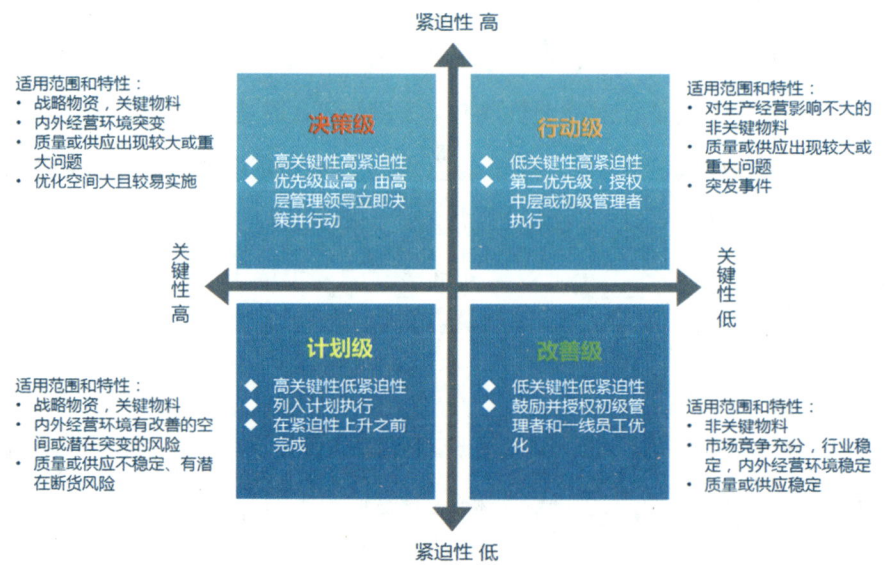

图 5-1 优先级判定模型

分布于采购策略立方模型 8 个不同空间的品类，本身也因所处的空间特性自带一定的改善优先性差异，如空间 7（紧要类）、空间 8（战略类）等，其高采购额、高供应复杂度的特性使分布于其空间内的品类本身就自带一定的高优先级要素。此外，同一个空间内不同品类其策略执行的优先性也因实际情况不同而有所差异。正常来讲，高供应复杂度的品类其改善的优先性高于其他两个指标，即高采购额和低业务吸引度。当然，这也需要结合实际对三个指标（变量）即品类的实际状况进行综合考量。

该模型优先级别的评定主要作为采购策略选择执行的顺序，但不等于说优先级低的就无须改变和关注，因为优先级低的品类往往也可能因为管理水平的提高或技术的进步存在较大的成本或供应的改善空间，如优先级模型中的改善级。

确定出优先级之后，选定需要改善的品类，逐个进行分析诊断，明确优化的方向，以便制定出相应的策略。

◎ 5.2 分析诊断

在对品类进行具体的策略制订之前，必需先做一些基本的诊断。以明确品类改善的方向和相应策略的制定。

分析诊断主要还是围绕着三个指标的优化进行，即采购成本、供应复杂度、供应商吸引度。通过对三个指标的内在影响因素进行分析和诊断，弄清大致的改善程度和方向。三个指标的分析诊断虽然出发点不同，但所涉及的许多分析点却是相互交叉、互为影响的，并非完全独立，主要围绕着成本、效用、风险、外部因素（如市场和政策等方面）进行深层次的分析。

分析需要更为深入地、一层一层地剖析，找出这些指标或因素设定的根源和目的，这样才能从根本上找到优化的路径。

对这三个指标的分析如下。

5.2.1 采购成本优化分析

主要从成本优化的可能性来分析，包括成本降低和附加值提升的可能性。

成本降低的可能性：

1. 采购额是否很高？

2. 市场属于何种发展阶段？是低成熟度发展期、平台期还是衰退期？是否处于成本下降通道？（可参照第七章 价格趋势分析——产品生命周期中价格与需求趋势图）

3. 成本架构分析，总成本／总使用生命周期成本。（请参考第七章成本架构分析、总成本分析法／总生命周期成本法）

4. 成本降低实施的难易度，有哪些降低成本的工具可以使用。

5. 供应市场分析。

6. 使用或消耗是否合理？

7. 技术革新带来的成本优化的机会？（请参考第七章革新采购介绍）

附加值提升的可能性：

1. 价值分析。所采购物料的成本是否能体现出它的功能价值，是否有改善的可能？

2. 效能分析。目前物料／服务所要达到的功能是否必需？标准是否合理？在保证同等效用的情况下是否有降低成本的可能？（请参考第七章革新采购）

3. 企业竞争力分析。是否有助于增强市场竞争力？

4. 实施应用的可行性和难度分析。

附加值提升或性价比增加的可能性分析还涉及对该品类的"内生要求"分析，确定功效／效用与成本比是否有改善的可能。如下在对供应复杂度优化的分析诊断中，同样会对内生要求进行深层次的分析。

在后续的章节中会提到 3 大类共十几种成本优化的采购方法和工具，在进行这部分分析时，可以根据实际情况先套用这些工具分析，以便判断其成本优化的可能性。

5.2.2 供应复杂度优化分析

按时、按量、按质供应的复杂程度主要取决于内生要求和外部制约，所以，供应复杂度的优化也是从这两方面入手。

5.2.2.1 供应制约因素的分析

1. 内生要求因素分析

根据之前供应复杂度评估表中关于内生要求的评估因素，与各相关利益部门，一起进一步分析这些要求和限制的来源、成因，对要求和限制因素重新分析、定义和评估。

（1）该类物料或服务所要达到的效用或目的是什么？客户／下游部门真正的需求是什么？

（2）实现这些效用或目的所有内生要求是否必需？某些要求是否可以降低、限制是否可以放宽？

（3）标准是否过量冗余，如技术标准、质量标准等？

（4）所要实现的这些效用或目的是否有必要，是否可以优化效用或目的？

(5) 是否可以通过其他物料/服务方式替代？

(6) 是否可能通过标准化的、技术革新等方式使限制降低并带来成本的优化？

以降低供应复杂度的出发点，根据第一部分供应复杂度数据和评估结果进行深度分析，并判断该要素是否必需，是否可替代或去除。这样可以防止标准过高和不必要的要求，为进一步探讨成本节省和性能优化提供依据，也为进一步降低供应复杂度提供可能性。

对于多工厂或跨国的企业，在整合采购的过程中，以此方向，求同存异，尽量减少不必要的差异，结合当地供应商市场的分析，合理减少效用相同的品类的型号、品牌等。

2. 外部制约成因分析

根据供应复杂度评估表对外部制约因素进一步分析这些制约因素的来源、成因。对限制因素重新分析、定义和评估：

(1) 来自供应商的限制是否可以通过深度合作改善或更换供应商来优化？

(2) 来自供应市场或行业的限制能否通过使用替代品或改善工艺或投资并购等方式来突破限制？

(3) 政府的监管是否可以借助于有资质的第三方协助改善内部以符合监管要求并处理好政府事务？是否可以再考虑投资其他国家地区？

外部制约因素的分析主要关注供应源和供应过程的风险，通过供应市场分析找出其制约的根本原因并改善。比如单一供应源的风险，需考虑为何只有单一供应源，造成该状态的根本原因是什么：是因为内生要求中的技术质量标准过高？是因为没有很好地开发其他供应源，如当前供应商的其他工厂或是其他供应商？是不是该区域有政策性保护？

所以，不管是对供应制约中内生要求或是外部制约因素，都需要深入分析，找出其根本原因，才能从源头上找出解决的方案。因此，下面将以 5Why 分析法为工具，引入经济学中的效用理论，来进行根本原因分析，并给出如何寻找解决方案的思路。

5.2.2.2 分析思路与工具

对于要求和限制的来源成因，可以借鉴 5Why 分析法[1]，找出其根源。5Why 分析法是一种诊断性技术，被用来识别和说明因果关系链。通过不断地提问，探究上一层问题的答案，直到找到问题的根源。很多时候最后出现的问题只是根本真因的一种表现形式，可能下次同一种真因会通过层层传递以另外一种问题的形式出现。

---

[1] 这种方法最初是由丰田佐吉提出的。所谓 5Why 分析法，又称"5 问法"，也就是对一个问题点连续以 5 个"为什么"来自问，以追究其根本原因。虽为 5 个为什么，但使用时不限定只做"5 次为什么的探讨"，主要是必须找到根本原因为止，有时可能只要 3 次，有时也许要 10 次。如古话所言：打破砂锅问到底。5Why 法的关键所在：鼓励解决问题的人要努力避开主观或自负的假设和逻辑陷阱，从结果着手，沿着因果关系链条，顺藤摸瓜，直至找出原有问题的根本原因。

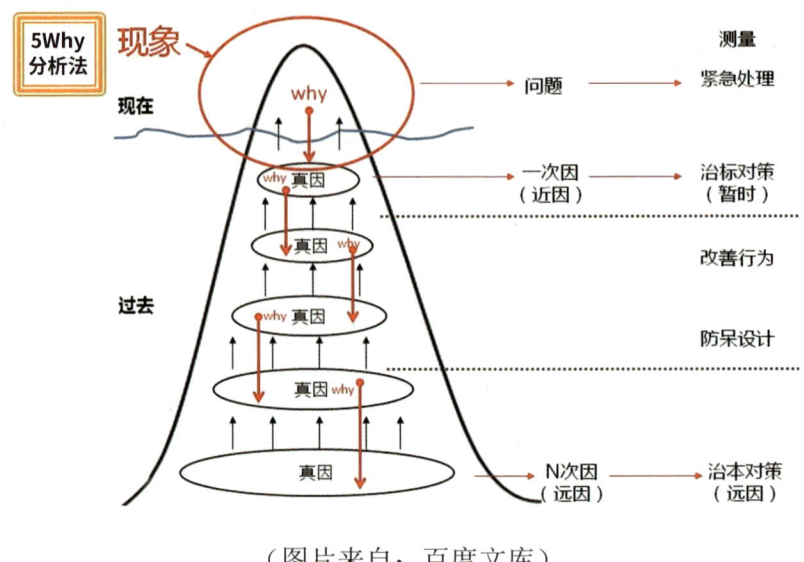

（图片来自：百度文库）

图 5-2 5Why 分析法

同样，对于所采购品类的要求或制约也是其根本真因的一种表现形式。除了 5Why 分析法中对根本真因所定义的"根本问题"外，这里对采购品类的内生要求的根本真因可以引用经济学里的名词"效用"来表示，即所采购的物料／服务需要达到什么样的效果和用途。一般而言，最初产生需求时，对所需采购的标的的设计和定义过程顺序是这样的：

根本效用→冗余效用→实现效用的方式→标准的定性／定量→规格参数的定量

所以，最终的采购标的的具体采购参数和要求从根本上是为了实现最深层次的根本效用。但也很容易因为冗余效用和冗余标准的叠加产生牛鞭效应[1]，最终产品的效用远远大于其真正需要的根本效用。所以剔除不必要的冗余效用和冗余标准，在节约成本的同时，还可能降低产品的复杂度，降低供应风险。

如图5-3所示，最初品类的需求和要求是源于需求端的客户和设计者，一般是以需求为导向而不是以成本为导向。如图5-3右侧，其思考的顺序由内而外，首先是该需求需要满足什么样的效用，在考虑部分冗余效用后要通过什么样的方式实现，选定实现的方式后再制定标准。为了保证更好的效果，通常标准会比实际需要的标准高，即冗余标准，然后再根据该标准列出详细的要求参数，即内生要求及由此带来的部分外部制约。成本就是基于这些标准和参数而产生的。

由此可以看到，当冗余效用或冗余标准越高时，复杂度就可能越高，内生要求和外部限制可能就越多，产生额外的成本也越多，而这些额外成本一般是不产生额外价值的。因此，如何减少不必要的冗余效用和冗余标准是降低供应复杂度和成本的一个有效手段。

如图5-3左侧，借鉴于5Why的分析方法，成本管理者的思维方向是从外而内，一层层分析这些内生要求及其衍生出的外部制约因素的成因（参数），这要求/标准参数是为了满足什么样的标准？这些标准是否都是合理？这些标准是为了实现什么？这种实现方式是为了达到什么效用？这个效用是否真正需要的？

---

1. "牛鞭效应"是经济学上的一个术语，指供应链上的一种需求变异放大现象，是信息流从最终客户端向原始供应商端传递时，无法有效地实现信息共享，使得信息扭曲而逐级放大，导致了需求信息出现越来越大的波动，此信息扭曲的放大作用在图形上很像一个甩起的牛鞭，因此被形象地称为牛鞭效应。

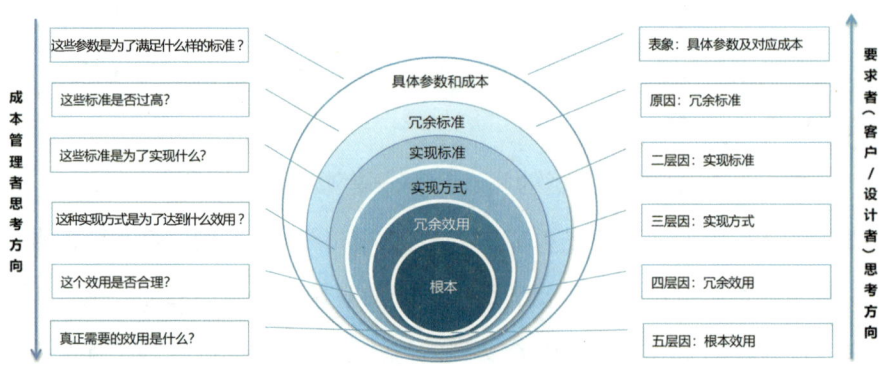

图 5-3 表象要求与根本效用分析图

如此,以成本为导向,一层层剖析,与需求者/设计者共同找出真正的根本效用或需求是什么,并剔除不必要的冗余效用和标准,进而降低内生要求和减少由此延伸的外部制约因素,在可能降低成本的同时,使供应复杂度也大大降低。

如图 5-4 所示,精简后,在根本效用不变的前提下,最外层的具体内生要求及其衍生的外部制约因素可能减少,供应复杂度降低,成本也得到优化。

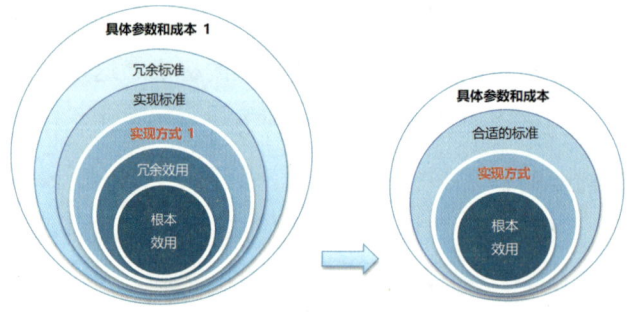

图 5-4 精简效用及合适的标准

同时,图 5-4 所描述的真因与表象问题的关系一样,一个真因还可能会通过其他问题的形式表现出来。所以，在达到同样根本效用的前提下，最终的采购要求和参数也可以是另外的版本。而我们要做的，就是找到最简单最省钱的版本。

如图 5-5 所示，满足同一效用有可能可以通过几种方式实现，如方式 1、方式 2、方式 3。每个实现方式会对应有一定差异的，抑或甚至是完全不同的标准，进而供应复杂度和成本也会不同。在分析出根本效用后，与需求者 / 设计者、对应的供应商共同探讨并尝试不同的实现方式，并核算评估其所要实现的标准所对应的供应复杂度和成本，从而选出最优方案。

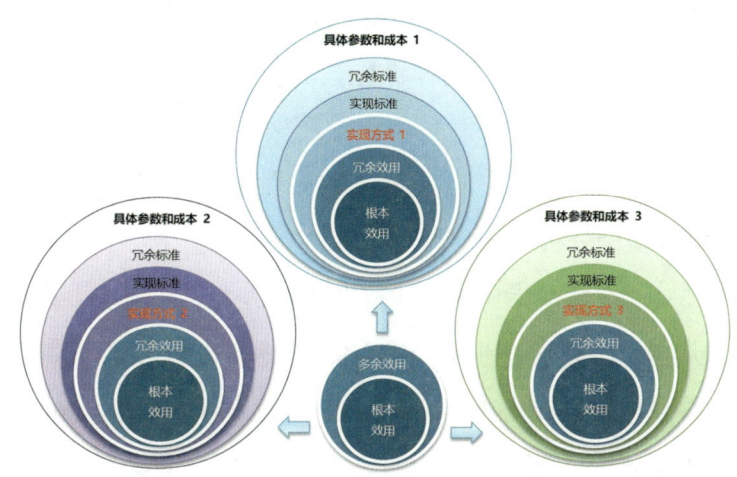

图 5-5 同一根本效用的不同实现方式

很多时候因受惯性思维的影响，对于现有的表象已经习惯并觉得很难改善，但通过一层层的深入剖析，可以发现其本质的效用要求。同样，实现这些本质的效用要求可能有其他的方式，也即是其他的表象，而这种新的方式 / 表象有可能优于现状，在更低成本、更低供应复杂度的情况下实现同样的本质要求，甚至因此提高了供应商对业务的吸引度。所以这就给改善优化提供了可能性。

在实际分析和操作中，借鉴于《供应复杂度评估表》可以从对复杂度影响比较大的点入手（如单项复杂度分数大于中位数的因素），逐项分析，适合优化或比较容易实现优化的作为第一阶段优先执行，以尽量避免短板（复杂度特别高的点），有效地降低整体的风险。当然，对于单项复杂度分数小于中位数的在可能的情况下也可以优化，对整体复杂度的降低也有帮助。

复杂度与成本很多时候也呈正向关系。影响供应复杂度的大部分内生要求和外部制约在很大程度上影响着成本。比如对质量的过高要求不只提高了供应复杂度，也增加了不必要的冗余成本。在后面的章节中，在介绍革新采购的思路和工具时，同样将基于5why分析法和效用理论，来寻找成本优化的机会。

5.2.2.3 实例分析

如表5-1，在之前举例的供应复杂度评估表的基础上，利用5Why分析法和效用理论，逐条对所有供应制约因素进行分析，并寻求可能改善的方案，以降低整体供应复杂度。这需要各利益相关部门的人员参与，而且还要对他们所属项目提出改善建议。

根据短板理论[1]，一般而言，需要改善的项目主要关注在复杂度大于5的因素上，利用如上的分析理论，层层剖析，找出其根本原因和解决方案。当然，复杂度小的项目如果仍有改善的空间，自然更好，但要注意考虑投

---

1. 短板理论又称"木桶原理""水桶效应"。该理论由美国管理学家彼得提出：盛水的木桶是由许多块木板箍成的，盛水量也是由这些木板共同决定的。若其中一块木板很短，则盛水量就被短板限制。这块短板就成了木桶盛水量的"限制因素"（或称"短板效应"）。

第五章 分析诊断

入产出比。

如表 5-1，多数复杂度高且难以改善的项目主要是关于质量和政府监管方面的（这也是生物医药生产企业的一个特点），如果根本原因是涉及政策法规或自然客观条件限制的，往往在短期内都难以改变。但对于其他品牌引入的成本控制（第 12 项）、产能限制（第 14 项）、供货稳定性（第 15 项）、物流配送（第 21 项）等涉及管理方面的，则可以通过一些方案进行优化。

如外部市场限制方面中的供应源限制（第 17 项），可以通过对鼓励合格供应商多开设工厂或审计已有其他工厂的方式增加供应源，也可以同市场的深度研究开发，发展其竞争对手作为候选或主要供应源。当然，对于寡头多头垄断市场和专业技术高的产品，需要一定的时间和投入进行培养。对于某些普通政府监管的项目，如清关和环保监管等问题，可以通过政府认可的有资质的第三方企业协助处理并改善，相比于企业自身处理，往往也事半功倍（如第 24、25 项）。

表 5-1 预灌封玻璃注射器 —— 供应复杂度优化分析表

	要求/限制	描述	责任部门	要求/限制复杂度	复杂度的根源及改善的可能性	改善后复杂度
1	内部要求	符合机器使用的包装要求	生产部			2
2		产品外形功能符合要求（技术要求）		7	机器和质量法规要求	7
3	使用部门（客户）要求	是否接受其他品牌		4		4
4		是否使用其他替代品		9	现有工艺和设备及基于此的法规要求	9
5	质量要求	符合国家一类药包材标准	质量部	7	国家法规要求	7
6		国家医疗器械生产销售许可		7	国家法规要求	7
7		内部质量标准		6	短期无法降低	6
8	验证要求	需定期进行常规验证	验证部/质量部	4		4
9		新产品引入需要至少3个批次的试机		7	质量和法规要求	7
10		新产品引入需要至少3年的稳定性验证		8	质量和法规要求	8
11	成本控制要求	不离于竞争对手采购价	财务部/采购部	4		4
12		新产品引入需要的更换成本		7	物料验证等成本，如有新供应商愿承担部分可以考虑	5
13	计划管理水平	计划的准确性	供应链/市场部	3		3
14	外部制约	供应商	产能有限，需提前4-6个月下单	采购部	6	供应产能有限，增加产能或增加供应商	4
15		供货的稳定性		4	受产能、配送、质量影响。可通过更好的计划和供应商的VMI解决	3
16		质量保证和技术支持		4		4
17		单一供应商，两家工厂通过认证		7	审计质量控制的要求，可认证更多工厂（若有），或其他供应商	5
18	供应市场	属于多头垄断市场	采购部	7	市场现有状态，短期难以改变，但可以考虑其他供应商	7
19		行业准入门槛较高		7	现有技术和监管门槛，短期难以改变	7
20		替代品较少		7	现有工艺和设备及基于此的法规要求	7
21	物料配送	国外生产，海运运输，订货周期长	物料部	6	工厂距离远，可优化运输配送方式，或考虑就近区域供应商	4
22		需常温库存储，对温度有一定要求		4	为双层无菌密封包装，所以温度要求不需要特别控制	3
23		需通过药监部门注册备案		8	监管和法规要求	8
24	政府部门监管	销毁普通污染的环保企业处理	报关部/政府事务部	5	监管和法规要求，可考虑委托有资质与办事机构关系良好的第三方处理	3
25		属海关监管医疗器械		7	监管和法规要求，可考虑委托有资质与办事机构关系良好的第三方处理	4

预灌封玻璃注射器供应复杂度中位数： 7　　　5

113

通过上述分析，可以大致明确改善的方向和复杂度的变化的结果。生成雷达图，如5-6所示，可以更加直观地看到分析后的方案结果与原先的雷达图的详细比照。从下面两张雷达图中可以看到，改善后雷达图上的一些高复杂度的点向内收缩，即复杂度降低了。如第12项因素的复杂度由7降为5，第14项由6降为4，第17项由7降为5，第21项由6降为5，第25项由7降为4。因此，综合复杂度（中位数）也从7降为5，有明显的改善预期。在后续政策制定的时候，可以根据这个方向进行，同时，对政策实施的目标（优化项目目标）可以有比较清晰的设定。

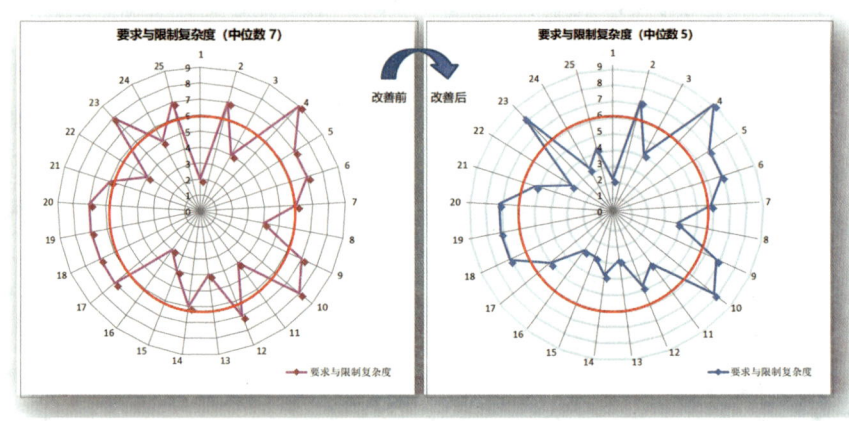

图 5-6 改善前后供应复杂度雷达图对比

当然，对于上面有些要素的供应复杂度短期内无法降低，根据短板理论，或许有人认为这些高风险点仍然会使整体风险处于较高的水平，虽然改善后中位数下降了。但从表5-1可以看出，这些高风险点往往是短期内无法改变的政策性限制、技术质量要求的限制或可能是一些客观资源的限制等，但这也从另一方面反映了该品类所在行业应该属于高壁垒行业，有着较高的政策壁垒、技术质量壁垒和资源壁垒等。虽然这些要素的供应复杂度短期内无法全部降低，但却可以通过某些管理的手段来降低风险，如库存管理等。后面的章节将会介绍如何通过一些管理的手段降低这些高供应复杂度品类的供应风险。

5.2.3 业务对供应商吸引度的优化分析

供应商吸引度的改善，也是一个供应商管理优化的过程。通过上述供应商客户博弈模型可以看出，吸引度的大小取决于对自身收益高低的预期。所以提高对供应商的吸引度的根本就是提高他们在业务合作中对自身收益的预期。这种收益可以是物质上的，也可以是非物质上的；这种预期可以是很快实现的，也可能是在未来才能实现的。同样，当自身博弈筹码过低时，在不影响企业运营的前提下，也可以培养或选择另外的交易对象。在短期内无法获得有效的博弈筹码时，可以通过不完全信息博弈，加强供应商对未来的预期，放低对短期利益的追求。但在该不完全信息被透明化之前，必需取得足够的博弈筹码，或更换更合适的供应商，否则，将可能面临更大的供应风险。

综上所述，供应商吸引度的提升，主要围绕着短期或长期的利益，但不管长短期利益都是围绕着物质或非物质的利益方面的考量，同时，在当前供应商无法有效改善的情况下，外部选择新的更合适的供应商也是提升供应商合作意愿的一个考量的方向。因此，吸引度的深入分析可以在根据上述《供应商吸引度评估表》的所列的条目中，通过物质上的、非物质上的及外部选择几个方面逐条分析。

1. 物质上的

（1）客户对供应商成本架构的影响力；

（2）成本—收益比是否具有吸引力；

（3）是否明显地有助于市场份额的扩大；

（4）是否有利于明显地降低成本：比如规模成本降低，与二级供应商谈判，生产效率提高，运营成本降低，废品率减少，流程优化等；

（5）是否有利于提高利润率；

（6）客户需求是否处于上升阶段。

2. 非物质上的

（1）客户的品牌价值是否有利于供应商；

（2）客户是否有利于供应商技术、质量和管理水平的提升；

（3）客户是否易于"管理"。

3. 外部选择

（1）是否有更合适的交易对象；

（2）是否有替代方案。

所以，对于供应商来讲，如果客户不能带来物质上的收益或其他非物质上的增益，那么这种客户对供应商基本就没有什么吸引力。在这种情况下，供应商会重新选择更有利于自己的交易对象。

作为采购方来讲，改善供应商吸引度的目的不在于单纯建立双方的良好关系，而是在于更好地优化成本，降低供应复杂度，甚至是帮助企业发展（如供应商的技术和资源优势等），提高竞争力。同样，从博弈的角度来说，如果当前合作的供应商不能在现在或将来带来最优的利益，那么，买方就要重新选择合作的对象。

在有利于企业经营的前提下，通过前面提到的供应商吸引度评估表来逐项分析，寻求改善吸引度可能性。同时，要注意考虑其对供应复杂度、成本或总成本的影响。

如表 5-3 所示，在之前案例中的供应商吸引度评估表的基础上（表 5-2 所示），逐条对可能改善的影响因素进行优化可行性评估。在对每一条因素评估时，要分析其改善是否可以从物质上或非物质上吸引到供应商，或者基于买方当前的相同条件，如果选择另外的供应商，是否在物质上或非物质上对新供应商更有吸引力。

表 5-2 预灌封玻璃注射器 —— 供应商吸引度评估表

吸引度最小 1
吸引度最大 9

	影响因素	描述	吸引度评分
1	企业性质和发展阶段	处于发展的平台期，市场进攻策略减弱	5
2	采购方近3年采购额所占其营业额比重	全球业务：10% => 9.5% => 11.3%；中国业务不到1%	5
3	供应商近三年市场占有率及发展趋势	50% => 55% => 53%	4
4	客户投入产出比	投资或成本是否高于收益	7
5	供应商欲发展的客户群体/类型	大型客户基本饱和，医药、美容行业	5
6	供应商主观合作意愿和合作反馈	合作良好，表现出较强的合作意愿	6
7	行业/市场地位	世界前三	6
8	最新技术或技术垄断	在全球同类属于技术顶尖	3
9	未来几年与供应商合作预计业务增长量	全球业务增长基本停滞，中国地区增长较快，但体量小	5
10	企业信用、财务信用	企业信用良好，财务付款及时	8
11	企业在行业中的地位、品牌效应	世界500强企业，行业内排名前三，品牌知名度高	7
12	是否可以使用替代品	不可以	3
13	技术或管理水平是否有助于供应商提升	较小	3
14	属于什么竞争度的市场	在高端市场中属于多头垄断	5
15	供应市场业务准入门槛	门槛比较高	5
16	市场总产能	未来2年内产能很难大幅提高	4
17	是否有新的替代品或替代技术	暂时无替代品和更先进的替代技术出现	3
18	买方企业竞争者限制条件要求更少	其他买方企业竞争者质量要求相当或略低	5
		预灌封玻璃注射器供应商吸引度中位数：	5

（第1~8行为"供应商分析"，第9~13行为"买方自身分析"，第14~18行为"外部市场分析"）

表 5-3 预灌封玻璃注射器 —— 供应商吸引度优化分析表

吸引度最小 1
吸引度最大 9

预灌封注射器-供应商吸引度优化分析表

	影响因素	改善前吸引度评分	改善的方向和可能性分析	改善后吸引度
1	企业性质和发展阶段	5	寻求欲快速增加市场份额的供应源	7
2	采购方近3年采购额所占其营业额比重	5	提高欠营业额比重：1.提高业务量 2.选择较小的供应商	7
3	供应商近三年市场占有率及发展趋势	4	寻求市场占有率中等，欲快速发展的供应商	4
4	客户投入产出比	7	供应源本地化。短期投入产出低，长期升高	7
5	供应商欲发展的客户群体/类型	5	选择欲发展方向与买方行业相对应的供应商	7
6	供应商主观合作意愿和合作反馈	6	是否有改善的可能，比如长期合作或引入其他竞争者	7
7	行业/市场地位	6	选择规模中等的供应商	8
8	最新技术或技术垄断	3	引入竞争者，打破技术垄断局面	6
9	未来几年与供应商合作预计业务增长量	5	与第二条改善方向一样	9
10	企业信用、财务信用	8	不变	8
11	企业在行业中的地位、品牌效应	7	选择更看重买方品牌的供应商	8
12	是否可以使用替代品	3	短期内无法改变	3
13	技术或管理水平是否有助于供应商提升	3	对中小规模供应商的提升可能性较大	7
14	属于什么竞争度的市场	5	不变	5
15	供应市场业务准入门槛	5	不变	5
16	市场总产能	4	引入中等规模竞争者，签订长期合作协议	7
17	是否有新的替代品或替代技术	3	不变	3
18	买方企业竞争者限制条件要求更少	5	不变	5
	预灌封玻璃注射器供应商吸引度中位数：	5		6.5

表 5-3 中右侧"改善的方向和可能性分析"一栏中，基于前期供应市场详细分析的数据，通过对供应商、买方自身的综合分析，以物质上和非物质上改善供应商吸引力为导向，寻找出可以改善的点，如第 1、5、6、7、8、9、11、13、16 项。经过综合分析和充分的市场调查后，选择一家比较符合条件的中等规模的本地供应商进行培养和认证。如果顺利实施，则供应商综合吸引度可能由 5.0 提高到 6.5。

同样，如下以优化前后的雷达图来明晰地比照。改善方案后，部分吸引力较低的点向外移动，即吸引度提升。

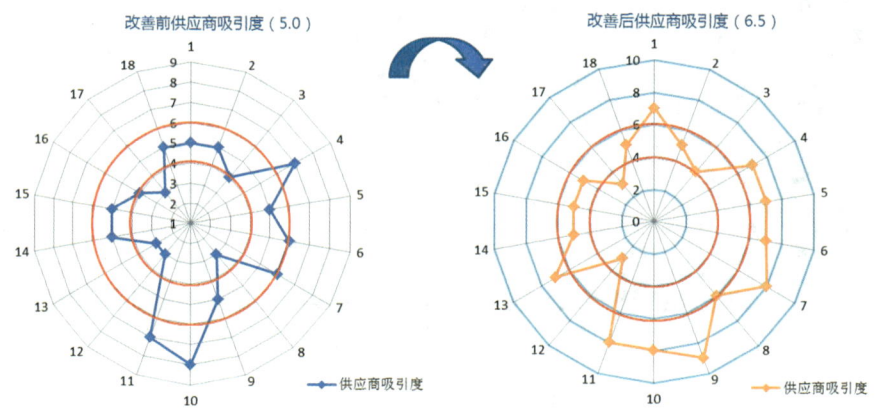

图 5-7 改善前后供应商吸引度雷达图对比

在分析的过程中，尤其要注意评分特别低的影响因素，因为其可能成为短板而影响供应商的整体合作意愿。

小结

基于上一章节所构建的采购供应策略立方模型，本章阐述了如何进行品类策略制定的优先级判定，以保证在有限的资源下获得最优的效果。同时，通过分析思路的引导、分析工具的应用和部分实例的展示，详细介绍了如何对三个指标变量（采购成本、供应复杂度、业务吸引度）进行深入的分析并找出优化改善的解决方案。通过上述分析后，基本可以获知策略优化的方向和可行性，以制定相应的策略和目标。

因为每个空间可能都分布几种品类，所以可以根据企业的需要，计划出策略制定与实施的优先级别，把比较关键且急需改善（决策级）的作为第一期，不是特别急切和关键的作为第二期（行动级）和第三期（计划级）等。对多工厂企业或跨国集团，可以选择从一个工厂开始实施，作为标杆，然后再推广到其他工厂，特别是对于质量和稳定性要求高的行业来说，这样更加稳妥。

在对所选品类进行诊断分析并得出大概的策略制定思路和方向后，便可以进入下一步：具体策略的制定。

第六章 策略的制定

《管子·七法》曰："不明于计数而欲举大事，犹无舟楫而欲经于水险也[1]"。这里的"计数"可以看作策略的意思，表示做大事之前而无策略，就如涉水险而无舟楫一样。策略计划唯一的目标是使设计组织尽可能有效率地获取比竞争对手更充足的优势（大前研一 Ohmae Kenichi），是通过一种最有效率的方式以尝试改变组织的力量。策略既是设定目标，并制定达成目标的途径，也兼有战略和战术两层含义。因此，采购供应策略是企业针对当前的采购供应状态和对未来自身与外部经营环境的预期而作出的长期规划和方法。

通过上一章节关于诊断分析方法的介绍，对于采购供应的品类如何改善基本有个初步的方向。虽然品类采购策略制定的基本思路是优化三个指标，即减少采购成本，降低供应复杂度，提高供应商对业务的吸引力。但是位于不同空间的品类，同时也由于企业的实际情况不同，往往只能优化其中一项或两项指标，有些甚至要牺牲某个指标来提升另外的指标，以达到总体效益的提升。

为此，基于诊断与分析的思路和改善的预期，如下将根据8个不同空

1.《管子·七法》是春秋时期军事家管仲创作的一篇散文。管子一书是稷下道家推尊管仲之作的集结，即以此为稷下之学的管子学派。

间品类，对一般性采购供应策略的制定方向进行逐一分析。在分析和给出策略方案中，将会提及以下采购方法的术语，如议价采购、明智采购和革新采购等，这些将在第七章详细介绍说明。

◎ 6.1 空间 1 边缘品类（X=<5, Y=<5, Z=<Sp），低供应商吸引度，低供应复杂度区域，低采购额

一般性策略方向

优化采购成本，提高供应商吸引度，进一步保证供应的稳定；提高采购供应工作的效率。

问题分析

该空间中的品类属于采购金额较少，供应比较简单，所以企业和供应商都不是特别关注，一般由比较初级的采购员负责。因此，如果物料型号较多，由于双方重视度不够，便容易出现某些型号送货不及时、货不对板、漏送等现象。对于服务来说，也经常会出现偷工减料、服务不到位的情况（例如园艺和虫害服务）。同时，很多企业对这部分品类的成本管理也不是很严格，为了提高效率，在采购订单小于一定金额时都不需要走三方比价的程序，有些小企业甚至允许采购人员外出现金采购。所以这里往往容易出现一些成本管控上的漏洞。特别是，如果处于该空间的品类比较多，且加总的总金额比较高的话，那么优化就很有必要了。

优化方案

该空间品类的市场一般属于竞争比较完全的市场，一般可以通过如下

步骤制定优化方案。

第一步，通过三方竞价，一般都能把价格降到比较合理的区间。对于金额小且杂的物料，可以通过近几年的采购列表和未来一年可能采购的清单，进行比价。但是，经过几次充分竞价后，价格一般也很难再优化。况且，处于该空间的品类，由于业务对供应商的吸引度本身已经较低，要更加注意单纯压价的手段可能引起其合作意愿的进一步降低。所以，后续的改善必须考虑其他的方式，避免加大供应风险。

第二步，整合采购。对于相近的或同一品类，分析真正的需求差异，尽量减少品牌，减少型号，减少供应商数量，整合需求。对于买方来讲，这有利于减少工作量，降低供应风险；对供应商来讲，需求的整合与竞争对手的减少，使每个供应商的平均采购订单量增加，因此，在合作意愿提高（业务吸引度提高）的同时，也有利于价格的降低。此外，对于这种供应复杂度低的品类，一般标准化/同质化程度高，供应源可选择性大，如果原供应商企业规模较大，采购人员可以寻找规模较小的优质供应商。小规模供应商的优点是管理成本小，服务效率高，能更好地保障供应。这样，供应商吸引度，供应复杂度和成本都可以得到进一步优化。

第三步，标准化。就是尽量减少规格或服务内容的差异化，以期通过规模效应降低成本，通过减小差异化而降低供应复杂度。当然，标准化的实施需要考虑投入产出比，通过衡量收益是否能覆盖所耗费的人力物力和时间成本。

如果有多个工厂的话，还可以针对该空间某一品类集中起来进行整合优化，即单品类优化策略。其实施与上面三个步骤类似，只是因为把所有工厂或大部分工厂的需求集中起来，与供应商的谈判筹码更大，效果更好。当然，该空间品类的集中化采购，因每个工厂的采购金额小，供应的型号

第六章 策略的制定

杂,即便在物流配送比较发达的今天,其服务也不一定能完全满足本地的差异化需求,不一定比本地化供应商做得更好。所以,对于该空间品类在集中化采购和本地化采购的取舍方面,必须多与一线利益相关部门沟通了解,再做决策。

在模型中,策略制定的优化方向如图 6-1 所示。

如表 6-1 所示,处于空间 1 的某品类位于 A 点(供应商吸引度 X=3,供应复杂度 Y=4,采购额 Z=1,000,000),经过三方竞价降低成本 Z,通过整合和标准化,减少品牌和规格差异,有效降低供应复杂度并提高供应商的吸引度。如下图,优化后位置由 A 点移到 B 点(X=4,Y=2,Z=880,000),虽然 B 点仍属于空间 1,但供应商吸引度 X 由 3 提升到 4,供应复杂度 Y 由 4 降为 2,采购成本 Z 也降低到 880,000。

表 6-1 空间 1 边缘品类改善策略

品类位置	采购额	供应复杂度	供应商吸引度
A	1,000,000	4.0	3.0
B	880,000	2.0	4.0

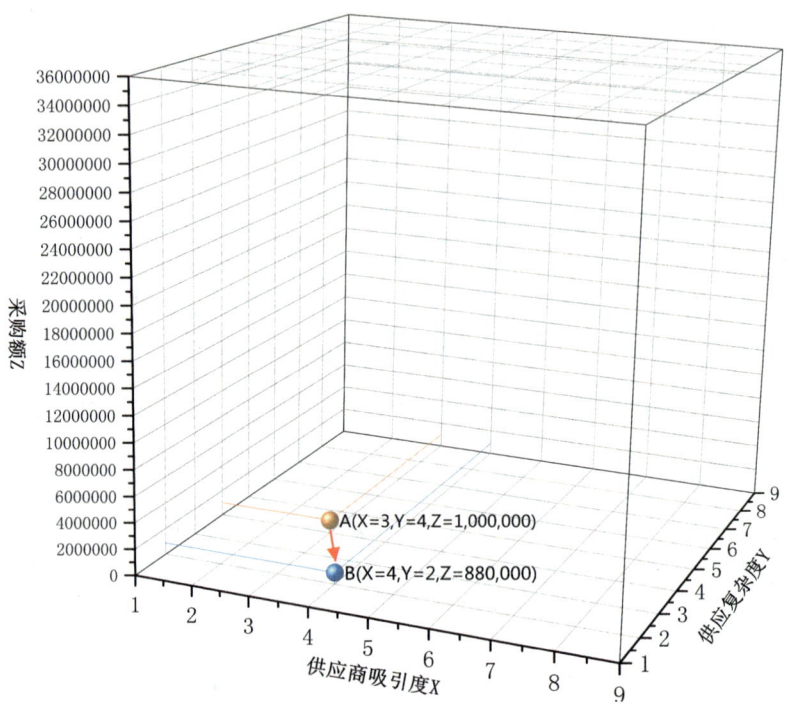

图 6-1 空间 1 品类采购供应改善策略

◎ 6.2 空间 2 理想品类（5<X=<9, Y=<5, Z=<Sp），采购额较小，供应复杂度低，业务对供应商的吸引度比较大

一般性策略方向

维持现状，提高采购效率，降低工作量，并寻找可能进一步优化采购成本和供应的机会。

问题分析

处于空间 1 的品类通过整合优化后，有可能会移至这个空间。分布于该空间的品类,可以说是处于一个比较理想的状态。在较小的采购业务中,能维持较高的供应商合作意愿。且供应复杂度低,供应风险较小。

供应复杂度低的品类其市场一般属于比较完全的竞争市场,可选供应源相对较多,采购方对供应商的选择权和管理主动权较大。因此,执行供应复杂度进一步降低或是成本进一步优化的方案,大多都能得到供应商的配合。

优化方案

因为该空间品类供应商的合作意愿较高,所以三方竞价的效果可能会更好。但一定要控制价格战的度,避免因为利润远低于市场水平,而使该业务对供应商的吸引力降低,从而移到空间1。所以通过减少品牌型号等差异,整合需求,减少供应商数量,不仅可以避免因为单纯价格战而降低供应商吸引度的问题,还可能进一步提高供应商合作的意愿,进一步简化采购供应和优化成本。通过评估,在投入产出比合理的前提下,进行标准化亦可以进一步优化这三个指标。

但如果处于该空间的某些品类都是经过优化后,刚从空间1移过来的,那么在没有太特殊的情况下或更好的优化机会下,可以暂时维持稳定供应的现状,同时把工作的重点放在提高采购效率(如年度协议,自动补单等)上面,以降低工作量。

如表6-2所示,处于空间2的某品类位于A点(供应商吸引度X=7,供应复杂度Y=4,采购额Z=866,800)。通过三方竞价和需求整合,减少品牌和规格差异,在保证供应商吸引度没有太大影响的情况下,有效降低成本并降低供应复杂度。如图6-2所示,优化后位置由A点移到

B点（供应商吸引度X=7，供应复杂度Y=3，采购额Z=728,184）。供应商吸引度X保持不变，仍为7，供应复杂度Y由4降为3，采购成本Z也得到明显的优化。

表6-2 空间2 理想品类改善策略

品类位置	采购额	供应复杂度	供应商吸引度
A	866,800	4.0	7.0
B	728,184	3.0	7.0

从A点到B点的采购供应优化策略是比较健康合理的，因为其兼顾到买卖双方的利益，通过竞价、整合需求和标准化，通过规模效应和差异化的减少而优化成本，而达到双赢的目的，得以保持供应商对业务较高的合作意愿。

但是，对于这种供应复杂度较低的品类，市场的价格和成本架构一般都比较透明，如果单纯通过压价、价格战而低于可持续发展的利润，供应商虽然短期内还会继续合作，但一旦有更好的选择，供应商将会将资源留给其他客户，甚至通过偷工减料的方式维持合作，这无疑大大提高了潜在的供应风险。

同样，对于某些本着通过与具有一定行业地位或品牌知名度的买方合作，以提高企业知名度而获得其他潜在客户认可的供应商，虽然短期内可以接受低利润甚至在亏本的情况下维持较好的供应和服务，但一旦达到其业务拓展的目标，或未能达到预期的效果，则可能很快就改变销售策略，而造成较大的供应风险。

如表6-3所示，位于A点（供应商吸引度X=7，供应复杂度Y=4，采购额 Z=866,800）的品类，执行过度压价策略后，位置移到 C 点（供应商吸引度 X=4，供应复杂度 Y=4，采购额 Z=700,000）。虽然采购成本有很明显的降低，但供应商吸引度也降低很多。即品类从空间 2 的 A 点移到位于空间 1 的 C 点。

表 6-3 理想品类改善策略 2

品类位置	采购额	供应复杂度	供应商吸引度
A	866,800	4.0	7.0
C	700,000	4.0	4.0

所以，对于该空间的品类，虽然供应商吸引度较高，易于选择供应源，并从三方比价中获得较明显的成本优化，但一定要摸清市场的成本架构，摸清供应商的价格和合作动机，以便更好地控制供应风险。处于该空间的品类比较容易管理，很多企业会指派比较初级的采购供应管理人员管理，但往往因经验不足而埋下或出现供应风险。

因此，必须谨慎对待并时刻跟踪动向，及时做好策略调整的准备，特别是对于那些唯价格最低论的采购供应或公司管理人员而言，尤为重要。

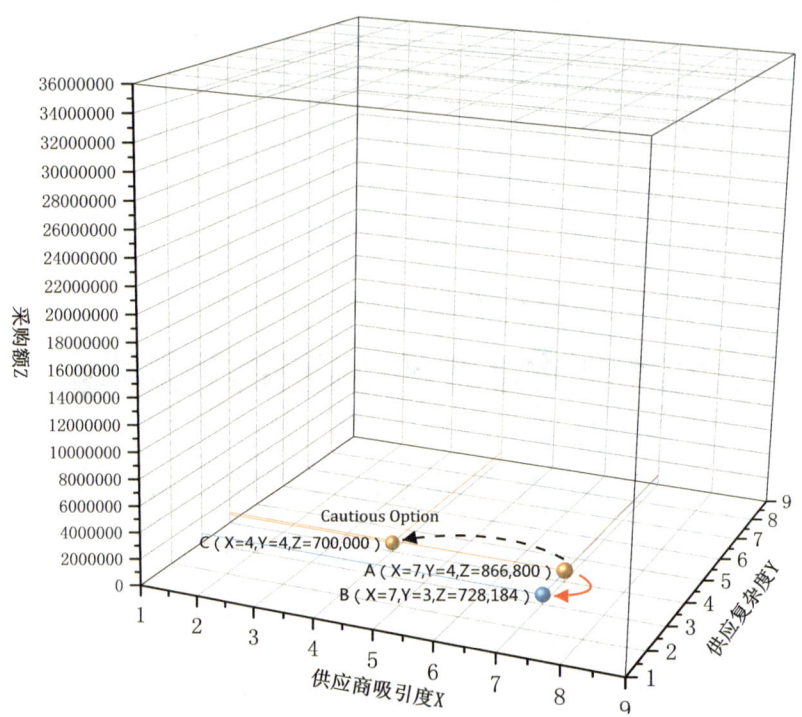

图 6-2 空间 2 品类采购供应改善策略

◎ 6.3 空间 3 瓶颈品类（X=<5, 5<Y=<9, Z=< Sp），低供应商吸引度，高供应复杂度，低采购额

一般性策略方向

降低供应复杂度、稳定供应是最高优先级；进一步提高供应商对业务的吸引度；采购成本非主要考虑因素。

问题分析

该空间的品类供应复杂度高，说明供应商一般具有一定的技术质量、渠道或专业资质的优势，甚至具有一定的垄断地位，所以在采购金额比较小的情况下，如果没有其他附加收益，该业务对供应商来说则没有吸引力。而供应商的合作意愿低可能进一步加大供应风险。因此，该空间品类的采购供应往往是最容易出问题的，于采购供应部门而言，也往往是最吃力不讨好的。如何更好地保证供应，即降低供应复杂度并尽量提高供应商的合作意愿，是处于该空间品类物料管理的首要任务。

解决方案

短期内，可以通过设置较高的安全库存来保证供应。因为采购金额不大，所以提高一定的安全库存量对仓库和资金的占用不会太大，也可以保证在短期内大大降低供应的风险。

通过对内生要求和外部限制的分析，以5Why模型和效用理论，寻求降低供应风险或供应复杂度的因素。通过对业务吸引度影响因素分析，寻求提高供应商合作意愿的可能。

对于该品类的供应商，三方竞价的效果不好，甚至可能因为中标的供应商在没有足够利润保证的情况下难以维系稳定供应。所以，成本的优化，抑或说以成本优化的思路，通过标准化和整合采购，通过减少品牌、型号、同质化供应商数量等，以保证较低的需求差异和较高的数量需求，从而降低供应复杂度和提高业务吸引力。如果本地有合格的供应源，本地化采购也可以降低供应风险，提高响应速度和服务质量。同时，与供应商签订长期协议，也可以提高供应商的合作意愿，更好地保证供应。

对于处于该空间的品类，特别是对于比较关键的品类，保证稳定安全的供应是第一要务，其次才是成本的节省。有些甚至为了保证供应，愿意付出额外的成本。同时，采购供应管理人员也要考虑，是否有其他的替代品或替代方案，是否可以通过 5why 分析法找出供应复杂度高的真因，从而从根本上改善供应风险。

如表 6-4 所示，品类位于空间 3 的 A 点（X=3, Y=8, Z=2,260,000），采购金额较低，供应复杂度为 8，供应商吸引度为 3，属于用量少，供应复杂，供应商合作意愿低，但又比较关键的物料，所以首要的目标是保证供应，以免影响生产运营。其改善的策略方向是移动到位置 B（X=4, Y=6, Z=2,100,000）附近。

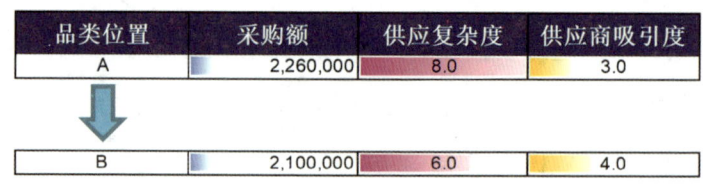

表 6-4 空间 3 瓶颈品类改善策略

对于这种高采购复杂度的品类来说，市场供应源的选择有限，单纯的三方比价有时都难以进行，成本架构可能因为其结构复杂难以有效分析（且采购金额太小的话也没太大必要），只能是初步的判断价格区间。

所以短期内，经过评估核算，通过设定一定的安全库存降低供应风险，并签订中长期协议，提高供应商合作意愿，保证价格和供应的稳定。

中长期内，通过对品类内生要求和外部限制的深入评估分析，通过明智采购和革新采购的思路（请参阅第七章），主要从非供应商影响因素方面入手，从根本上降低供应复杂度。

如图 6-3 模型中，虽然采购成本没有明显降低（甚至有可能上升），但供应复杂度由 8 降为 6，供应商吸引度从 3 提高到 4。在供应源少、供应商合作意愿低的情况下，改善供应复杂度和提供应商吸引度两个指标，甚至有可能导致成本增加，但其消除了潜在风险，保证了供应，减少的损失所得的收益可能大大高于额外付出的成本，即总成本降低了。

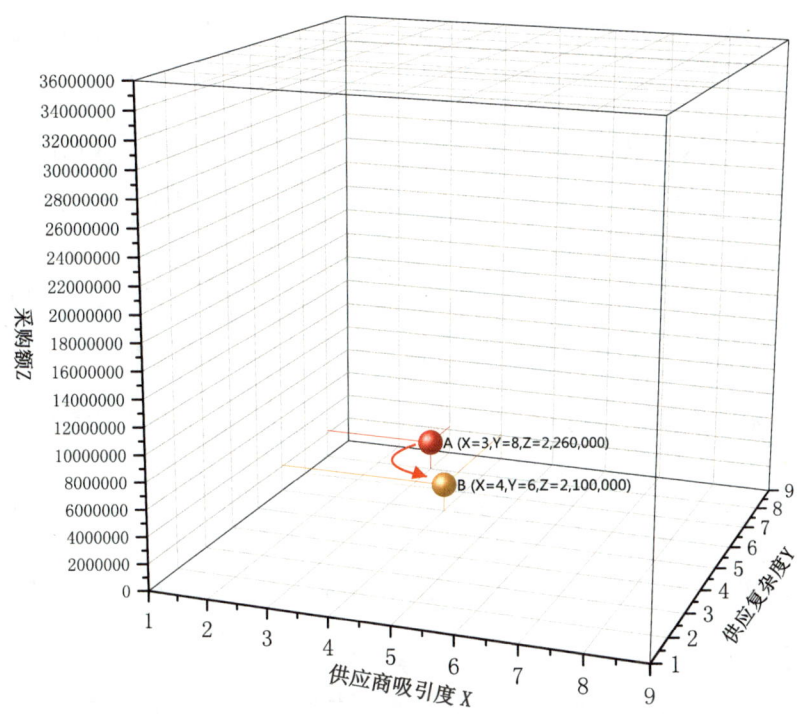

图 6-3 空间 3 品类采购供应改善策略

◎ 6.4 空间 4 维系品类（5<X=<9, 5<Y=<9, Z=<Sp），高供应商吸引度，高供应复杂度，低采购额

一般性策略方向

降低供应复杂度，维持或持续优化其他两个指标。

问题分析

在低采购额高供应复杂度的情况下，供应商还能维持较高的合作意愿，这是一种比较良性的状态。空间3的品类优化后，其位置往往也可能移动到这个空间。

但同时也要考虑两个问题，其一，低采购额不等于给供应商的利润是合理的，不等于没有优化成本的空间，这点从供应商吸引度较高可以初步推测；其二，除了利润的吸引力，供应商是否有其他方面的考量。在制定策略的时候，一定要分析清楚，全局考虑，避免为了优化其中一个或两个指标，而影响其他指标，使总效益降低。

在低采购额、高供应复杂度的情况下，业务吸引力大主要是供应商对物质和非物质上收益的预期比较高。

物质上的收益预期，比如：

高增长，即对未来的预期。初期采购金额小，但未来可以看到发展的前景；

高利润回报。可能某些品类就是属于小众市场，采购金额小，供应难度大，但具有一定的垄断性，丰厚的利润足以让供应商保持强烈的合作意愿。

相对业务量较大。如果买方是大型企业，其所定义的小采购额，可能相对于小型或初创型企业的供应商来说算是比较大的业务量。

扩大业务的期望。供应商希望通过良好和专业的表现，拓展到买方其他工厂的业务，扩大采购份额；或在其他领域有更好的合作，比如发展到采购金额大的品类、增加供货的品类等，特别是对于产品线丰富的企业来说。

非物质上的：

树立口碑。通过良好和专业的表现，寻求与该需求方在其他领域有更好的合作，比如发展到采购金额大的品类，拓展到集团其他工厂的业务。或是供应商希望与具有行业标杆地位的需求方合作（甚至在亏损的情况下），从而得到该行业其他企业的认可，为开拓更广泛的业务提供敲门砖。

提高竞争力。通过与技术或管理水平高的企业合作学习，提高技术或管理水平，从而提高竞争力。

……

所以策略制定时，必须预先调查清楚供应商的预期和真正需求，然后才能有效地进行管理和优化，避免误伤。

处于该空间的品类首要的优化任务是保障供应，降低供应风险。相比较于空间 3 的品类特性，该空间品类对供应商吸引度高，更有利于合作并降低供应复杂度。其次，再寻求成本优化的可能。供应商吸引度高，说明他们愿意花更多的资源在保证供应上，在一定程度上降低供应的风险。但从内生要求与外部限制的改善入手，通过企业内部各利益相关部门和供应商的合作，进而从根本上降低供应复杂度，才是重中之重。

解决方案

任何解决方案的制定和实施都需要对症下药，根据上述的可能性，找出对应的方案。如果有两家或以上的供应商可供选择的话，那么适度的竞价或成本架构分析，是很有必要的，在控制成本的同时保证供应商一定的利润空间。因为供应复杂度较高，所以在允许的情况下保留两家供应商同时供货，价格低者供货份额大些，价格高者，份额少些；或是保留一家作为备用供应商，降低供应风险。

同时，可通过需求整合，签订中期协议，或考虑采购供应本地化的可能性，更好地与供应商合作，稳定供应，进一步提高供应商吸引度。

基于供应商合作意愿较高，可寻求需求标准化和规格优化的可能性，即从内生要求与外部限制的改善入手，从根本上降低供应复杂度。

如表 6-5 所示，处于空间 4 的某品类位于 A 点（供应商吸引度 X=6，供应复杂度 Y=7，采购额 Z=1,180,000），通过适度的三方竞价、标准化和规格优化，在保证供应商吸引度没有太大影响的情况下，有效降低供应复杂度并获得一定的成本节省。表 6-5 所示，优化后位置由 A 点移到 B 点（供应商吸引度 X=6，供应复杂度 Y=5，采购额 Z=1,050,000）。供应商吸引度 X 保持不变，仍为 6，供应复杂度 Y 由 7 降为 5，采购成本 Z 也得到明显的优化。

表 6-5 空间 4 维系品类改善策略 1

品类位置	采购额	供应复杂度	供应商吸引度
A	1,180,000	7.0	6.0
B	1,050,000	5.0	6.0

但也如上面所分析的，对于该类低采购额、高复杂度的品类，在市场供应源较少的情况下，供应商有较大的合作意愿可能是基于较高的利润空间。如果通过成本架构分析，要求供应商低于市场利润率或他们所期望的利润率的话，可能合作意愿会大大降低，供应风险会大大提高。

如表 6-6 所示，位于空间 4 的 A 点（供应商吸引度 X=6，供应复杂度 Y=7，采购额 Z=1,180,000）的品类，执行策略后移到位于空间 4 的 C 点（供应商吸引度 X=4，供应复杂度 Y=8，采购额 Z=1,000,000）。虽然采购成本有很明显的降低,但供应商吸引度也降低了很多,供应风险也提高了,其潜在风险造成的损失可能远大于其节省的成本。对于这种不分析供应商和市场背景,唯低价为选的策略是不合理。

表 6-6 空间 4 维系品类改善策略 2

品类位置	采购额	供应复杂度	供应商吸引度
A	1,180,000	7.0	6.0
C	1,000,000	8.0	4.0

还有另一种情况,如果供应商的合作意愿是基于对未来业务增长的预期,如果后面发现买方业务发展远低于预期,或买方的品牌或行业标杆影响力并不能给供方带来更多业务,也不能带来技术或管理水平的提升,则供应商的合作意愿也将大大降低。在实际工作中,某些采购人员为了获得更低的价格和更好的服务,往往会给供应商描绘"蓬勃发展"的业务蓝图,但后续供应商发现无法实现或并非真实后,则可能会带来较大的供应风险。所以在与供应商合作博弈中,对这种虚拟的博弈筹码的使用必须掌握好度。

综上所述,对于该空间品类的优化,应该以降低供应复杂度为首要任务,在进行成本优化时,一定要分析供应商合作的意愿和动机,精准地采取不同策略,以整体效益最大化为导向。

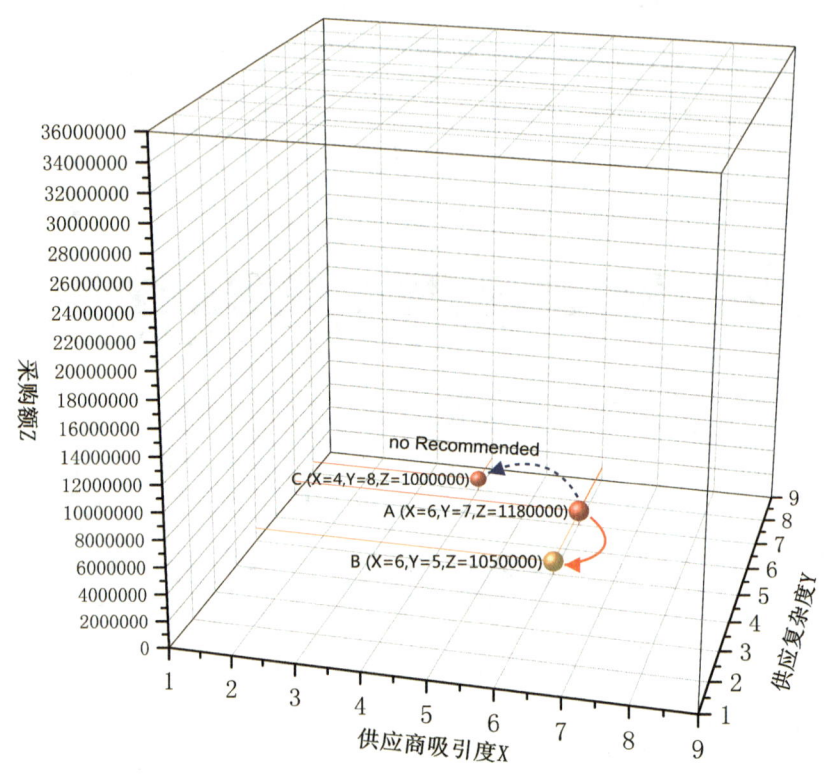

图 6-4 空间 4 品类采购供应改善策略

◎6.5 空间 5 被动品类（X=<5, Y=<5, Z>Sp），为低业务吸引度，低供应复杂度，高采购额

一般性策略方向

该空间品类的优先改善任务是降低采购成本和提高供应商吸引度，其次再寻求机会进一步优化供应复杂度。

第六章 策略的制定

问题分析

低供应复杂度的市场一般属于竞争比较充分的市场，市面上买卖双方选择的余地比较多；也可能属于垄断性市场，产能供应充足，供应风险较小，如电力石油能源供应等。在供应复杂度低、采购金额大的情况下，该业务对供应商的吸引力却很低，是属于比较反常的现象，所以必须深入了解其原因。

1. 公开市场大宗货物。一般大宗资源型货物也容易出现这种问题，比如与国际或国内指数挂钩的农产品、石油产品、矿产产品等，其市场竞争充分、透明。

2. 业务量不对等。供方市场是否属于垄断行业？所选供应商是否规模太大，这部分业务对他们可有可无？在实际的采购操作中，在符合需求的情况下，一定避免一味地追求与大供应商合作，而是要寻找合适的供应商合作，特别是采购方的业务量或品牌知名度无法形成对等谈话资格的情况下。

3. 供应商利润低于市场水平。比如经过多年多次招投标，或经过价格战的物料，虽然交易金额大，但利润过低，投入产出比低于平均水平，属于鸡肋业务。在这种情况下，供应商可能在市场行情好或产能受限的时候会将产能或资源优先留给利润高的客户。

4. 采购或相关利益部门人员管理能力差，与供应商有矛盾，甚至是因不合规的要求而产生矛盾等。这就需要绩效部门和监督部门的介入。

5. 政府管控的公共资源。如电力、燃气、石化等由国家统一管控，具有绝对垄断地位的能源类供应商。对于这类供应商，买方基本没有谈判的余地，只能服从其规则。

解决方案

对于大宗货物,如石油能源、矿物原料、农作物原料等,其市场公开透明,交易平台成熟,单一采购方难以对市场造成影响。为了保证原材料的稳定,可以采用期货对冲的方式防止大宗货物原材料价格过大的波动。如果是其衍生品,可与供应商签订长期供货合同并锁定价格,或利用浮动价格公式锁定一定的浮动幅度,尽量减少价格频繁变动。通过消耗分析,减少加工生产过程中的损耗,降低成本。

对于垄断性行业,一般没有太大价格议价的空间,且只有通过签订长期协议,尽量保证足够的财务信用,才能保证供应的稳定。特别是由政府监管的具有公众性质的电力能源企业,还可能实行阶梯价格,用得越多,阶梯单价就会递增。对于这种能源性的品类,可通过工艺改进,或聘请专业节能减排机构,减少能源的消耗或使用率,从而达到节约成本的目的。同时可以积极寻找新能源,如厂房铺设太阳能发电板实现部分自给供电等,当然,需要通过投入产出核算判断是否可行。

对于一般的品类,在可能的情况下尽量寻找业务体量比较合适的供应商,提高供应商的吸引度。避免一味追求大牌供应商,因买方业务量不具吸引力而产生服务或供应隐患。所以通过三方比价并适时引进新供应商可以比较合理地控制成本,通过成本架构分析,进一步分析成本架构并优化。同时,要避免以过度压价的形式降低成本,可以通过深度分析,利用标准化、本地化、规格优化、效用分析、消耗分析等明智采购和革新采购思维(请参阅第七章),深度健康地优化成本。

此外,对于具有较强垄断性的供应商,与供应商管理层维持较好的关系,或展开其他方面业务的互动,也是提高供应商合作意愿的另外一个途径。

如表 6-7 所示，品类位于空间 5 的 A 点（X=2,Y=2,Z=5,600,000），其策略的方向是供应商对业务的吸引度并适当降低成本，即将位置移到 B 点（X=5,Y=2,Z=5,000,000），空间 6 附近。即在供应复杂度维持较低的情况下，降低成本并提高供应商的合作意愿。

表 6-7 空间 5 被动品类改善策略

品类位置	采购额	供应复杂度	供应商吸引度
A	5,600,000	2.0	2.0
B	5,000,000	2.0	5.0

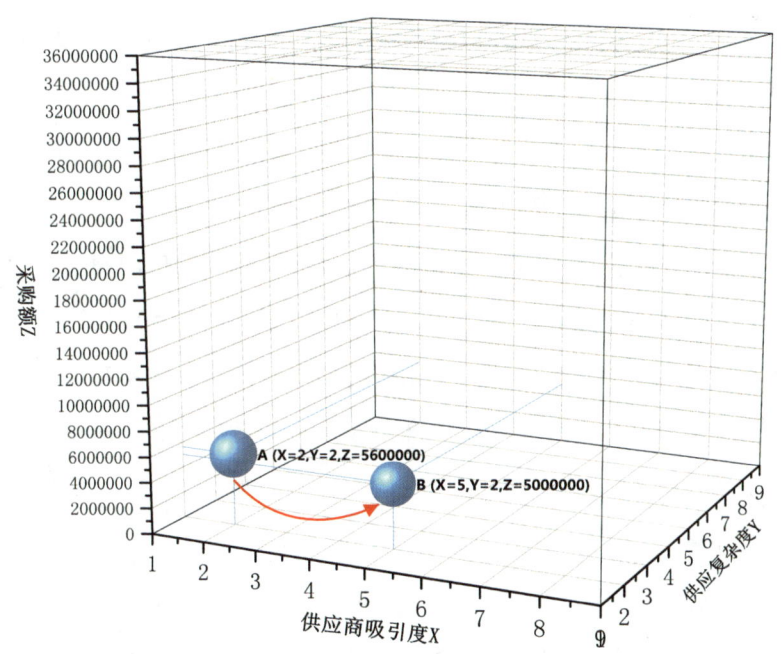

图 6-5 空间 5 品类采购供应改善策略

◎ 6.6 空间 6 杠杆品类（5<X=<9, Y=<5, Z>200M），高供应商吸引度，低供应复杂度，高采购额

一般性策略方向

以降低采购成本为主，维持或进一步优化供应和供应商吸引度。

问题分析

该空间的品类是传统采购操作上最容易降低成本、提高供应管理的品类。因为，其供应复杂度低，市场上也比较容易找到供应源，大部分属于完全竞争市场。一般来讲，在前期采购中，传统的招投标手段就可以取得较大的成本节省。但后续单纯以议价采购的方式效果不一定很好，且如果过于引导供应商进行激烈的价格战，过于压榨他们的利润，就有可能导致该品类转移至空间5（被动类），这样就很容易出现供应风险。对于长期重复采购的品类，成本的降低也不可持续。

此外，对于价格明显过低的新供应商（或新项目的供应商），也要防范供应商低价渗透策略。在寡头垄断市场中，某些供应商可能通过低价渗透策略挤出其他竞争对手，然后利用中标后供应商转换成本高的软肋，绑架买方，逐步提价。所以在做供应商市场分析的时候，必须对供应商的财务报表认真审核，对于低于成本运营的产品，必需格外小心。同时，也要防范供应商偷工减料的可能性。

所以在传统的议价方式难以进一步降低成本的情况下，必须考虑其他的方式，寻找成本降低的可能性和可持续性，并保证供应的稳定。如通过5why分析法和效用理论，对内生要求进行重新评估梳理，以便找出成本

降低的可能。

解决方案

对于供应复杂度低的品类，因为其规格要求较为明确，通过电子招标的形式，一般可以高效并最大限度地获得优于市场的价格。但如果通过成本分析，或比价中发现某个报价远低于其他报价时，则要注意是否有低价渗透的意图，或偷工减料的可能性。所以最好能保留价格次优的一家，作为小比例供货商或作为候选供应源，避免某供应商一家独大、低价渗透后具有价格主动权而提价，在降低供应风险的同时也更好地掌控成本。

对于常年采购的品类，一般很难单纯通过议价采购的方式获得更多的成本优化，所以，通过明智采购（参考第七章）的方式，如标准化、规格优化等进一步减少差异性，在规模效应降低单价的同时，也更易于管理，并降低供应风险。

同样，还可以通过革新采购的思维，进行根本效用分析、价值分析和使用分析，剔除无效或冗余的效用要求，减少无价值的要求，优化品类的使用等，获得更为深入的成本优化。

通过这三种递进深入的采购方法思维，制定并执行可持续性循环的优化策略[1]：

第一层优化：议价采购→价格最优；

第二层优化：明智采购优化各指标→成熟后再执行议价采购策略；

第三层优化：革新采购继续深入优化→成熟后再执行议价采购策略→继续循环深入。

如表6-8所示，模型中该空间品类优化的策略方向是由空间6中的A

---

1. 请参阅第七章7.2节。

点（X=7, Y=3, Z=13,200,000）逐步优化至 B 点（X=8, Y=3, Z=11,000,000），再至 C 点（X=8, Y=2, Z=9,000,000）。

表 6-8 空间 6 杠杆品类改善策略

品类位置	采购额	供应复杂度	供应商吸引度
A	13,200,000	3.0	7.0
B	11,000,000	3.0	8.0
C	9,000,000	2.0	8.0

举例，某包装材料品类，通过与其他工厂联合、整合需求统一进行电子招标，因为总需求量增加，供应商合作意愿提高，也因此获得较大的议价力，成本显著降低。即从 A 点到 B 点，业务吸引度由 7 提高到 8，采购额（本厂）亦明显降低。

通过标准化和规格优化，减少型号尺寸差异，在获得规模效应的同时降低库存，降低成本，也更易于管理，降低供应风险。尺寸的合理紧凑化使单位体积可以容纳更多货物，节省物流成本。同时，通过革新采购的思维，剔除非必需的包装附件，优化结构设计更少地使用原材料，改善周转箱的使用频率等，进一步深入降低成本，如图 6-6 所示，品类从 B 点继续移到 C 点，供应复杂度由 3 降为 2。这种方式与议价采购不同的是在维持供应商利润率的前提下，有效降低成本，而且可能随着技术水平的提高进一步得到优化。避免因为一味地使用议价采购方案进行价格战而使供应商合作意愿降低而产生风险，如从空间 6 移至空间 5。

这三种采购方法思路可以交替循环使用，也可以同时实施。如实行明智采购后或实行革新采购后，待质量和供应稳定，可以再进行议价采购，引入竞争，促进供应商的不断合作改善。

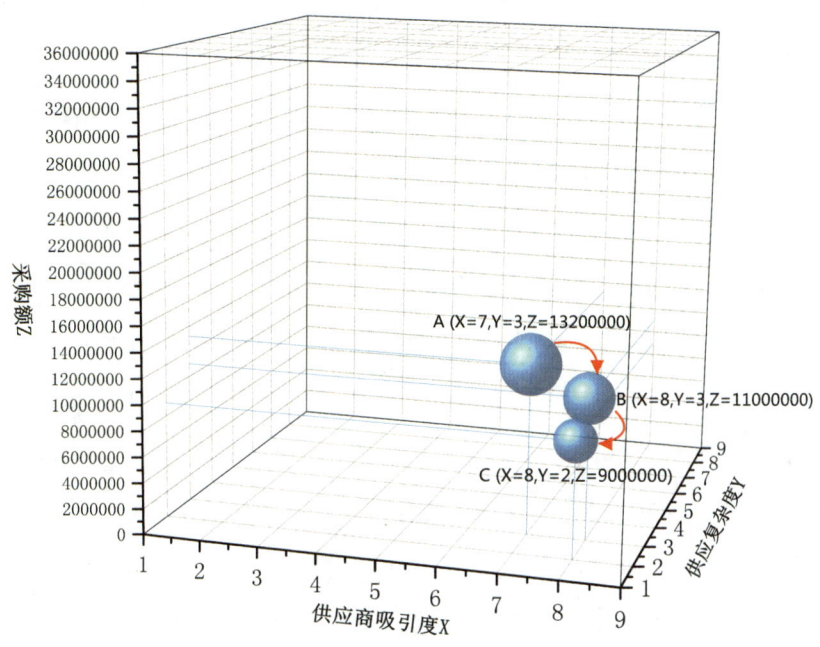

图 6-6 空间 6 品类采购供应改善策略

◎ 6.7 空间 7 紧要品类（X=<5, 5<Y=<9, Z>200M）为低供应商吸引度，高供应复杂度，高采购额

一般性策略方向

该类物料以保障供应，降低供应复杂度为主，降低采购成本为辅，并设法提高业务吸引度。

问题分析

一般来讲，处于这个空间的品类一般属于比较关键，对技术质量要求高，或是监管力度大，或是供应源属于寡头或垄断市场。能提供该品类的供应商往往规模较大，具有一定的技术垄断地位，或很强的渠道控制力。客户现有的业务量对他们来讲不具备太大吸引力。

所以如果想改善供应复杂度，在供应商配合意愿不是很大的情况下，往往需要从供应复杂度评估分析中的内生要求方面或外部制约中非供应商因素方面入手。一方面是通过优化内生要求，以5why分析法和效用理论，重新评估考量这些要求的必要性和合理性，使其供应复杂度降低，并寻求成本降低的可能性。同时还有可能因为内生要求的改善，使之得以开拓更多的供应源。如因为标准的降低，市场上符合要求的供应商更多，或其替代品有更多的供应源等。另一方面通过优化外部制约中的非供应商因素，即便在供应商直接影响因素暂时难以改善的情况下，也能整体降低供应复杂度。

通过供应商吸引度分析表，挖掘出有利于提高供应商吸引度的因素，并执行改善，在提高供应商吸引度的同时，也有很大的可能降低供应复杂度和成本。所以三个指标在相对独立的同时，也是可能相互动态关联调整的。

解决方案

在供应商吸引度比较低的情况下，如果短期内无法解决供应风险较高的问题，可以设定一定的安全库存，保证供应。

采购成本的优化，单纯的三方竞价或成本架构谈判已经没有太大作用，需要运用议价采购的其他工具，在可能的情况下，如集团集中采购或与其他企业联合采购等以更大的业务量提高议价的筹码。同时，更需要考虑用明智采购和革新采购的方式，特别是整合后的业务量仍不具备形成有效的筹码或需要更进一步降低供应风险和成本的时候。通过对所采购品类本身的内生要求和外部限制做分析，寻求规格或限制优化的可能性，从而进一步可持续性地降低成本和供应复杂度，同时，也有可能因为供应复杂度的改善使可选供应源增多，从而提高供应商的合作意愿。

如表 6-9 所示，该空间品类的首要优化任务是降低供应风险，并有效控制成本。在短期内，因为供应商合作意愿不是很高，无法要求并保证供应商保留足够产能或专门备用安全库存给买方，所以，买方设置一定的安全库存是降低短期供应风险的一个有力保障。通过需求整合，如集中采购或联合采购的方式，获得更大的议价筹码，在提高业务吸引度的同时争取更低的单价。如图 6-7 所示，从空间 7 的 A 点（X=4, Y=7, Z=9,880,000），移到空间 7 的 B 点（X=5, Y=5, Z=9,000,000），三个指标都有不同程度的优化，特别是供应复杂度因为安全库存的设立使供应风险大大降低，虽然会带来一定的库存和管理成本。同时，价格和供应商吸引度也有少许的改善。

表 6-9 空间 7 紧要品类改善策略

品类位置	采购额	供应复杂度	供应商吸引度
A	9,880,000	7.0	4.0
B	9,000,000	5.0	5.0
C	7,000,000	4.0	6.0

在议价采购难以持续进行优化后，通过明智采购和革新采购的方法，同时也通过对供应复杂度影响因素和业务吸引力影响因素的分析和优化，

使三个指标变量得到进一步的深入改善。

如图6-7所示，通过对品类内生要求的深入剖析，去掉非必要的或冗余的效用，改善设计和规格，改善工艺，在满足根本效用的情况下引入并培养新的供应商。并通过使用分析，减少损耗，增加使用寿命，物尽其用。即从B点(X=5,Y=5,Z=9,000,000)进一步优化到C点(X=6,Y=4,Z=7,000,000)，此时，C点已经位于空间6，买方的角色有较大的改变，从卖方市场转变为买方市场的地位，为进一步持续优化奠定了基础。当然，还有一种可能，在供应复杂度仍然较高的情况下，供应商合作意愿提高，使品类位置移到空间8，即高业务吸引度、高供应复杂度和高采购额。

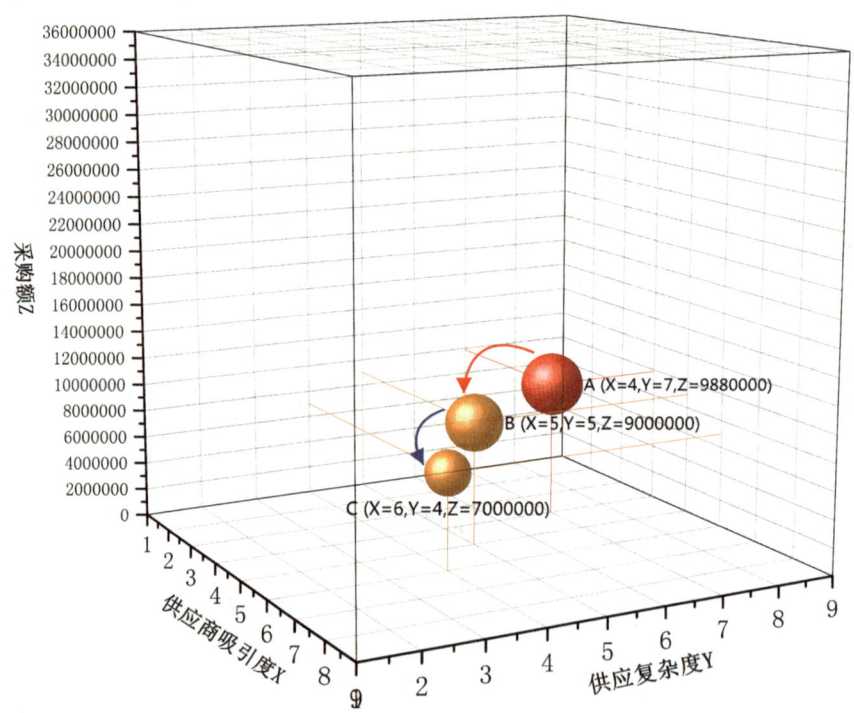

图6-7 空间7品类采购供应改善策略

◎ 6.8 空间 8 战略品类（5<X=<9, 5<Y=<9, Z>200M）为高供应商吸引度，高供应复杂度，高采购额

一般性策略方向

维持高供应商吸引度，降低采购复杂度，降低采购单位成本。与战略物资供应商建立长期合作关系。

问题分析

这种高采购额、高供应复杂度，高供应商吸引力品类很多都属于战略性物料，一个企业的核心竞争力往往也体现在这些关键战略性物料上，所以其跟供应商一般会建立长期的战略合作关系。因此，无论是从成本上还是供应复杂度，都有一定的空间进行优化。处于该空间的品类，一般都不会通过单纯的议价来降低采购成本，而是会通过双方的合作，比如通过改善物料的特性、提高效率、开发新产品，或优化物料使用的组合、改善物料的使用寿命，共同提高客户产品的质量、成本、知名度等来提高市场占有率等，从而优化成本和供应复杂度，共同成长。

解决方案

处于该空间的品类，除了初期可能通过成本架构分析、谈判等议价采购方式获得价格折扣外，后续单纯的议价难以获得可持续的成本降低和有效的供应风险控制。还可能会因为过度压低供应商利润而造成业务缺乏吸引度，影响后续的合作和供应。因此，策略的方向更多地会偏向明智采购和革新采购的方式。

对于处于该空间的关键性或战略性品类，双方更多的是通过长期的合作，发挥各自专长，通过分析品类内生要求和外部限制，通过标准化、改善其规格，改善物料特性，提高良率，或改良使用方式，延长使用寿命，改进工艺等来降低成本和复杂度。

处于该空间品类的买卖双方，从双方的相互合作中，不仅可以改善三个指标，也可能因此提高自身产品的竞争力，如成本、质量和工艺，从而促进双方企业的发展。

如表6-10，位于空间8的品类处于A点（X=8.0,Y=8.5,Z=30,000,000），合作双方通过战略合作，以明智采购和革新采购的方式，优化设计、规格，改善工艺，物尽其用，提高品类的性价比，降低供应复杂度，使品类从A点移到B点（X=8.0,Y=7.0,Z=25,000,000）。

表6-10 空间8 战略品类改善策略

品类位置	采购额	供应复杂度	供应商吸引度
A	30,000,000	8.5	8.0
B	25,000,000	7.0	8.0
C（业务增长）	36,000,000	6.0	8.0

因为双方的合作，使买方的产品具有更强的市场竞争力，市场份额扩大，在单价降低的情况下，采购数量大幅增加，采购额大幅增长，双方都从战略合作中获得更大的收益。如图6-8，品类从B点（X=8.0,Y=7.0,Z=25,000,000）移到C点（X=8.0,Y=6.0,Z=35,000,000）。

这也是双方都期望的双赢合作策略。

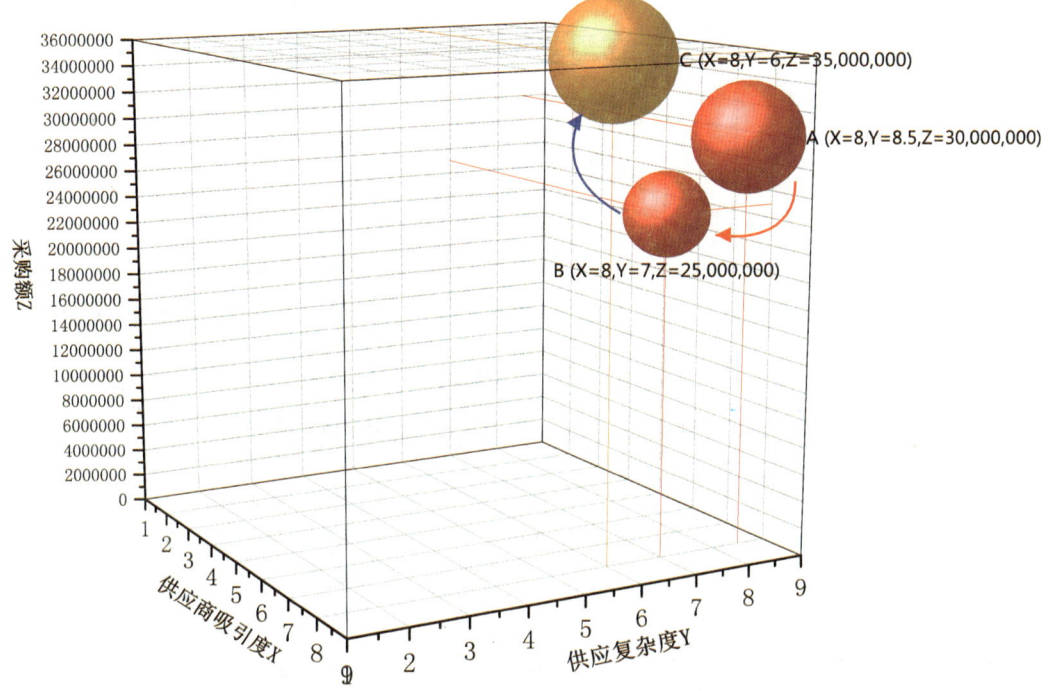

图 6-8 空间 8 品类采购供应改善策略

第七章 策略的实施工具

前面几章，通过对采购供应策略的建模和分析，在差异性策略基本方向确定后，下一步就是策略的实施。对于采购供应管理人员来讲，有效的成本控制优化和供应的按时、按量、按质的保障是最基本的岗位要求，也是企业提高竞争力的有效手段。因此，策略的实施也是以成本为主要导向，并兼顾供应保障和供应商管理的优化。

◎ 7.1 成本优化的方法和工具

传统采购员的成本节省手段主要集中在议价方面，但经过多年的发展，采购的职能也渐渐从操作层面上升到策略层面，单纯的议价已经不能带来全方位的企业业绩和竞争力的提升。作为企业与供应商的窗口，作为企业各部门成本费用的主要纽带，必须从更宏观、更深入的角度，来引领企业全面深入地优化成本。根据宏观度和深入层面的不同，对成本节省的方法可划分为三个梯级，即议价采购、明智采购和革新采购，其对采购人员的专业能力和领导协调能力要求也是逐级提高的。

议价采购（Bargain Procurement）

议价采购是指以现有成本的架构为基础，通过竞价、谈判或优化的方式降低成本的采购方式。有可能是零和博弈，也可能是双赢的合作。其主要工具方法有招投标竞价、价格趋势分析、成本架构分析、成本驱动因素链分析、总成本分析、集中化／整合采购、联盟采购。

明智采购（Smart Procurement）

明智采购是指以成本节省为导向，通过优化采购标的物的性状和规格，进而获得成本节省的采购方式。该采购模式往往需要设计部门和使用部门介入。其主要工具方法有标准化、低成本区域本地化、规格优化。

革新采购（Revolutionary Procurement）

革新采购是指以成本节省为导向，以采购标的物为中心或以采购标的物所要达到的目的和效用为出发点，从更宏观的角度，以创新／革新的眼光和思维，纵深考虑分析全面成本优化的可能，进行有机优化成本的采购方式。这种方式以成本架构为基础，以采购标的物实际恰好适用的作用和目的为出发点，从纵深方向突破传统采购的框架和模式，寻求引导成本优化。其主要工具方法有效用精简分析、组合效用优化分析、使用的分析（物尽其用）、工艺技术革新、财务金融。

这种采购模式需要包括供应商在内的各个利益相关部门组成成本优化小组，在采购部门的协调下，作为项目来计划并执行。该采购模式带来的成本节省的比例往往较大，且对于整个供应链的管理和工艺的优化，甚至对提高最终产品在市场上的竞争力都有正面的影响。

7.1.1 议价采购

7.1.1.1 招标竞价

招标竞价是一种以比较正式的方式从不同的供应商处取得所需的信息，主要包括价格、产品规格、操作指导、服务范围、配送、付款条款等，为产品或服务的采购提供公平合理的依据。一般是在新项目初始阶段，或是需要对市场重新扫描以取得更优采购源时使用。

作为应用最广泛、最基础的采购手段，有传统的公开招标（主要用于政府事业单位，或有政府参与的企业项目）和非公开邀标。随着电子化的普及，电子招标的方式也比较流行，而且大多采用荷兰式招标的方式，即价格逐渐降低竞标，在规定时间内价低者得。当然，最后结果可能还需考虑技术标的评分。这种电子竞价方式曾受到很多行业管理层的大力推行，但在近几年势头有所减缓，特别是对于比较复杂的项目或科技含量比较高的产品或服务。

对于市场比较成熟或标准化比较高的产品和服务，电子竞标方式可以达到非常快速有效的效果，而且对采购后期的管理也比较稳定简单。但这种类似价格战的方式对于比较复杂的项目或定制化比较高、市场不够成熟的产品和服务，很容易在后续出现质量缺陷、服务不到位、要求追加成本的问题。特别是对于一些契约精神比较差的投标企业，很多时候他们的思路是，无论如何先拿到标，后面再想办法从其他地方弥补回来。而对于比较有实力或有契约精神的企业，往往低于一定利润率就放弃该项目。于是，出现劣币驱逐良币的现象。

所以好的工具也要用在合适的地方，管理者也要注意过分以价格为导向的采购方式反而可能带来成本的增加和其他副作用。

7.1.1.2 价格趋势分析

通过评估供应商和市场上同类产品的价格方案，充分考虑市场环境和所处的生命周期，预估分析其价格走势。

第七章 策略的实施工具

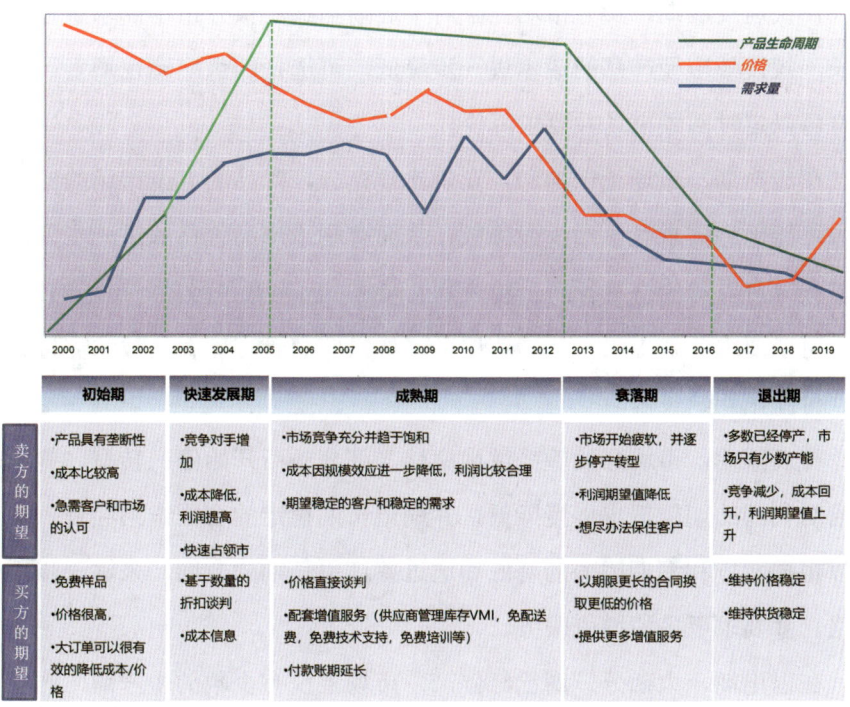

图 7-1 产品生命周期中价格与需求趋势图

如图 7-1 所示，是一张比较典型的产品生命周期图和价格需求走势图。一般产品生命周期可以分为五个阶段：初始期、快速发展期、成熟期（平台期）、衰落期和退出期。根据产品／服务和行业的不同，每个周期位置卖方市场的期望和买方的期望都是不同的。买方在产品生命周期的不同阶段，根据卖方的期望进行价格的趋势分析并谈判。

在初始期，卖方急需客户和市场的认可，所以愿意提供一些免费的样品试用。同时，因为初期固定成本和研发成本投入较高，产品价格也很高。但每生产一单位产品边际成本递减比较明显，所以在可能的情况下，买方可以利用比较大的订单数量来有效降低价格。

153

在快速发展期，卖方市场竞争对手逐渐增加，买方市场需求量也快速增长，规模效应使产品的成本进一步降低，可选择的供应源也增多，所以买方可以定时回顾市场并要求降价。

在成熟期，市场趋于饱和，竞争比较充分，产品的上游市场的原材料成本可能因为需求竞争增大而降低，从而有利于产品价格的进一步降低。所以买方可以对价格进行新一轮谈判。同时，因为竞争激烈、市场的饱和，买方可以要求免费提供一些增值服务，如供应商管理库存、技术支持、培训、付款账期延长等。

在衰落期，市场开始趋势性地疲软，部分厂商开始停产转型，剩下的厂商对利润的期望值也慢慢降低，并期望长期稳定的合同维系经营。买方可以根据卖方利润期望值的降低和通过签订更长期的合同，来进一步压低价格，并要求更多的增值服务。

在退出期，大部分厂商已经停产，市场上仅有少数的生产商，产能有限，规模效应逆转，成本增加，且可能随时转型停产。这时候买方首要任务就是稳定供货，保证生产，然后再图稳定价格，避免成本大幅上升。

所以可以看到图表上代表价格的红线，是随着产品生命周期震荡下行的，但在最后的退出期可能上升少许。同时，其波动的幅度还跟当时的需求量（蓝线）有一定的反比的关系，但在进入衰落期后，价格和需求可能同时处于下降通道。

价格趋势分析是相对比较宏观的趋势性分析，以便更好地根据目前产品所处的生命周期了解市场行情并调整期望价格。当然，这只是其中一种分析法，在实际谈判交易中可能还会同时用到其他的方法，配合使用以取得更好的效果。

7.1.1.3 成本架构分析

成本架构分析是使用最为普遍的一种成本分析工具。通过解析构成产品价格的各种成本和利润，分析对比其合理性和竞争优势，进一步分析影响各个成本的因素，清晰了解这些因素是如何影响成本的，有利于与供应商的谈判，也有利于与供应商合作共同降低成本。很多其他的采购成本控制方法也是在成本架构分析模型的基础上进一步深化衍生出来的。

如图 7-2 所示，成本架构一般由固定成本 + 可变成本 + 利润组成。左边是成本架构柱状图（实际架构），其包含利润率。但很多供应商在提供成本架构表时会将利润分摊到成本架构的各个模块，用于掩盖真实利润信息，如右边柱状图（卖方提供）。

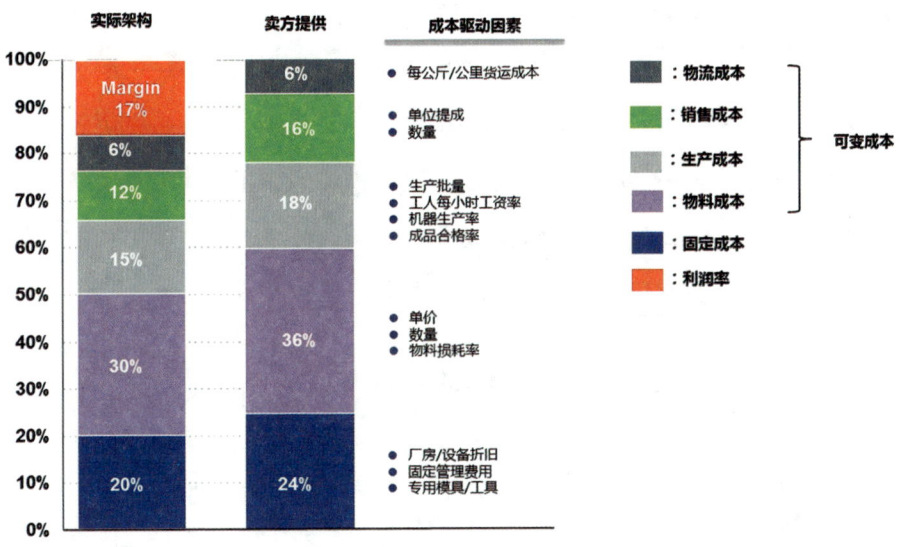

图 7-2 成本架构及驱动因素

每个成本模块都有其相对应的成本驱动因素，比如，物流成本由货物的重量、体积和运输公里数等决定；原材料成本由单价、数量、损耗率决定；生产成本由生产批量、工人工资、机器生产率和成品合格率决定等。

通过成本架构，当某一个或多个模块的成本主变量发生变化时，比如原材料的单价或数量，工人的每小时工资率等，就可以根据其变化计算出其对总成本和利润率的影响。所以不管是主动提出降价抑或是应对供应商提出涨价，成本架构及其成本驱动因素信息都能提供足够的数据支撑。

在进行成本架构分析和比价时，一般先通过几家供应商比较，得出架构中每个模块所占成本比重的信息，挑选每家供应商中最有优势的模块组成最优的目标成本。给采购人员提供一个降成本目标的参考。这就是成本架构模块比较法。

假设成本架构中有 n 个成本模块，总共有 m 家供应商参与投标，那么每个供应商每个模块的成本呈如下矩阵：

S_1, S_2, ……S_m, 为参与投标的供应商 1, 供应商 2, ……供应商 m；

M_1, M_2, ……M_n, 为成本架构中的模块 1, 模块 2, ……模块 n；

C_{11}, C_{22}, ……C_{mn}, 为供应商 1 第 1 模块的成本，供应商 2 第 2 模块的成本，供应商 m 第 n 个模块的成本。

那么，所有供应商所有模块的成本如下：

成本架构模块矩阵

	S_1	S_2	...	S_{m-1}	S_m
M_1	C_{11}	C_{21}	...	$C_{(m-1)1}$	C_{m1}
M_2	C_{12}	C_{22}	...	$C_{(m-1)2}$	C_{m2}
...	...	...	...	...	...
M_{n-1}	$C_{1(n-1)}$	$C_{2(n-1)}$	...	$C_{(m-1)(n-1)}$	$C_{m(n-1)}$
M_n	C_{1n}	C_{2n}	...	$C_{(m-1)n}$	C_{mn}

成本模块最优就是在所有供应商中选出所有最优成本模块的组合，比如：

模块 1 的最优成本是 LC1 = min (C11, C21, ······ Cm1)；

模块 2 的最优成本是 LC2 = min (C12, C22, ······ Cm2)；

······

模块 n 的最优成本是 LCn = min (C1n, C2n, ······ Cmn)；

那么总成本最优 BC= $\sum_{k=1}^{n}$ LCk，即所有成本模块中，选取其各自最小值的总和。

如图 7-3 是比较直观的例子。

某产品由 6 个成本模块组成，分别为固定成本 M1（模块 1）、物料成本 M2（模块 2）、生产成本 M3（模块 3）、销售成本 M4（模块 4）、物流成本 M5（模块 5）、利润率 M6（模块 6）。

以当前供应商 S1 的成本为标准成本，另外两家供应商 S2,S3 的模块成本以 S1 的为基准，如 M1 成本模块中，S2 的成本为 S1 的 80%，即表示为 20%×80% = 16%，以此类推，构成如下成本架构模块矩阵：

成本架构模块矩阵

	S1	S2	S3
M1	20%	16%	25%
M2	30%	30%	32%
M3	15%	16%	10%
M4	12%	12%	8%
M5	6%	4%	6%
M6	17%	15%	18%

根据该矩阵，得出：

模块 1 的最优成本是 $LC1 = \min(C11, C21, \cdots Cm1) = \min(20\%, 16\%, 25\%) = 16\%$

模块 2 的最优成本是 $LC2 = \min(C12, C22, \cdots Cm2) = \min(30\%, 30\%, 32\%) = 30\%$

模块 3 的最优成本是 $LC2 = \min(C12, C22, \cdots Cm2) = \min(15\%, 16\%, 10\%) = 10\%$

模块 4 的最优成本是 $LC2 = \min(C12, C22, \cdots Cm2) = \min(12\%, 12\%, 8\%) = 8\%$

模块 5 的最优成本是 $LC2 = \min(C12, C22, \cdots Cm2) = \min(6\%, 4\%, 6\%) = 4\%$

模块 6 的最优成本是 $LC2 = \min(C12, C22, \cdots Cm2) = \min(17\%, 15\%, 18\%) = 15\%$

那么总成本最优 $BC = \sum_{k=1}^{n} LCk = 16\% + 30\% + 10\% + 8\% + 4\% + 15\% = 83\%$

即，最优总成本是供应商 S1 总成本的 83%。

通过上述矩阵公式和计数结果可以看出，取各成本模块中最优的成本（固定成本取自供应商 2，物料成本取自供应商 1，生产成本取自供应商 3，销售成本取自供应商 3，物流成本取自供应商 2，利润率取自供应商 2），进行组合后的最优目标成本比标准成本减低 17%。

第七章 策略的实施工具

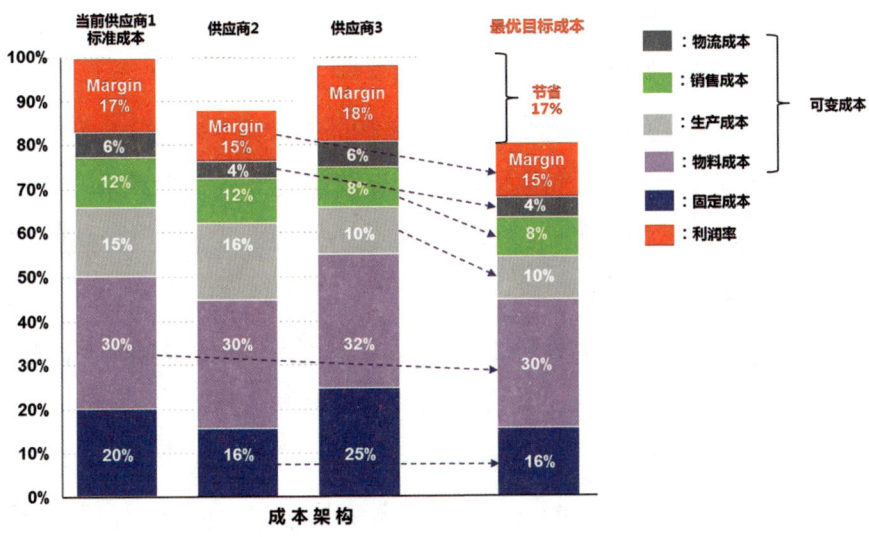

图 7-3 成本架构模块比较法

虽然这种模型比较理想化，但如果这几家供应商的企业规模、设备和技术处于类似的水平，那么该模型还是具有很大的参考意义的。即便在不更换供应商的情况下，也可以通过这些信息在与供应商的谈判中占据优势。

当然，在实际操作过程中，同一种产品不同供应商提供的成本架构模块可能不一样，所以在对所有信息充分了解的情况下，还需标准化这些成本模块，然后再让供应商根据这些标准化的成本模块提供信息并进行比较分析。作为品类采购人员，还需更深入地了解市场的行情，摸清成本驱动因素的实际情况，深入分析成本模块的合理性，这样才能更全面准确地控制成本。

7.1.1.4 成本驱动因素链分析

对于很多采购量巨大的企业，其对采购品类的成本架构分析不只分析第一级供应商的成本架构和成本驱动因素，还会进一步分析其第二级供应商的成本架构和成本驱动因素，以便更好地分析控制成本，这就是成本驱动因素链分析，如图7-4所示。

某物料的价格由成本模块1、2、3、4构成（1级成本架构，即物料价格的1级成本驱动因素），成本架构中成本模块1是由其2级成本模块驱动因素1和2决定的（2级供应商），而2级成本模块因素1和2是由3级成本驱动因素1和2和3决定的（3级供应商）。依次类推其他成本模块的3级成本驱动因素。在实际操作中，不需要对所有的3级成本驱动因素进行分析，只需要对2级成本驱动因素中成本占比较大的因素进行3级驱动因素分析。成本模块1占总成本的50%，2级成本驱动因素1占成本模块1中的70%，即占总成本的35%，所以有必要对成本模块1中的2级成本驱动因素1进行3级甚至4级成本驱动因素分析，以便更好地控制成本。相反，假如成本模块4占总成本的20%，其2级成本驱动因素8占成本模块4成本的10%，即占总成本的2%，这种情况下一般就不需要对成本模块4中的2级成本驱动因素8进行3级成本驱动因素分析。这方面的权衡企业可以根据自身的实际情况决定。

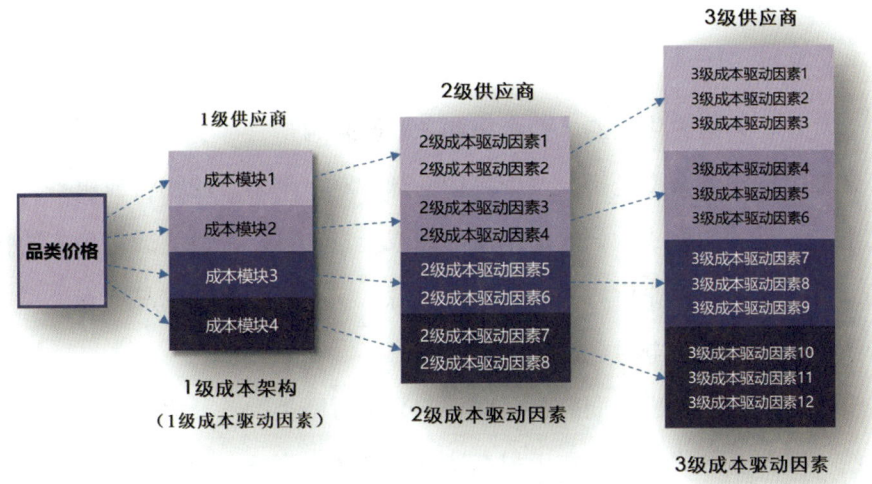

图 7-4 成本驱动因素链分析

多级的成本驱动因素分析可以根据上面提到的成本架构比较法分析，也可通过市场或该级供应商处获取相应的信息。某些直接驱动因素是大宗货物或能源价格的，可以通过公共市场获取成本信息。

成本驱动因素链分析是对常规成本架构分析和成本驱动因素分析的深入进阶，对于采购金额巨大的品类尤为适用。不仅可以更好地挖掘成本降低的潜在点，还可以更好地发现并有效地控制从 1 级供应商中难以发现的供应风险。假如品类 A 由供应商 B 和供应商 C 同时供货，属于双供应源，从 1 级分析中看不出风险点，但供应商 B 和 C 其中的某种关键物料可能都来自 2 级或 3 级供应商 D，而供应商 D 或许只有一个工厂，一旦该工厂出现问题，在短期内无法找到其他供应源的情况下，则供应商 B 和 C 都将出现供应风险，影响品类 A 的供应。该类例子非常常见，其甚至会因为产业链前端某关键物料的供应问题而出现多级市场的全面断货。所以，多级成本驱动因素链的分析可以更好地找出链上的供应风险点，为更好地风险控制提供信息。

7.1.1.5 集中化采购／整合采购／联盟采购

集中／整合采购是指公司或集团内部，对多个工厂的物料或服务采取集中统一采购的方式。一般适用于大宗或批量物品，价值高或总价多的物品；关键零部件、原材料或其他战略资源，保密程度高的物品；多工厂服务如差旅、物流、电话会议等。

联盟采购是通过不同的公司联合起来，对同类物料／服务需求集中起来统一采购的方式，目的在于提高谈判议价的力度。一般针对保密性低，以数量为杠杆型的物料／服务。其性质与集团内部集中化采购类似。

如上两种采购方式主要是以数量为杠杆，随着数量的增加，边际成本减低，从而来降低物料／服务的价格。

沿用上面的成本架构模型，通过数量的增加，可以推算出价格 P 与数量 X 的关系如下（为了更直观的分析，我们将成本架构简化为：固定成本 Cf ＋可变成本 Cv＋ 利润 Pf；假设前提条件是：产能足够，不需额外固定成本投入，可变成本与数量等比例的变化）：

采购总额 Y(X)=PX=Cf+Cv+Pf；可变成本 Cv=Cu×X，Cu 为每单位可变成本；假设利润与采购总额的关系为：Pf=Y(X)×a%=PX×a%，a% 为利润率；那么可以得出如下公式：PX=Cf+Cu×X+PX×a%；P=(Cu+Cf/X)/(1-a%)。

由此可以看出，在保证固定利润率的情况下，价格 P 与数量 X 是成反比的，数量越多，价格越低。

同样，价格 P 与利润率 a% 是成正比的，在完全竞争市场，除了数量杠杆带来的边际成本下降的益处，还可以通过谈判降低供应商的预期利润率 a%,在保证总利润不减的情况下，获取更多的利润分享，也即是薄利多销。

原先的利润 Pf1=P1×X1×a1%；P1 为原先价格，X1 为原先的数量，a1% 为原先利润率；

数量增加后的利润 Pf2=P2×X2×a2%，P2 为增加数量后的价格，X2 为增加后的数量，a2% 为增加数量后谈定的利润率；

X1<X2；a1%>a2%；

那么，满足薄利多销的条件如下，△Pf=Pf2-Pf1>0。

下面例子中的柱状图 7-5，比较直观地阐明数量与成本的变动关系：

固定成本为 1000 元，单位可变成本为 0.16 元/个；

初始单价 P0=0.4 元；

初始数量 X0=5000 个；

初始利润 Pf0=200 元，利润率为 16.67%。

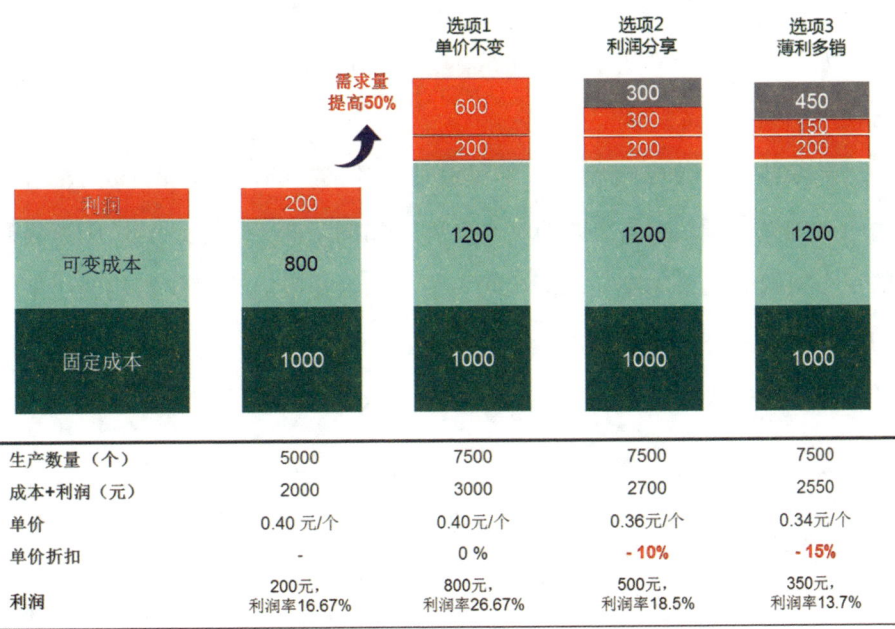

图 7-5 需求量增加对产品成本的影响

当需求量（生产数量）增加50%（X1=7500）时，固定成本Cf不变（1000），可变成本Cv等比例增加50%到1200，所以：

如果购买单价P1=0.4不变，那么供应商的总利润Pf1由200增加到800，增长300%，利润率也从16.67%增长到26.67%；

如果购买单价降低10%至P2=0.36，那么供应商的总利润Pf2由200增加到500，增长150%，利润率由16.67%增长到18.5%；

如果购买单价降低15%，即P3=0.34，那么供应商的总利润Pf3由200增加到350，增长75%，利润率由16.67%降为13.7%。

所以通过集中/联盟采购数量的整合，可以大大降低单位成本，为价格的谈判提供有力的支持。比如，可以跟供应商对半分享多出的利润部分（选项2），甚至说服供应商薄利多销（选项3），享有更多的利润增加部分。

如下是另一个真实案例，是成本架构模块比较模型与集中整合采购同时使用的案例。

某集团三个分公司原先汽车租赁是分开采购的，共有3个分公司，3个不同的供应商，4种不同的汽车品牌。如图7-6-1所示，是供应商提供的租金核算表（成本架构表），可以看到租金是受几个模块影响的：车辆的平均采购价格、折扣、3年后车辆残值及贷款利率。利润率由供应商已经分摊至各模块中，不予提供。

第七章 策略的实施工具

RMB

		总数量	HD	BMW	RNO	VW	
分公司1	供应商 1	210	50	50	30	80	
	平均采购价格		300,000.00	350,000.00	220,000.00	260,000.00	
	折扣		10%	10%	12%	10%	
	3年合同后残值		40%	35%	30%	35%	
	贷款利率	4.5%					
	3年总租金成本净现值		171,174.92	219,674.48	145,612.80	163,186.76	
	每辆车月租金		4,754.86	6,102.07	4,044.80	4,532.97	
	总月租金		237,742.94	305,103.44	121,344.00	362,637.24	1,026,827.62
分公司2	供应商 2	200	20	20	10	150	
	平均采购价格		330,000.00	350,000.00	220,000.00	210,000.00	
	折扣		10%	5%	5%	15%	
	3年合同后残值		35%	32%	28%	35%	
	贷款利率	5.0%					
	3年总租金成本净现值		210,108.94	255,256.31	170,633.93	121,550.63	
	每辆车月租金		5,836.36	7,090.45	4,739.83	3,376.41	
	总月租金		116,727.19	141,809.06	47,398.31	506,460.94	812,395.50
分公司3	供应商3	190	20	10	80	80	
	平均采购价格		330,000.00	350,000.00	200,000.00	240,000.00	
	折扣		5%	5%	16%	7%	
	3年合同后残值		35%	32%	32%	35%	
	贷款利率	5.5%					
	3年总租金成本净现值		232,499.79	258,920.22	122,121.10	163,454.40	
	每辆车月租金		6,458.33	7,192.23	3,392.25	4,540.40	
	总月租金		129,166.55	71,922.28	271,380.23	363,232.00	835,701.06
车辆总数		600	90	80	120	310	
平均价格			313,333.33	350,000.00	206,666.67	230,645.16	81,782.00
平均折扣			8.9%	8.1%	14.1%	11.6%	
每月总租金							2,674,924.18

图 7-6-1 汽车租赁服务成本明细——优化前

优化思路：选取一家能够同时为 3 个分公司不同地域服务的供应商，供应商数量为 1 家，车辆品牌数由 4 个降为 2 个，增加单个品牌车辆的采购数量。

根据成本架构模块比较法，以当前供应商每个模块的最优值作为基本目标。受益于品牌和供应商的减少，单品牌车辆的采购量增加，可以挑战每个成本模块的值更优于基本目标。

经过跨部门协调（供应商、使用部门、行政部门、安全部门等），招标和谈判后，最终优化结果如图 7-6-2 所示。

	Nb Cars	HD	BMW	RNO	VW
3个分公司--供应商1	600	170	0	430	0
平均采购价格		300,000.00		206,670.00	
折扣		12%		18%	
3年合同后残值		40%		32%	
贷款利率	4.5%				
3年总租金成本净现值		164,327.92		103,335.00	
每辆车月租金		4,564.66		2,870.42	
总月租金		775,992.97		1,234,279.17	2,010,272.13
				成本节省	664,652.05
					25%

图 7-6-2 汽车租赁服务成本明细 —— 优化后

供应商数量为 1 家，车辆品牌为 2 个（HD、RNO），单品牌采购数量分别为 170 辆和 430 辆（使用部门和行政部门协商结果）。

模块最优组合方面：

平均采购价格和折扣：原来三家供应商 HD 品牌车辆的采购价格最低为 300,000 元，取其最优，优化后平均采购价格也是 300,000 元，其折扣原先最优为 10%，优化后是 12%；RNO 品牌车辆元采购价格最优为 200,000 元，优化后的为 206,670 元，虽然未能达到最优，但后面争取的折扣为 18%，优于原来最低折扣 16%。

3 年后残值：残值与 3 年内的租金成本是成反比例的。优化前 HD 品牌车辆最高残值为 40%，优化后的残值模块亦争取到 40%，RNO 优化后的残值也跟原先最优的 32% 持平。

贷款利率：优化后的贷款利率跟优化前最优值 4.5% 持平。

所以几个模块的成本值都达到甚至优于原先设定的最优目标值，最后的每月总租金节省了 25%。供应商为原先的供应商 1，在服务和合作方面也很有保障。

在集中采购和整合采购的深度操作中，往往还会用到另外一种采购方式——标准化（后面章节会介绍到），以期达到数量杠杆的最大化，同时也带来管理的简易化。对于跨国集团的跨国集中化采购，面临的难度就增加许多，比如贸易壁垒、仓储配送限制、政府监管条例的差异、国情不一产生的其他种种限制等。

7.1.1.6 总成本分析法／总生命周期成本法（TCO/TLCC）

总成本分析法／总生命周期成本法是一种通过判定品类生命周期内所产生的所有成本的分析方法，贯穿于物料的采购、使用和回收／销毁各个环节。它是一种跨部门协作的成本分析法，考虑的不只是采购价格本身，还考虑到各个部门／环节更多的成本项目，参与者也不只是采购人员，还有环节上各相关部门人员（包括供应商），因此也有利于更多的部门参与成本的控制。

很多更深层次的成本优化方法，比如标准化、价值分析等，都是基于TCO/TLCC的思路，进一步深入分析的。这些方法的应用，在降低成本的同时，往往也可以大大降低供应的复杂度，抑或提高供应商吸引度，给企业带来更多附加值。

同样，对于企业产品／物料的自产或外购的决策也有很大借鉴作用。所以总成本分析法／总生命周期成本法可以让采购工作的贡献更加明显，更能体现出其价值所在。

如图7-7所示，从采购前的环节开始到物料／服务的使用完结直至回收／销毁，每个环节都可能产生若干种成本项目。

采购前成本：包括需求标准的确定产生的成本、寻源成本、供应商开发成本、样品验证成本和差旅成本等。

采购价格：这是最主要最受关注的成本，包括付给供应商的款项、贷款利息、税费等。

管理和物流成本：计划预测成本、跟单成本、检验成本、运输成本等。

库存成本：仓储费用，库存占用资金成本、保险成本、仓管人员成本等。

使用成本：安装调试成本、维护培训成本、相关耗材成本、损耗、剩余与过期浪费成本、回收销毁成本等。

有些成本可以在采购价格不变的情况下转嫁给供应商，如通过供应商管理库存（VMI：Vender Managed Inventory）[1]的形式减少库存成本，通过延长付款账期的方式降低资金成本等，但这取决于该品类的供应商吸引度，一般供应商吸引度较高则较容易实现，供应商吸引度低则比较难。

	采购前成本	采购价格	管理和物流成本	库存成本	使用的成本
成本项目	需求标准的确定	付给供应商的款项	计划预测	仓储费用	安装、调试、试机
	寻源成本	贷款利息	跟单	库存占用资金成本、机会成本	维护、使用培训
	供应商选择、验证	信用证等第三方费用	接收和抽检	保险	损耗、不良品
	样品验证	税费等	运输费用	人员管理	剩余、过期浪费
	相关差旅费用				回收、销毁

（图片来源：SANOFI）

图 7-7 总成本／总生命周期成本分析法

---

1. VMI（Vender Managed Inventory）是一种以买卖双方都获得最低成本为目的，在一个共同的协议下由供应商管理库存，并不断监督协议执行情况和修正协议内容，使库存管理得到持续改进的合作性策略。

总成本分析法一般用在如下类型的物料／服务：

1. 重复性采购的物料，比如生产性物料、耗材。

2. 长生命周期的产品，如机器设备（考虑备件、耗材、产能、使用寿命等）、计算机／服务器硬件、软件系统。

3. 顾问类服务等。

沿用上面集中化／整合采购的例子：

在制定优化策略时，以总成本分析法，再考虑后续一个环节的成本——燃油成本。

假设按原先的思路优化后，汽油车是 400 辆，柴油车是 200 辆。那么根据每个月每辆车的平均公里数和燃油费用，计算如下（假设其他条件完全一样）：

	柴油车	汽油车	总计
车辆数	200	400	
每月公里数	3000	2500	
每百公里油耗	8	10	
每升单价	5.90	6.30	
燃油费用	283,200.00	630,000.00	913,200.00

图 7-7-1 燃油费用——优化前

可以看出柴油车的每百公里的燃油费用比较低，如果全部换成柴油车，计算结果如下：

	柴油车	汽油车	总计
车辆数	600		
每月公里数	2667	0	
每百公里油耗	8		
每升单价	5.90	6.30	
燃油费用	755,294.40	-	755,294.40
费用节省：			157,905.60
			17.29%

图 7-7-2 燃油费用——优化后

从上表可以得出，如果全部更换柴油车，每个月的燃油费用可以节省 17% 以上。

由此可见，综合集中／整合采购法（车辆租赁）+TCO 法（燃油成本），成本优化的效果大大提高了。

当然，还可以进一步考虑诸如柴油车和汽油车的保养维修成本等其他成本发生环节，从而更加全面的控制优化成本。此处就不再一一论述。

总之，如上六种采购成本优化方法，主要是基于单纯成本方面考虑而进行的优化，也是应用比较普遍的。不管是从传统上对于采购工作范围的定义，还是现阶段的大部分采购从业人员的主要工作职责范围，基本上是围绕着这些方法展开的。但随着采购岗位慢受到进一步的重视，担负着成本控制的重担，采购不只是单纯地根据要求进行物品或服务的采购，还要进一步考虑这些要求是否合理，是否可以通过优化这些要求，从而降低成本，而不只是局限于从现有架构上考虑成本，还需要进一步降低供应复杂度、供应商吸引度，为企业的可持续性发展打下良好的基础。这才是采购的自身价值的体现，也是未来发展的趋势。

后面介绍的采购成本优化方法，就会跳出单纯成本本身，从更深的角度来考虑成本的优化。

7.1.2 明智采购

7.1.2.1 标准化

标准化是指在保持同等效用或功能的前提下减少差异，从而以更少的差异换取更高的数量杠杆，进而降低成本的方法。同时，该方法还可能带来供应复杂度的降低和供应商吸引度的提高，有利于对供应和供应商进行

第七章 策略的实施工具

更好的管理。

在上述集中采购／整合采购方法关于车辆租赁的例子和 TCO/TLCC 关于燃油的例子中，其实已经有了标准化的雏形。比如，4 种品牌的车辆标准化为 2 种品牌，2 种燃油标准化为一种更经济的燃油。

如图 7-8，例子是以成本架构分析法，对标准化成本节省的诠释。

每个型号的取样瓶的采购价格架构是由供应商的固定成本＋模具成本＋可变成本＋利润组成。

每一批量的固定成本，除了机器折旧和固定管理成本外，还包括产品生产换线时的机器产能占用、能源损耗、人工、原料损耗等成本。可变成本包括原材料、人工管理、能源等随批次和批量变化的成本。

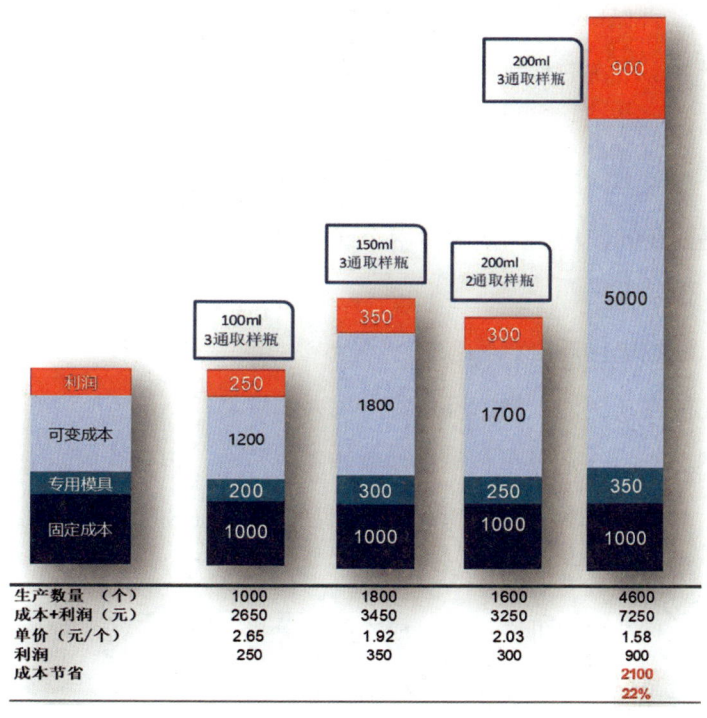

图 7-8 标准化对产品成本的影响

原先规格：100ml 3通取样瓶，150ml 3通取样瓶，200ml 2通取样瓶；每个通道在使用前都是封闭的。

存在的问题：涉及三个型号，每种型号都要单独承担固定成本和模具费用，无法获得规模效应；每个型号都需要保证一定的库存，占用资金成本，且过多型号在管理上易于出错。

改善思路：

因为使用前通道是封闭的，如果三通取样瓶其中一个通道不解除封闭的话，其功能跟2通取样瓶则完全一样。

取样瓶中，最小是100ml，最大是200ml，200ml的瓶子用在使用100ml的地方同样可以取样，对取样方法和取样结果毫无影响。

瓶子大小所占的材料成本比重不高。用200ml的三通取样瓶对总成本影响不高。

三个型号全部改为一个标准型号，即200ml三通取样瓶，每个通道在使用前是封闭的，根据需要解封两个或三个通道，如图7-9所示。

所以经过优化后：

原先的模具变为一种，模具费用大大节省。

虽然200ml 3通每单位可变成本稍微高一些，但因为固定成本不变，数量大大增加，即便在总利润不变的情况下（250+350+300=900），单价也可以大大降低，降低了22%。

所以，标准化也可以说是以成本架构分析为基础，主动地为集中/整合采购创造条件，以数量杠杆撬动边际成本降低的方法。

第七章 策略的实施工具

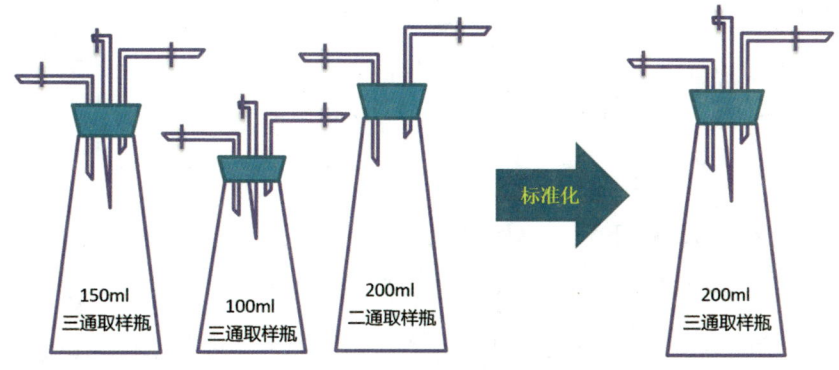

图 7-9 三种型号取样瓶标准化为一种型号

当然，我们也看到，如果原本的 3 个型号的模具成本已经发生，那么就要核算实行标准化后所节省的成本（包括库存成本等）是否及多久能覆盖实行标准化时所需的额外成本。

在实际工作中，标准化一般有如下要点：

1. 产品设计阶段或新项目初始阶段的早期参与很重要。产品设计阶段和项目初始阶段，采购人员的参与，可以尽可能地应用标准化的思维，从初始阶段开始就很好地控制成本。当然，错过这个阶段也是可以进行标准化的，只是需要衡量更换和执行的额外成本与收益是否值得。

2. 需要使用部门、技术部门、采购部门等的跨部门紧密协作。特别是对物料/产品的要求和规格进行重新评估时，如何重新定义以减少差异，同时又保证等效功能，如何标准化，如何执行并管控等，需要各部门的共同参与，当然，还可能包含供应商。

3. 与其他采购成本优化方法一起使用，效果更好，特别是集中/整合采购法，TCO/TLCC 法等。

4. 优化供应链管理和供应商管理。使计划、库存管理更加简单有效，减少供货问题，降低库存、减少呆滞物料等，降低供应复杂度。减少对供应商的依赖。标准化使差异或型号减少，引入新供应商的更换成本大大降低，提高竞争度。所以，也提高了供应商的吸引度。

7.1.2.2 本地化和低成本区域化

这种方法一般是跨国企业通过本地化或低成本区域化采购，如替代国外原来的进口物料，从而降低成本的方法。因为可能涉及原材料和生产地的差异，品类规格参数可能与原先的有少许不同，所以这里划入到明智采购的范围。如果只是供应商集团总部接单，本地分公司生产或发货的，则不属于这边对本地化的定义。

本地化一般针对价值比较低，或服务响应要求高，或贸易壁垒比较高的品类。其优点有：具有成本优势；节约运输成本及海关通关成本及税率；避免汇率波动带来的成本不可控；加快采购速度和售后服务反应速度；可增进本土政府与民众的好感。当然也有一些不足之处，如不便于集团统一管理；质量因素可能达不到原先水平等。

低成本区域化，是指从低成本的原材料产出国之间采购的方式，一般针对大宗物料，战略性物资等，甚至生产加工的工厂也设置在土地、厂房、劳动力要素禀赋具有比较优势且有政府优惠政策的区域，比如近几十年来的中国。借鉴于新结构经济学中要素禀赋比较优势的理论[1]：

对于大宗原材料，如农产品、矿产能源、初级加工品等劳动或土地密集型的行业产品，一般选择劳动力或／和土地要素禀赋具有比较优势的地

---

1. 林毅夫.新结构经济学：反思经济发展与政策的理论框架.北京大学出版社，2012.

区,如非洲、南美洲、东南亚等,当然,需要考虑其基础设施和产品本身之外的成本。

对于中高等技术的产品,如消费电子产品、设备组件、软件等,一般选择技术和资本相对丰富、劳动力相对密集的国家供货,如中国、印度和东南亚等。

对于高端的产品,一般也只有资本和技术要素禀赋具有比较优势的发达国家能提供(涉及技术的机密性,高端产品发达国家较少于其他非发达国家生产制造)。

通过这种要素禀赋比较优势理论,可能一个产品不同的原材料和组件是来自不同的低成本区域国家,然后再统一组装生产(可能也是在组装生产成本具有比较优势的国家)。

7.1.2.3 规格/要求的优化

规格或要求的优化是指通过对物料或服务的规格和要求进行重新评估,在达到等同效能或所需效能的情况下,通过减少、降低或优化要求和标准而达到成本降低的方法。前面所提到的标准化也是规格要求优化的一种,它是通过减少差异化而提高数量杠杆降低成本的。

一般规格/要求优化有如下思路:

在对这部分规格和要求重新评估的时候,可以参照前面章节所提及的品类的《供应复杂度评估表》中的内生要求和外部制约的评估。借用表象参数和根本效用分析的思路,或者是冰川分析模型进行分析。

如图 7-10 所示,通过如下的冰川分析模型,对规格和要求的分析可以深入到 4 个层级。通过一层一层地深入分析,可以更透彻地了解这些要求和规格的作用和目的是什么,是否必需,从而找出规格优化的可能性,其带来的优化可能也不仅仅只有成本本身。

第一层，是明晰具体的规格要求，如尺寸、材质、重量、功能等；

第二层，是分析每项规格和要求的具体目的和作用；

第三层，是思考在达到同样目的和作用的前提下，在不增加供应复杂度甚至降低供应风险的情况下，规格要求是否可以往成本优化的方向调整；

第四层[1]，这些目的和作用（效用）是否必需。

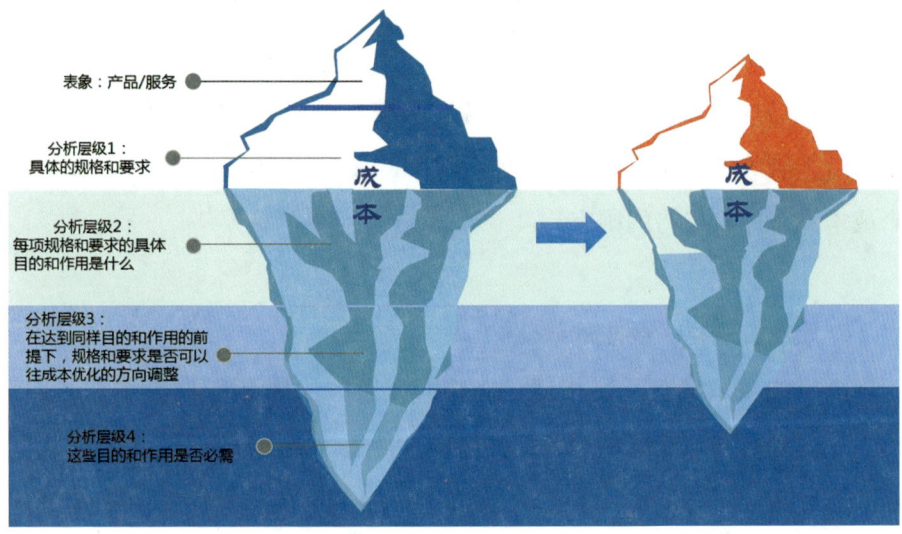

图 7-10 冰川分析模型：以成本为导向的规格与要求的分析

我们通过下面一个实际的例子，来了解规格优化的分析思路和步骤。

图 7-11-1 是药用包材某小彩盒的规格和要求的鱼骨图，按照如上的冰川分析模型：

---

1. 其实第四层已经属于革新采购的范畴了，为了连贯性，这里还是把第四层也列出来了。

第一层：具体要求和规格。该图列出 4 个主要要求和规格：尺寸要求、材质要求、外观图文、防伪监管。

第二层：列出每项规格和要求的具体目的和作用。例如：

尺寸规格目的在于：有足够的空间装下说明书、注射器和泡罩；能装入统一标准尺寸的外箱，便于运输。

材质要求的目的在于：耐受激光灼烧打码和足够的挺度过包装机和保护产品。

防伪监管：防止假冒伪劣产品；药品可追溯性的监管（药监部门强制要求）。

外观图文设计：提高对消费者的吸引力；符合药监部门监管的要求。

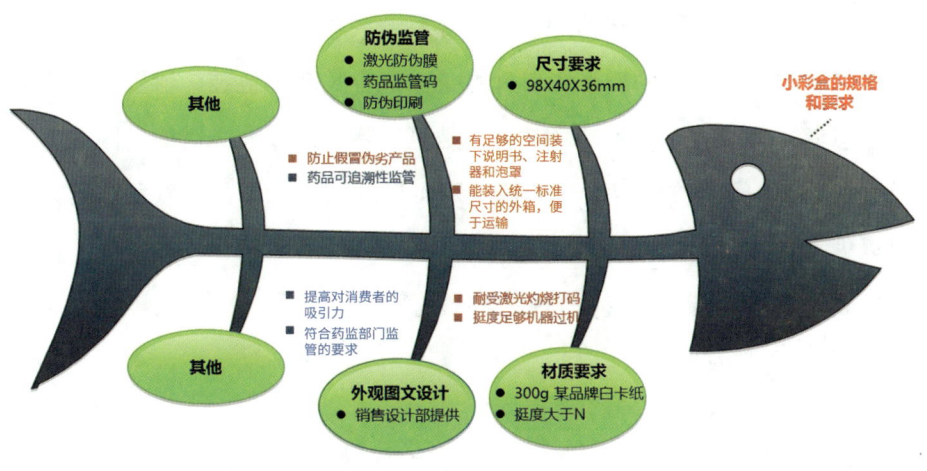

图 7-11-1 彩盒规格鱼骨分析图

第三层：在达到同效的目的和作用下，规格和要求能否往成本优化的方向调整。

尺寸要求。在满足内部空间要求和装入标准外箱要求的情况下，能否减小尺寸？这样不仅降低小彩盒本身的成本，也因为每个标准外箱能装更多的产品，而降低外箱的使用量，同时也节约了运输配送成本等。

材质要求。在满足耐受激光灼烧打码和保证足够挺度的情况下，是否可能使用更便宜的品牌，或选用克数更低的卡纸。

激光防伪膜。第一步，能否标准化，这样在起到防伪效果的同时，也节省了胶片等印刷成本。第二步，激光防伪膜和防伪印刷两种防伪手段是否重复，能否减少为一种。

第四层：某些效用是否必需。

外观图文设计中要求 6 色全彩印刷，增加色彩的鲜明度吸引消费者，提高产品档次的既视感。但实际情况是，疾控中心或医院在注射前，一般都丢掉小彩盒和其他包装物，患者甚至都没接触或看到彩盒。而疾控中心和医院看中的是产品的质量和口碑本身，很少关注外包装。所以提高消费者（患者）吸引力这个目的（效用）是可以降低的或非必需的。因此，在符合药监部门要求的前提下，6 色全彩可以改成 4 色，甚至双色，这样也可以大大降低成本。

改进后的结果，如图 7-11-2 所示。

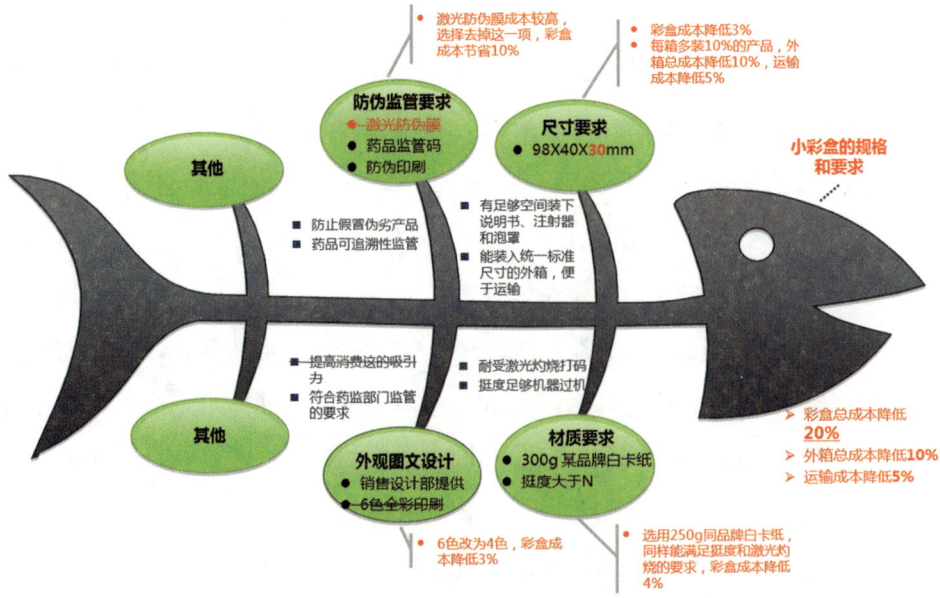

图 7-11-2 改进后彩盒规格分析图

1. 尺寸规格：在满足产品及其附件装入要求，及符合标准外箱装入尺寸的前提下，小彩盒尺寸由 98×40×36cm，更改为 98×40×30cm，彩盒成本降低 3%。

在外箱尺寸不变的情况下每箱可以多装 10% 的产品，外箱使用量减少 10% 以上，使外箱总成本亦降低 10% 以上。单位产品的运输成本降低 5%。

2. 材质要求：在同样满足耐受激光灼烧打码和挺度的前提下，经过多次试机和检测，最终选用同品牌但克数更低的白卡纸，即由 300 克改为 250 克，使小彩盒成本降低 4% 左右。

3. 防伪监管要求：去掉激光防伪膜。原先打算统一所有产品的小彩盒防伪膜，以标准化、单一版本的方法降低约 1% 的成本，但通过与市场部、质量、药监注册部相关负责人分析发现，药品监管码和防伪印刷已经能很好地起到防伪的作用，原先的激光防伪膜是最初产品包装设计时，出于对市场防伪事宜的谨慎考虑，由市场部和设计部提出的要求，但经过一段时间的市场销售后发现其属于冗余标准，可以去除。所以防伪膜去除后，小彩盒的成本直接降低10%。

4. 外观图文：印刷颜色由6色改为4色，小彩盒成本降低3%。该部分也属于冗余效用去除，属于革新采购。

综上，4个规格和要求都重新改善，部分效用也重新优化，最后彩盒总成本节约20%，附带的外箱因为数量节省15%，所以外箱总成本也降低15%，相应的运输成本降低5%以上。同时，因为部分冗余效用的去除，使小彩盒的生产和工艺程序减少，供应复杂度降低。

所以，这种成本节省方法需要采购供应人员和管理者对产品／服务有更深刻的了解并具有一定的分析能力，需要与各相关利益部门更紧密地合作，才能群策群力，达到成本优化的可持续性。

总之，如上所述的成本优化方法已经跳出单独分析成本本身，而是从更深层次的角度考虑分析产生这些成本的因素和目的，也即是根源，判断达到这些目的和作用的要求与规格是否合理，是否可以优化，从而从更深的源头考虑成本优化的问题。当然，这也需要采购人员具备更深的专业知识、更强的分析能力和组织执行能力，才能更加明智地进行成本的优化。所以我们也称之为明智采购。

但是，明智采购还是没有跳出采购标的物本身的框架，还只是延续既定的成本架构和既定的采购标的物的效用进行优化。在全面成本管理时代，单纯从采购标的物入手，往往不能真正兼顾到供应链成本最优。所以，从采购策略层面来讲，应该以更宏观的角度来考量成本的优化，更多地体现出采购的价值；从操作层面来说，要跳出原有的框架，以采购标的物为中心，或以采购标的物所要达到的目的和作用为出发点，以创新／革新的眼光和思维，纵深考虑分析成本优化的可能。这就是革新采购。

7.1.3 革新采购

在前面议价采购的章节中，介绍过总成本和总生命周期成本分析法（TCO/TCLL），产品生命周期价格趋势分析，这两种已经初步涉及从更宏观的角度控制成本，只是这两种方法还没跳出仅对物料成本架构分析本身的局限性。在明智采购的章节中，提及的标准化和规格／要求的优化，虽然更为深入地分析了采购标的物的效用，而进行优化规格和要求，但是并没有根本性、革命性地评估所有的效用是否必需，或是能否整体有机地优化。

革新采购是指以成本节省为导向，以采购标的物为中心，或以采购标的物所要达到的目的和效用为出发点，从更宏观的角度，以创新／革新的眼光和思维，纵深考虑分析全面成本优化的可能，进行有机优化成本的采购方式。这种方式以成本架构为基础，以采购标的物实际恰好适用的效用为出发点，从纵深方向突破传统采购的框架和模式，寻求引导成本优化。

7.1.3.1 效用精简分析

革新采购，就是要打破原有的思维，敢于挑战、分析所要采购的标的物需要起到什么样的作用、达到什么样的目的。在很多情况下，采购标的物的规格和要求是由研发部门、使用部门、市场销售部门等提出的，这些部门主要是基于性能、质量、销售需求等来考虑，而且大多情况下制定的标准都高于实际需要。但从成本的角度分析，成本与标准是呈指数增长的关系。在达到一定标准后，每提高一个级别的标准，其边际成本是呈指数增长的。所以标准要定到什么样的级别，还需要考虑到实际需要达到什么样的效用（作用和目的）。效用与标准级别是呈对数关系的。在达到一定标准水平后，每提高一个标准等级，其边际效能增加是呈对数递减的。

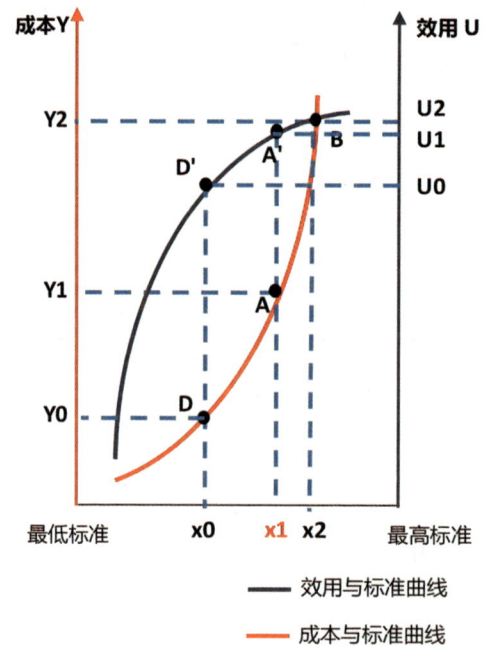

图 7-12 效用与标准，成本与标准曲线图

成本 Y 与标准等级 x 是呈指数曲线关系的：$Y(x)=b+a^x$，（$a>1$，$b>0$）；

第七章 策略的实施工具

效用 F 与标准等级 x 是呈对数曲线关系的：$U(x)=c+\log_a x$，（$a>1, c>0$）。

从价值分析的角度来看，当单位成本的边际效用 M_f 最大时，是最理想的选择，即：

$$M_f = \frac{U(x)}{Y(x)} = \frac{c+\log_a x}{b+a^x}$$

假设当标准等级处于 x0 时，成本处于 Y0 点，效能处于 U0 点，此时每单位成本的边际效用最大，即 M_f 最大，理论上是最优的选择。

但是，在实际情况下，x0 的标准等级和对应的（D'点）效用 U0 不一定能达到实际的要求，所以标准等级需要继续提高。假如效用要求大概在 U1 附近，那么标准是要提高到 x1（对应于效用 U1）呢，还是 x2（对应于效用 U2）？

对于研发部门、使用部门和销售部门等来说，更大的倾向是提高到 x2，这样能得到更大的效用（U2>U1）。从图中两条曲线可以看出，标准等级从 x1 提高到 x2，效用提高非常少（从 U1 点到 U2 点），但是成本却大幅增加（从 Y1 到 Y2）。

在很多情况下，真正需要的效用可能就是 U1（A'点），但却因为额外非必需（冗余）的效用而付出大额的成本。

所以，适用的标准才是最经济的，这也就是精简效能的目的所在。

当然，这里所提到的标准不仅是质量级别/服务水平方面的主效能，还包括每一项物品或服务的一些附属效能，比如使用者舒适度要求（如更小的包装利于操作人员使用，但更昂贵）、运输存储的要求（短期的常温存储对质量无影响，无须放在冷库）等。这些也需要考虑和评估是否必要。

如图 7-13 所示，第一步属于明智采购，通过精简冗余标准和优化参数规格降低成本，第二步属于革新采购，通过剔除一些多余的效用，即精简效用，和寻找更优的效能实现方式，从而优化规格和要求，进而降低成本和供应复杂度。

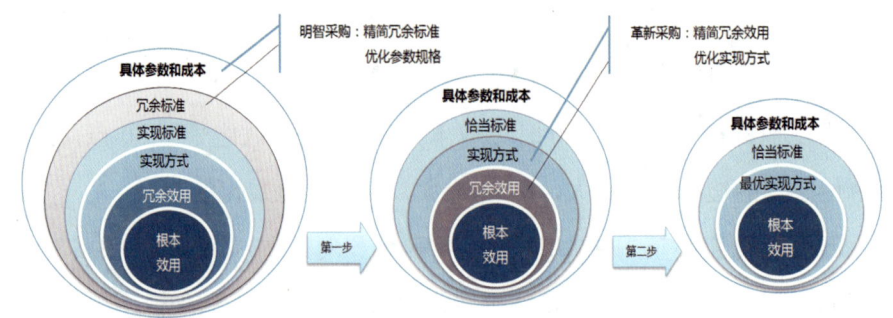

图 7-13 标准与效用的精简

在前面介绍明智采购规格要求优化的章节中，所用的冰川分析模型的第四层分析，就是属于效用（作用与目的）精简的分析。其对应于小彩盒鱼骨图中去掉的"提高消费者吸引力"，即是效用精简的例子。

精简效用需要对客户的真正需求或产品定位比较了解，或者需要比较强的技术和质量分析能力等，单靠采购部门是难以完成的，所以需要各相关部门相关人员组成成本控制小组并鼎力支持。但是，很多时候，各部门从自身的立场出发，不愿对他们所制定的标准和要求进行让步，项目往往很难推进。这种时候就需要管理层从策略层面给予说明和指导，自上而下地进行推进。

革新带来的成本降低往往是相当可观的，是颠覆性的。采购人员所起到的作用是发现、可行性分析、协调整合和推动，革新的思路或方案不仅来源于公司内部技术部门，很多时候也可以来自供应商。因为一般供应商对他们自身的产品或系统是最专业的，随着他们自身技术的发展，可以根据买方的动态需求，一起推动技术革新，大幅度降低成本，提高市场竞争力。

如下的案例是一个真实的案例（基于商业秘密的考虑，数据经过等比例加工），该案例中的品类通过两年的持续成本优化计划，其一步步地深入，从议价采购到明智采购，再到革新采购，获得了持续的、巨大的成本减低。

背景：某生物制药企业某一产品的包装中需要用到一种包装中盒，每个中盒可以放入 10 个装有疫苗产品的小彩盒。该中盒的作用，一是是为了运输途中防止小彩盒装入外箱时过于松散，二是为了疾控中心或医院医务人员小批量存储和使用时易于传递和取用，三是这种包装形式给最终消费者（患者）一种比较高档、正规的感觉。

产品上市两年后，销售量的急剧增加使中盒的需求量也快速上升，所以采购供应管理小组开始进行新一轮的三方竞价，并通过成本管理小组，分析成本持续降低的可能性。具体数据参考表 7-1 所示。

第一期，议价采购。因为该包材要求比较简单，材质、尺寸、工艺等比较明确且易于控制，因此引入电子竞标的方式，进行第一轮的价格筛选。

通过成本架构分析（原材料成本、设备人工成本、损耗率、需求增长影响等），与价格最低的两家进行价格谈判。

经过两个星期的工作，最终选取最优一家，价格比原先降低了 11.06%。如表 7-1 "议价采购"部分数据所示。

第二期，明智采购。通过议价采购后，该物料的成本架构和价格比较透明，很难再通过议价采购的单纯成本议价的方式降低成本。为了进一步降低成本，必须从明智采购的角度来思考成本控制的可能性。

通过分析，该中盒挺度的要求（即厚度）标准高于实际需要，可以适当降低厚度，即去掉冗余标准。

考虑更换材质，但由于药包材管理严格，无法找到性价比更优的材质，故放弃。

在新样品通过检验的前提下，最终通过降低厚度，价格比第一期议价后的价格低 23% 以上，成本减少幅度明显大于议价采购。

第三期，革新采购。实行议价采购和明智采购后，该物料满足了所定义效用的最精简标准及其规格要求，且在该成本架构下，价格也基本实现最优，其价格相比于初始价格降低了 35% 以上。一般采购供应管理者或成本管理者，到这一步基本就停止挖掘成本优化的可能了。但如果通过革新采购的思维方法呢？

当前中盒的效用。该中盒的效用一是在于防止运输途中装入外箱的小彩盒过于松散，二是为了医务人员小批量存储和使用时易于传递和取用，三是这种包装形式给最终消费者（患者）一种比较高档、正规的感觉。

根本效用分析。通过与市场一线销售人员、疫苗接种医务人员的深入访谈，通过部分患者现场采访问卷，及身边亲朋好友的多方了解，上面提到的第三条效用，即"中盒给最终消费者（患者）一种比较高档、正规的感觉"，并没有起到其作用。因为医务人员在给患者注射接种前，已经把中盒拆掉并丢弃，患者（消费者）在接种时护士会给患者看下小彩盒的文字说明，但患者基本看不到中盒这个包装，也就不会产生所谓的高档感觉。

效用精简。所以，中盒所要实现的根本效用只有两条：一是包装运输防止松散的效用，二是医务相关人员存储传递的方便性效用。至于第三条消费者高档既视感的效用是冗余效用，可以去除。

第七章 策略的实施工具

根本效用的实现方式。那么实现上述两条根本效用的方式是不是只有 PET 中盒才能实现？包装生产部的一个工程师便建议，如果只是实现这两种效用的话，用热收缩膜包装即可，只要在包装线增加一个塑封设备模块即可。热收缩膜价格远远低于 PET 中盒。

更换成本的核算。增加一台与包装流水线配套的塑封设备需要 30 多万元人民币，每卷热收缩膜可以代替中盒包装很多小彩盒，平均下来成本非常低，大概每 10 个小彩盒用到的热收缩膜成本为 0.078 元，即 0.078 元就可以实现原先一个中盒的效用。

试机验证。因为疫苗的常规存储温度为 2℃±5℃，生产车间温度一直处于严格的控温状态，如果通过热塑封机，是否会因为短时间内温度的升高而影响疫苗的品质。因此，通过内置温度探头监测，多次调试机器的温度、过机速度，并测试不同热收缩率、材质厚度、韧度的热收缩膜，终于挑选到一款最合适的、对产品温度影响小、对品质无影响的热收缩膜及其配套使用方案。

项目完成并执行。在测试和验证通过后，中盒取消采购，开始使用热收缩膜，其成本相当于中盒第二次优化价格的 4% 不到。即便加上额外设备的 33 万成本，其成本降低也是颠覆性的、革命性的，单位成本从 2.8 元左右将为 0.078 元。

表 7-1 中盒成本递进优化项目

	品名	数量	初始价格	采购额	成本节省	
	PET M-box 1	840,066	2.830	2,377,386.78		
	PET M-box 2	639,271	2.810	1,796,351.51		
	PET M-box 3	877,806	2.970	2,607,083.82		
				6,780,822.11		
议价采购	招标竞价、成本架构分析谈判		第一次优化价格	采购额1	基于初始价格的成本节省	
			2.560	2,150,568.96	226,817.82	9.54%
			2.500	1,598,177.50	198,174.01	11.03%
			2.600	2,282,295.60	324,788.22	12.46%
				6,031,042.06	749,780.05	11.06%
明智采购	优化规格、精简标准、成本架构分析谈判		第二次优化价格	采购额2	基于第一次优化价格的成本	
			1.960	1,646,529.36	504,039.60	23.44%
			1.920	1,227,400.32	370,777.18	23.20%
			2.000	1,755,612.00	526,683.60	23.08%
				4,629,541.68	1,401,500.38	23.24%
革新采购	精简效用、工艺改进		第三次优化价格	采购额2	基于第二次优化价格的成本	
			0.078	65,525.15	1,581,004.21	96.02%
			0.078	49,863.14	1,177,537.18	95.94%
			0.078	68,468.87	1,687,143.13	96.10%
				183,857.15	4,445,684.53	96.03%
			附加设备成本	330,000.00	4,115,684.53	88.90%

所以，从上面可以看出，这虽然是一个很简单的案例，但却很清晰地向我们展示了：议价采购只是基于现有标准和成本架构的成本优化；明智采购可以更深入地挑战现有标准，通过精简标准，优化标准而进行成本优化；而革新采购的效用精简分析，是从根本上反思物料需求的本质需求是什么，从而通过减少冗余效用，改变或优化实现方式，进行颠覆式、革命性的成本优化。其优化的力度也是逐级递进大幅增加的，如图 7-14 所示。

当然，其执行难度也是逐级大幅递增的。第一期的议价采购用时两个星期完成。一般只需要采购供应人员就可以完成。第二期明智采购用时 6 个星期，需要采购供应人员、包装线工程师、质量部人员、市场部、供应商等共同协商分析完成。第三期革新采购从提出思路到最终完成并正式实施,用时6个月,其涉及的部门和人员有采购供应部、生产包装部、质量部、设备部、市场销售部门、相关医务人员、消费者、供应商,当然还有最重要的企业高层。从第二期开始,特别是第三期的革新采购,没有企业高层的支持和自上而下的推动,单纯采购供应部门或成本管理小组是很难推动的。

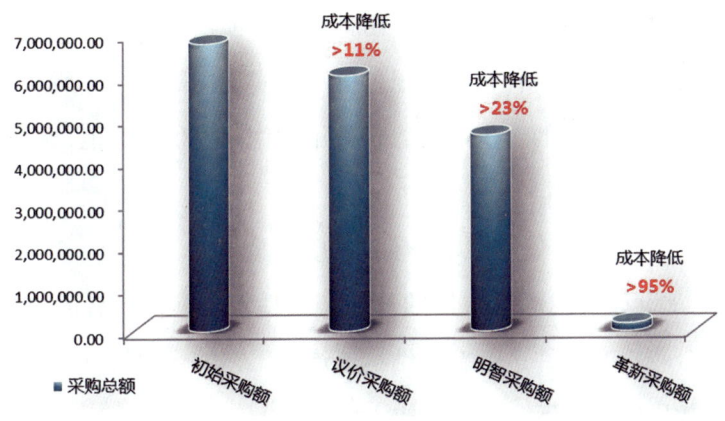

图7-14 成本优化递进柱状图

但是,难度越大,收获也越大。当某一天,产品销售量的大幅增长而带动热缩膜需求量的大幅增加时,或许又可以开始以议价采购为第一期的成本优化递进项目了。这就是成本优化的良性和可持续性循环。

7.1.3.2 组合效用优化分析

上面提到的效用精简是针对单种采购标的物本身,是成本优化更深入地挖掘。但单纯一种标的物(如物料、组件)有时在效用分析时会有一定局限性,特别需要与其他物料/组件组合才能明显判断其模块效用的时候,很难单一进行优化，往往牵一发而动全身难以进行。所以要把这个效用模块的所有物料/组件，即效用单元，列出来进行统一的整合和思考，也即是对成本优化在深度的基础上再进行更广度的挖掘。

很多时候，一个效用模块中所涉及的物料、组件往往分属于不同的设计人员、需求人员和采购人员，所以很难整体有机地优化；或者是由于产品研发阶段时的技术局限性，在实现同等效用的时候物料/组件组合效用并非最优；抑或是由若干种物料/组件组合才能实现的效用，随着科技的进步，以更少种甚至单种物料/组件就可以实现同等效用。所以，管理水平的提高和科学技术的进步，为组合效用的优化提供了可能，增加了成本优化的机会。

一般而言，组合效用的优化有如下几个方向：

1. 重新设计实现同等效用的物料/组件组合。对现有的物料/组件或更替部分物料/组件进行新的结构或流程工艺的优化排列组合设计，在实现同等效用的情况下，使单位成本更低。

2. 组合效用实现方式的优化。如通过其他方式实现同等效用；依托新技术新产品，使更少甚至单一物料/组件即可实现所有效用，如电路集成化、芯片化等。

3. 组合效用的精简。通过评估分析，去掉冗余效用，如冗余组件，或组件中的冗余效用（即单个效用单元的效用精简）。

7.1.3.3 组合效用的设计优化

如图 7-15 所示，是一个过滤组合模块，其组合效用是：使气体或流体过滤效率达到 99% 以上。

1. 原先的组合效用设计

第一层过滤是由 4 个中效滤芯组成，第二层过滤是由 1 个高效滤芯组成，最终达到的过滤效率是 99% 以上。当初工程师这样设计的目的是想用最短的过滤行程达到最优的过滤效果，是以工业设计的效率性和有效性为导向。而采购供应人员最多只能从该设计模块中，按所选定的滤芯标准考虑品牌型号、性价比等因素进而控制成本。

2. 优化后的组合效用设计

经过充分的评估分析，原先设计的短过滤行程并没有太大实际意义，出于成本的考虑，在达到同样组合效用，即最终过滤效率达到 99% 的情况下，可以增加一层过滤层。通过重新设计组合滤芯过滤效率和使用节点，改进后，第一层过滤由 4 个初效滤芯组成，第二层由 2 个中效滤芯组成，第三层由 1 个高效滤芯组成。其测试后过滤效率完全符合要求。

3. 成本分析

每个初效滤芯的价格为 30 €，每个中效滤芯的价格为 100 €，每个高效滤芯的价格为 300 €，其他耗材成本变动较小，可忽略不计。

原先设计的每个效用组合的滤芯成本：

4（中效滤芯）×100 € +1（高效滤芯）×300 € = 700 €

优化设计后每个效用组合的滤芯成本：

4（初效滤芯）×30 € +2（中效滤芯）×100 € +1（高效滤芯）×300 € =620 €

所以，在实现同等组合效用的情况下，成本降低 11.4%。

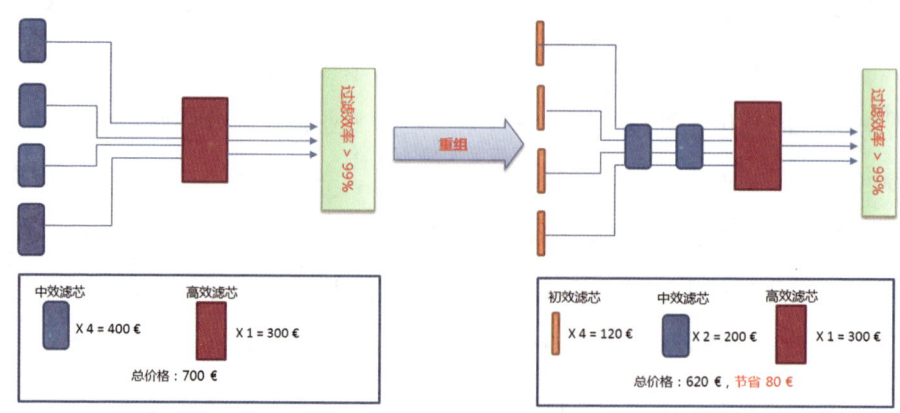

图 7-15 组合效用的设计优化

7.1.3.4 组合效用实现方式的优化

在效用精简一节中,提到过效能实现方式不同,其对应的标准和成本也会有所差异。在组合效用中,亦是如此。

在平常的生活中这样的例子非常多,如到达目的地是效用(暂不考虑时间等其他因素),那么搭飞机、乘坐高铁或长途大巴都是不同的实现方式。但最终到达目的地这个效用是一样的,即殊途同归。类似地,点火的方式可以是钻木取火,也可以是打火机直接点燃,其根本效用是点着火,但实现的方式也是不同的。

包括在本章第一节效用精简分析中提到的例子,中盒包装的形态完全改变成塑封设备加热收缩膜的塑封包装形态,在去除冗余效用的基础上,其根本效用的实现方式已经有了改变。

除了这种专业的分析和挖掘能力,随着技术的进步,也经常可以找到这样的机会。

如图 7-16 所示,随着技术的进步,通过电路板集成芯片化,降低

80% 以上的成本，同时也大大降低了供应复杂度。当然，前期的开发和设计的时间成本和更换成本必需考量，很多时候这种比较依赖于基础研究。所以，社会总体技术水平的发展将会带来新的成本优化的机会。

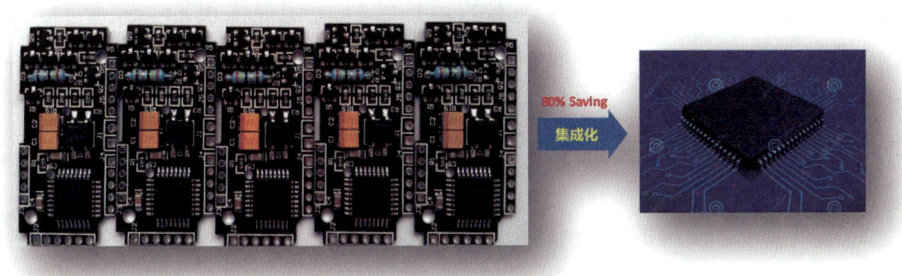

图 7-16 电路板集成芯片化

7.1.3.5 组合效用的精简

组合效用的精简跟前面提到的效用精简类似，只是效用单元增加而已。组合效用的精简有两个方面：

1. 效用组合中是否有冗余物料/组件，能否减少冗余物料/组件；

2. 每个效用单元是否有冗余，是否可以整体或部分降低冗余。即基于单效用精简的组合物料/组件效用的有机优化。

这两种方式在可行的情况下，也可以同时采用。

总之，组合效用的优化是在原先深度的基础上在广度上的延伸，可以是一个简单的组合效用，也可以是由几个简单组合效用组成的更大的组合效用，甚至可以是如整条生产线这种大的整体效用。其优化抑或是革新，很大程度上依赖于技术的进步或管理水平的提高，以及成本优化小组的敏锐洞察力和执行力，是内外系统性的、各功能部门协调合作的项目。所以采购管理层或成本决策管理层可以通过组建成本管理小组，设立激励机制，鼓励采购人员多向有价值的供应商沟通学习，鼓励内部技术和研发部门跟踪科学技术发展的前沿，鼓励一线使用者挖掘更具性价比的机会（单位效用成本更低），鼓励市场销售人员深入了解客户真正的需求及需求的变化，为成本的可持续性优化提供可能。虽然有一定的难度，但带来的成本降低往往也非常可观，更重要的是，也促进了技术的变革，增强了企业的竞争力。

7.1.3.6. 使用的分析（物尽其用）

效用，只有在使用的过程中才能发挥出来，如果企业不运营、设备不运行、物料不使用，那么所有的这些设备物料的效用都是零。只有这些设备物料都得到使用，才能发挥其应有的效用。因此也可以引申出，采购品类的使用状态，也影响着效用的发挥，在合理的范围内，使用越充分，效用发挥就越多，单位成本产生的效用就越高，即单位效用的成本也就越低。就如经常提到的规模经济效应中成本的降低很多时候就是来源于效用的充分发挥，如机器的满负荷运转、工人的高效满时工作等，都是这个道理。因此，我们可以把这种思路延伸到其他的品类，通过对使用的分析，使效用充分发挥，物尽其用，降低成本。

一般而言，设备、物料或消耗品等的使用已经不属于常规的采购职能范畴，但其仍可归于成本管理的范围，因为如何使用往往也会对成本造成很大的影响。

在一些比较小的企业，经常会听到企业主对文员强调：这些内部传阅的非关键资料，打印时字体调小一点，双面打印，黑白的就可以了。这其实就是使用和消耗分析方法中一个最简单直接的例子。通过调小字体和双面打印,在达到同等传阅目的的情况下(同等效用[1]),纸张的消耗减少50%以上。而黑白打印又可以大大减少价格较贵的彩色墨盒的消耗。虽然很多时候,文员小妹会小声嘀咕老板的抠门,但其实这种理念用在生产物料、耗材、设备等的使用管理上,往往可以取得很好的成本降低的效果。特别是对于一些新项目或高科技生产企业,其优化空间可能更大。

当然,使用(如消耗方式)的改变不是简单的理所当然地认为多用几次,用久一些就可以降低成本,因为还要保证产品的质量、可靠性和销售等。所以这就需要进行系统的分析和验证。

很多时候,供应商为了增加产品的销售量和收入,总会想办法让客户更多、更快地购买使用他们的产品。比如,增加设备的维护和备件更换的频次,夸大没按照其要求进行保养的危害等。等过了几年后,又夸大机器使用寿命过长对产品稳定性的影响,进而建议更换升级机器。同样对于耗材类,也是想办法说服客户使用更多,加快更换[2]。对于一些高科技或高附加值企业,因为企业对产品要求质量高、利润比较可观、项目比较新,经验和了解不足,很容易就听信供应商的建议和方案。同时,企业内部技术质量或使用人员,基于自己工作岗位的狭隘立场,也常常迎合供应商的方案,以规避责任。这就导致了设备、物料耗材的使用效率处于比较低的水平。所以建立成本优化管理小组,执行成本优化奖励制度是非常必要的。

---

1. 虽然一些附属效用如阅读的舒服度、文件的正式感会变弱,但因属于内部非正式关键资料,可以忽视其影响。
2. 这里对供应商销售行为的描述并无主观褒贬之意,而是基于买卖双方各自立场的交易策略和行为进行描述。从经济学和博弈学的假设前提来看,个体的行为是以自身利益最大化为目的的。所以立场不同,一方看待对方行为方式的主观评判也可能存在偏差。

特别是对于一线操作和管理岗位，他们对每天都在进行的工作非常了解，所以建议和操作执行也往往比较快速有效。

一般来讲，使用的分析可以从如下几个模块入手（请参考下面使用率分析模型）。

1. 单位时间的使用效率

提升单位时间的效用。在合理的情况下，适当提高运行功率、负荷或使用频次，使单位时间的产能或效用增加。

减少空闲时间。如优化生产计划，减少机器设备空闲状态，或安排好实验检测进度，减少仪器工具等的闲置时间。

2. 增加使用次数

通过质量分析和专业检测手段，在保证效用满足要求的情况下，增加使用次数或时限，达到物尽其用。

3. 提高产品良率

产品良率的提高意味着在同等生产成本的情况下，获取的效益越多，即单位成本产生的整体效用越大。参考的提高良率的方法有 5Why 分析法、6 个西格玛等。但如果产品良率的提高需要大量的额外成本，如新设备、新技术引进等，则需要考虑投入产出比。

4. 降级使用、回收利用优化分析（压榨剩余效用）

很多物件/耗材使用一段时间后无法满足其原先工序设定的最低效用要求，但其剩余效用有可能仍可以满足于其他要求。用生活中一些常见的例子，干净的自来水用来洗菜淘米，这些洗菜淘米水可以用来冲洗厕所，电动玩具车的电池电力不足以驱动车时，剩余电力仍可用于电子石英钟等。

同样，在企业生产中，高级别区域使用后物件/耗材剩余效用仍可以满足低级别区域的效用要求,仍可以发挥其剩余效用。如某些高级别区域使用后的空气滤芯,仍能满足低级别区域的过滤要求。

回收利用是变废为宝,可以通过自身回收或第三方回收利用,其发挥的效用往往是产品原先所设计的效用之外的。

5. 优化使用的方式

正确的使用方式可以提高使用寿命或减少浪费,发挥更多效用。

6. 减少损耗

不当的操作、不够合理的使用设计等都会增加物品的损耗。

7. 减少使用量

通过合理的流程和工艺设计或通过新技术,减少使用量。以更少的物料/耗材,产生同等或更多的效用。

如改进调节某个润滑油系统,使设备对润滑油的消耗量减少,如通过流体管路的优化设计,在实现流体传送效用需求的情况下,使流体管路更短,管路的消耗量更少等。

8. 人工使用效率

人工使用效率不仅反映在人工成本本身,可能还会影响到服务水平、生产的效率,产品的良率等效用。人工效率的合理提高不仅提高单位人工成本的效用,还可以更好地发挥其他所有生产资料的效用。因此,人工效率的提高可以从三方面考虑:一是人员和时间的安排是否合理;二是工作负荷是否合理;三是提高服务人员工作效率。

图 7-17 是使用率分析模型,每个效能组合物料都可以通过如下几个方面综合分析该组合物料的使用率是否有优化的可能。最外面一圈蓝色的外框表示达到完美的使用率,即 100% 的理想化使用率。每个分析模块都

对应其模块的实际使用率及可能优化的空间,每个企业可根据实际需要设定其需要的使用率分析模块,图 7-17 共有 8 个分析模块。这些具体的量化数据可以根据实际情况和目标值或所知的最理想值来设定,从而分析寻找达到目标使用率的可能性。

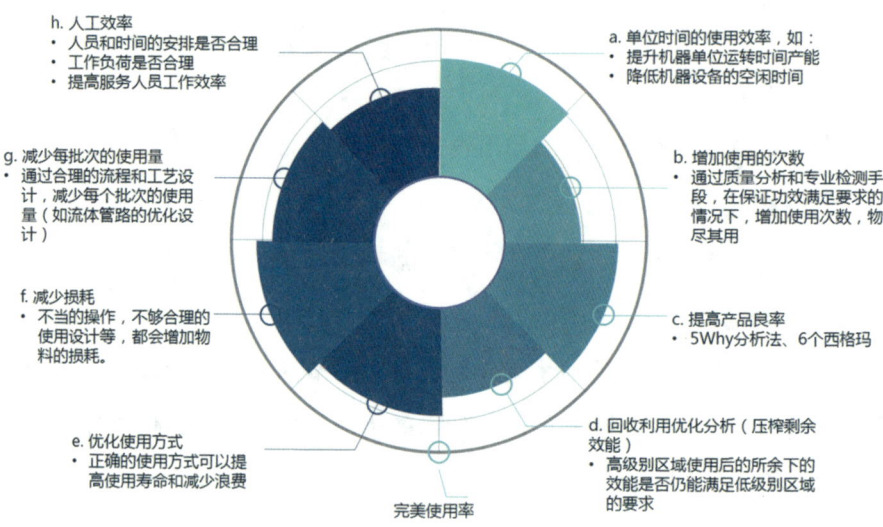

图 7-17 SIM 使用率分析模型

假设某品类或品类组合的使用率(即效用价值实现度)为 U,其涉及的使用分析模块 a,模块 b,……模块 n 的使用率为:Ua,Ub,……Un,那么,总使用率 Ut(总效用实现度):

Ut = αUa + βUb + …… + ηUn,α,β,……η 为各使用率模块的影响系数。

每个品类或品类组合的使用率模块可以根据企业自身情况设定,可能包含以上 8 种使用率分析模块中的若干种或全部,或是其他的(根据实际情况自行增减）。其影响系数可以根据其影响权重设定，比如对某种消耗品，其使用方式对总使用率的影响很大，可能占 60% 以上，则该使用率分析模块系数可能设为 0.6，依此类推。系数的界定不一定要非常精准，可以参考供应复杂度和业务吸引度的评估量化表，旨在对总使用率的测定、优化和控制管理，以期达到效用最大化发挥。

在进行使用率分析时，大多很难将单独的品类拿出来分析，更多的是需要与其相配套的产生一定效用的品类组合（如上面提到的组合效用）一起分析，甚至需要通过总成本分析或全生命周期成本分析（TCO、TLCC）的思路进行整体使用率的分析，才能寻找到改善优化的可能。按主流类别划分，使用率的提高可以从如下方面来考虑。

1. 机器设备固定资产及其维护、备件类：产能的优化、维护保养的成本与增加使用年限的收益

产能的优化。合理地安排生产计划，在生产排期较满的情况下，合理提高机器设备的负荷运转率（使用率）。单位时间产能提高，每单位产品固定成本就相应地降低。即使用率分析模型中的模块 a、模块 e 和模块 h。

维护保养的合理性。开车的人都知道，很多 4S 店或汽修店都建议轿车每 3000 公里到 5000 公里更换机油（全合成机油级别），每到一定公里数更换消耗性配件（如刹车片等）。但其实根据大多数的用车环境和机油质量，更换机油的公里数一般可以是 7500 公里到 15000 公里。如果按照 4S 店或汽配的建议，单纯机油维护的成本就增加 1 倍到 2 倍，更何况还有其他更贵的汽配维保费用。对于企业机器设备等固定资产类的维护也是如此，对于一些高科技企业或新项目，由于可借鉴的信息不足，很容易就跟着供应商的建议和方案，过度维护。所以成本管理人员应该多收集信息，咨询专家，避免因信息不对称而造成浪费。其可参考使用率分析模型中的

分析模块 b、模块 g 等。

2. 物料／组件类（用于产品上的）

物料损耗的优化，产品良率的提高。产品良率的提高是企业最重视的问题之一，一般会调用主力资源解决。所以采购和成本管理人员更要关注物料损耗的问题。比如不当的操作、不够合理的使用设计等，都会增加物料的损耗。特别是消耗数量相对较小的辅料、间接物料类，更容易受到忽视而出现损耗过高的问题。其分析可参考使用率分析模型中的模块 c、模块 d 和模块 g。

3. 耗材类

增加使用次数、减少使用量、压榨剩余效用。对应使用率分析模型中的模块 b、模块 d、模块 f、模块 g。

耗材类物料一般是在生产过程中消耗掉的非产品组成部分的物料。所以一般来讲，使用的批次（或产品数量）越多，或每批次消耗得更少，那么其在单位产品中所产生的成本就越低。但前提是，其效能必须满足要求。如果因为使用多次造成效能不能满足要求，那么造成的损失往往更大。

上面已经提过，供应商为了多卖产品，很多时候都会有意无意地引导买方降低耗材的使用率，或缩短使用寿命，使之不能物尽其用。所以对于比较关键、用量较大的耗材，最好通过专业的技术检测和质量分析，评判其真实的使用寿命。

如下例子：

某企业 A 级车间专用空气滤芯，根据供应商提供的测试，在特定的空气流量下，可以使用于 10 个批次的生产，每个生产批次是 12 小时。但在供应商技术专家的建议下，因为买方所生产产品对质量要求比较高，最好保持最够的冗余量，所以每使用 5 个批次就更换，而每个批次至少要同时用到 100 个这种高级别滤芯，即可理解为平均每批次消耗 20 个该种滤芯。

后面在成本小组的建议下，通过对比供应商滤芯的报告中的测试环境和车间的实际环境，决定在使用 5 个批次后进行完整性测试。测试结果非常好，所以又在继续使用第六个批次、第七个批次和第八个批次后进行测试。直到使用 8 个批次后，过滤指标才有轻微下降。经过几轮测试后，指标很接近，所以决定用 8 个批次后才更换，即每个滤芯的使用次数由 5 次上升为 8 次。如此平均下来，相当于每批消耗 12.5 个，成本降低 37.5%（即使用率分析模型中的分析模块 b：增加使用次数）。

受到这个启发，生产部经理建议：在 C 级区域也有用到空气滤芯，平均每批会用到 15 个初效滤芯。A 级区这些高级滤芯使用 8 次后，指标还非常好，是否可以直接用于 C 级区，这样原先的初效滤芯每批平均只需购买 3 个，其他 12 个用 A 区更换下来的高效滤芯替代。于是，通过评估，确实可行，省下了 C 级区大部分的初效滤芯。该区域原滤芯消耗量减少了 80%，即成本节省了 80%（即使用率分析模型中的分析模块 d：降级使用／回收利用分析，压榨剩余效能）。

表 7-2 某高效空气滤芯使用优化方案

A级车间	单价	批次	平均每批消耗数量	金额	备注
优化前	1,008.00	120	20	2,419,200.00	5批后更换
优化后	1,008.00	120	12.5	1,512,000.00	8批后更换
			节省：	907,200.00	37.50%

C级车间	单价	批次	平均每批消耗数量	金额	备注
优化前	200.00	120	15	360,000.00	10批后更换
优化后	200.00	120	3	72,000.00	12个使用高级滤芯
			节省：	288,000.00	80.00%
			总节省：	1,195,200.00	43.01%

使用方式优化：合理化使用方式，延长使用寿命。对应使用率分析模型中的模块 e。使用方式不当，往往会缩短耗材的使用寿命，或造成不必要的浪费。

例子：某 AB 级车间需要用到预充气钢罐装消毒剂。因为消毒剂是利用罐内的压缩气体，把消毒液雾化喷洒出来，所以正确的使用方式是直立按压喷嘴。但员工在使用过程中，有些时候没有按规范要求操作，比如在罐体倒立或横向时按压喷嘴，造成消毒液无法随压缩气体喷出，使罐内气压降低过快。所以很多消毒剂在罐体还剩 20% ～ 30% 的消毒液时，罐内气压已经不足，无法喷出消毒液，造成浪费。通过加强使用者的培训和监督后，这种浪费降低到 5% 以下，相当于降低成本 15% ～ 25%。

当然，对于这个例子，还可以将使用方式优化与减少损耗（使用率分析模块 f）和优化每批次使用量（使用率分析模块 g）结合起来。比如通过质量部人员优化设计，喷嘴对着需要消毒的标的物，在距离 15 ～ 20cm 时，只需要按 10cm/ 秒的速度匀速移动喷洒一遍即可达到所要求的灭菌效率，无须来回多次喷用，这样，在符合灭菌指标的前提下，每瓶可以喷用的面积增加一倍左右，即消耗量减少一半，成本降低 50%。同样，最后用完的钢罐还可以回收利用，等等（使用率分析模块 d）。

所以对于一个品类或多个品类的功能组合，其使用率的优化可以是多方面的，只要认真深入地研究，总会发现改善点。

4. 服务类

服务类主要针对服务水平的要求是否合理、服务人员的效率及相应工时所需完成的任务等，其对应使用率分析模型中的模块 h。

使用率的分析在于发现其不合理或不够性价比的使用方式，与效用精简或组合效用优化分析中冗余效用精减的手段不同，使用率分析目的在于杜绝效用浪费，更好地将效用（抑或是精简后的效用）发挥出最高价值。

因此，一个是外在冗余的去除，另一个是内在效用价值的充分发挥，但其目标都是使单位成本的价值产出最优。

同时，在使用分析的过程中，也可能发现某些设计、工艺或是技术上的缺陷，从而促进其改善，而改善带来的不仅是使用率的提高，还有因单位成本效用的增加而进一步提高的单位成本的效用价值。

7.1.3.7．工艺技术革新

工艺的革新可以说是革新采购中的革新采购。前面提到的效能分析都只是在现有工艺、设备的框架内进行，而工艺的革新是跳出现有的工艺设备框架，跳出现有的技术框架或代数，而进行颠覆性的变革。就像在钻木取火的时代，研究怎样用更好的引火木料（物料）、如何用更有效的摩擦频率和搓手姿势（工艺），是更快、更有效地取火的关键。但在有了打火机的时代，这种技术革新完全颠覆了原先钻木取火的绝大多数技巧，并使取火这个目的效用可以更快、更有效地实现。当然，很多时候，这种革新依赖于社会总体技术水平的发展和应用，如新的设备、新的工艺等。很多时候进行工艺和设备的更新也需要考虑转换的成本，有些后进的企业可以快速地赶超运营时间长甚至具有一定底蕴的老企业，其部分原因就在于后进企业可以轻装上阵，没有转换成本直接用最新、最优的工艺设备。当然后进企业赶超老企业的因素涉及方方面面，成本只是部分关键因素，这里就不做详细讨论。

7.1.3.8 财务金融

通过财务或金融的手段降低成本是很常见的操作方式，比如延长账期或通过期货市场的套期保值稳定成本等。这些财务金融的手法虽然是基于具体的单品类物料本身实现，但更多的是居于企业全局运营成本考虑，比如现金流、融资成本、产品价格稳定性等,所以把它归类于革新采购。

1. 账期(资金杠杆)

对于一些比较大型的品牌企业,在面对多数供应商时,因其业务对供应商吸引度高,所以很多是免预付款,采用3个月甚至6个月以上的付款账期,使其物料采购占用的资金成本大大降低,小资金可以撬动大资金,具有资金杠杆的作用。特别是对于一些快消品行业,如电子、食品等消费品,销售回款快,很多是收到客户的销售回款后才开始付给供应商货款,其现金流非常充裕,资金成本很低,甚至可以达到负数。比如,收到销售款后,离付给供应商的货款的时间还有1个月,就可以做短期稳健理财获得收益,这部分的物料采购占用资金成本为负数,即可以利用这部分资金盈利。如果现金流留存的金额和时间非常稳定,资金某一时间段进出后总有一部分资金稳定留存,即资金池,甚至可以做长期的投资,如很多第三方支付平台即是如此。

所以处于产业链垄断节点的企业,其业务往往具有较强的供应商吸引度,可以通过资金杠杆的方式大幅降低采购成本,其所采购的品类大多处于采购策略立方模型中的空间2(高供应商吸引度,低供应复杂度,低采购额)、空间4(高供应商吸引度,高供应复杂度,低采购额)、空间6(高供应商吸引度,低供应复杂度,高采购额)、空间8(高供应商吸引度,高供应复杂度,高采购额)这些具有高供应商吸引度的空间。同样对于产业链中的非关键节点,或非知名的中小企业,即便其所采购的品类处于立方模型中高供应商吸引度的空间类,因为其信用度和企业资产实力的限制,也不一定能够获得较好的账期。所以有些从大型外资企业空降到中小民营企业的采购供应管理者,很难从供应商谈判中获得良好的账期。

当然，有些供应商也愿意通过调高价格的方式提供一定的账期，如 1 个月的账期价格上浮 1%，2 个月价格上浮 2% 等。这就看采购企业财务现金流方面的考量，对于现金流紧张的企业这种方式大多也能接受，虽然采购单价提高了，但却可能大大减少企业现金流断裂带来的巨大风险。所以成本管理者除了考量采购成本外，还需考虑公司运营的全面成本，站在战略的高度处理问题。

2. 套期保值

对于原材料是大宗货物或石油能源类的企业，为防止价格波动过大对产品成本的影响，也会采取套期保值的方式稳定成本。套期保值（hedging），俗称"海琴"，又称对冲贸易，是指交易人在买进（或卖出）实际货物的同时，在期货交易所卖出（或买进）同等数量的期货交易合同作为保值。它是一种为避免或减少价格发生不利变动的损失，而以期货交易临时替代实物交易的一种行为[1]。

套期保值的基本特征：在现货市场和期货市场对同一种类的商品同时进行数量相等但方向相反的买卖活动，即在买进或卖出实货的同时，在期货市场上卖出或买进同等数量的期货，经过一段时间，当价格变动使现货买卖上出现盈亏时，可由期货交易上的亏盈得到抵消或弥补。从而在"现"与"期"之间、近期和远期之间建立一种对冲机制，以使价格风险降低到最低限度。例如，年初时某粮食收购企业与农民签订了当年收割时收购玉米 10000 吨的合同，年中时，该企业担心到收割时玉米价格会下跌，于是决定将售价锁定在 1000 元 / 吨，因此，在期货市场上

---

1. 申艳玲. 国际贸易理论与实务. 清华大学出版社，2008.

以 1000 元/吨的价格卖出 1000 手合约进行套期保值。到收割时，玉米价格果然下跌到 900 元/吨，该企业以此价格将现货玉米出售给饲料厂。同时，期货价格也同样下跌，跌至 900 元/吨，该企业就以此价格买回 1000 手期货合约，来对冲平仓，该企业在期货市场赚取的 100 元/吨正好用来抵补现货市场上少收取的部分。这样，他们通过套期保值回避了不利价格变动的风险。

套期保值的目的在于稳定采购物料的成本，在回避对己不利的价格风险的同时，也放弃了因价格变动可能出现的对己有利的机会，同时，还会产生一定的交易成本。

总之，革新采购带来的成本优化往往是颠覆性的，在产品设计阶段和品类开始寻源阶段时，撇开当时的技术限制因素，如果具有革新采购及明智采购思维的采购管理人员，能够早期介入产品的设计，在第一次就做对的话（RIFT, Right in the First Time），那么，相当于一开始就在节约成本，其成本的控制是相当可观的。当然这个时候这些具有明智采购和革新采购思维的管理者，其业绩也不一定能够展示出来，因为一开始就已经优化节省了大笔的成本，已经防患于未然了，如扁鹊的长兄一般，未有形而除之，故名不出于家[1]。

---

1. 出自司马迁《史记》的传记。魏文王问扁鹊：你家兄弟三个，谁的医道最高？扁鹊答："长兄病视神，未有形而除之，故名不出于家。仲兄治病，其在毫毛，故名不出于闾。若扁鹊者，镵血脉，投毒药，副肌肤，故名闻于诸侯。"即，我家弟兄三个，我大哥的名气也就在家里，因为他能在病没形成的时候就防，不让病因成病；我二哥好一点，在我们家的那条街上有点小名气，因为他能在人小病的时候就治疗，不使其发展成大病；我没我大哥、二哥看病神，都是等到人成了大病时大用药、用大药，所以我的名气最大。

◎ 7.2 采购方法的战术组合应用

如果说策略的制定是战略层面上的，那么，对于这些采购方法的组合运用就是战术层面上的。所以，采购方法的组合运用，就是采购各种战术的应用，可以把议价采购、明智采购和革新采购各看作一种战术，其包含的多种工具方法可看作其子战术。

对于上述提到的各类采购方法，如果在新产品／新物料引入阶段就能与设计质量等内外相关的利益部门充分参与并考量，那么效果自然是最好的，特别是对于明智采购和革新采购的部分。但往往由于当时技术的局限性、项目的紧迫性，对产品和市场预估的不足等，不可能在第一时间就做到完善的成本规划。或者随着新技术的发明应用、经营环境的变化、采购策略的调整，而出现新的成本优化的机会或要求，那么，对采购战术组合定期回顾和应用可以起到持续性的成本优化。

对于不同的采购复杂度，不同的供应商吸引度和不同的采购额，需要采用不同的采购方法，而且通常两种或以上的方法同时使用，效果更为理想。如上面 7.1.3.1 节中关于包装材料中盒的例子，就是采用了三类战术（议价采购、明智采购、革新采购）多种方法混合进行。

表 7-3 成本递进优化表（包材中盒）

	议价采购	明智采购	革新采购	成本降低
Phase I 一期	① 三方投标 ② 成本架构分析			＞11%
Phase II 二期	⑤ 成本架构分析	③ 规格优化 ④ 标准化		＞23%
Phase III 三期	⑧ 成本架构分析		⑥ 效用精简分析 ⑦ 组合效用优化分析	＞95%

成本优化根据主导的采购方法分为三期，前面的序号①②③等表示每种方法工具应用的步骤顺序。

第一期为议价采购。先进行第①步骤"三方投标"获得市场上有竞争力的价格，而后通过第②步骤进行"成本架构分析"进一步明晰控制成本，使成本降低 11% 以上。

第二期为明智采购。通过分析实行步骤③和步骤④的"规格优化"和"标准化"，获得成本的进一步降低，再通过步骤⑤"成本架构分析"进一步保证新规格新标准下成本的合理性；比第一期单纯的议价采购后的成本降低 23%。

第三期为革新采购。延续上面两期的成功，进一步挖掘成本降低的可能。通过根本效用分析，实行步骤⑥"效用精简分析"和步骤⑦"组合效用优化分析"，精简其根本效用并革新其实现方式，获得颠覆性的成本降低；再通过步骤⑧"成本架构分析"进一步检验成本；比第二期后的成本降低 95% 以上。

第七章 策略的实施工具

上述成本优化的案例中，该品类反映在采购策略立方模型中的位置变化如图 7-18 所示。

假设采购额 Z 的高低划分线为 2,000,000；供应复杂度 Y 和供应商吸引度 X 的高低划分线都为 5.0。

该物料初始位置位于采购供应策略立方模型的 A 点（空间 6：供应商吸引度 X=8.0，供应复杂度 Y=3.0，采购额 Z=6,780,822）。通过议价采购后，其变化到 B 点（空间 6：供应商吸引度 X=8.0，供应复杂度 Y=3.0，采购额 Z=6,031,042）。经过明智采购后，供应商吸引度随着采购额的降低而变小，其位置移到 C 点（空间 6：供应商吸引度 X=8.0，供应复杂度 Y=3.0，采购额 Z=4,629,541）。实行革新采购后，成本大幅降低，供应商吸引度也因为采购金额变小而降低，其位置从立方模型中的空间 6 移到空间 2 的 D 点（空间 2：供应商吸引度 X=6.0，供应复杂度 Y=3.0，采购额 Z=183,857）。

表 7-4 成本递进优化（包材中盒）

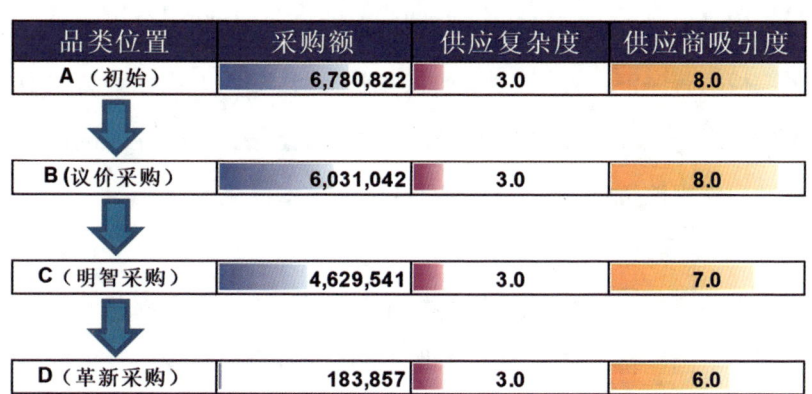

其放映在采购策略立方模型中如下，球体大小表示采购成本的高低，

A 点是红色球，B 点是橙色球，C 点是绿色球，D 点是蓝色球。

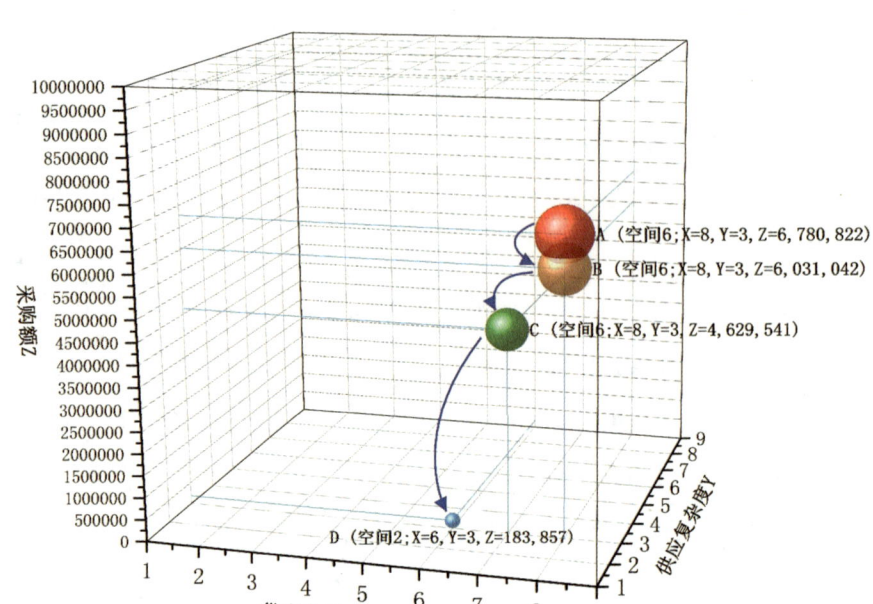

图 7-18 采购策略实施前后对比立方模型图

这个例子很好地展示了基于采购策略模型，如何制定优化策略，通过多种采购战术有序混合使用，从而推进成本逐级深入地优化。当位于 D 点的蓝色球因为企业发展需求增加而变大时（可能移到空间 6 的位置），可以重复循环使用该策略方案，达到可持续性成本优化。

图 7-19 是另外一个案例。

该品类消毒剂清洁剂是用于生物制药工厂的 ABC 级和部分外围区域的消毒与清洁，为严格认证过的单一供应品牌，且供应商工厂与采购企业不在同一国家。其成本优化项目也是遵循三种采购战术的步骤。

议价采购

成本架构分析。因为该产品已经供应多年且经历多次议价,成本架构也已经很透明,单纯的议价采购已经难以获得成本降低。

明智采购

规格优化。

1. 即用型包装更改为浓缩型包装。即用型包装是已经稀释好可开瓶即用的包装规格,其使用方便快捷,但由于该产品需要从国外进口,运费比较昂贵。如果更换成浓缩型包装,在当地使用时,再按要求的比例用水稀释,也可达到同样的效用。虽然多了一个操作步骤,但成本却可降低40%以上,即省下"用来稀释的水"的运费。

2. 包装容量规格改变。因为容器的成本占产品成本的比重较高,所以在不影响使用和操作的前提下,小包装更换成大包装,可降低12%以上的成本。

革新采购

效用精简分析。ABC级别区域都是用同一高级别的消毒剂清洁剂,对于低级别区域来说,如C级,用高级别产品虽然消毒清洁效果更好,但属于冗余标准或冗余效用过高。经过验证测试,C级区域的非关键区更换使用更低级别的产品,在达到其所需效用的情况下,成本减低10%以上。

使用优化分析

纠正使用方式。成本控制小组发现,很多灌装预充气喷雾型消毒剂罐体还剩20%~30%的消毒液时,便因气压过低无法继续喷出消毒剂,造成极大浪费。经查实是员工在操作的过程中没有按规定严格竖立按压喷射，这种不规范的操作使内部的高压气体提前失压而造成消毒液无法全部喷射完。经过严格培训和一定的绩效考核，操作工的使用方式大大改观，罐体剩余消毒液少于 5%，消耗量减少 20% 以上，即相当于成本节省 20% 以上。

使用量（消耗量）优化。如在规范操作的情况下，对单位区域进行 3 次按压可以达到消毒要求，但操作员工可能会进行 4～5 次按压，或重复随意使用，造成过量消耗。通过培训强调和一定的绩效考核后，这种过量消耗的现象减少，使用量降低，从而减少采购量，降低成本。

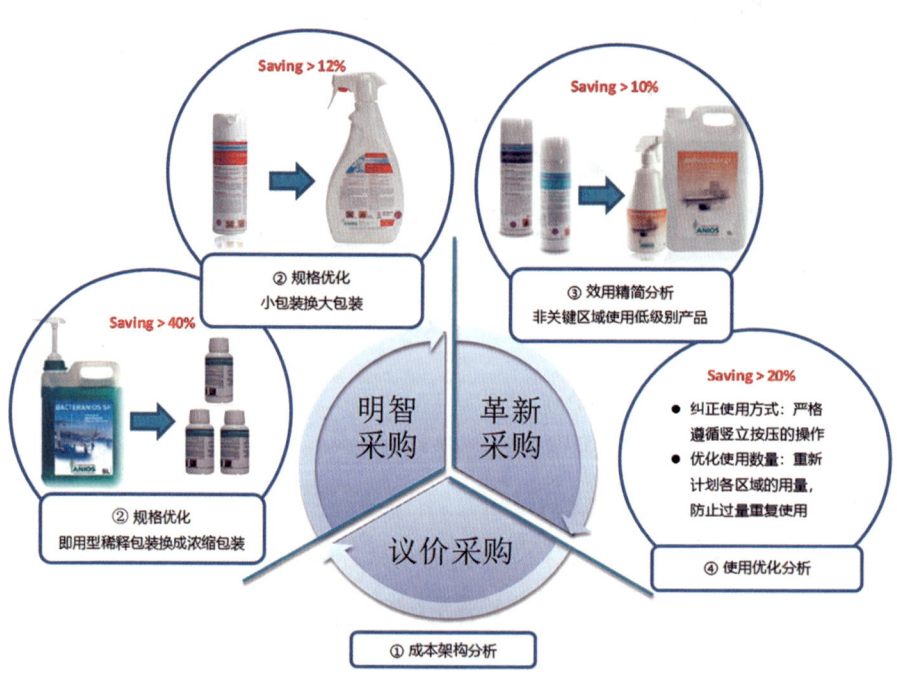

图 7-19 清洁消毒剂成本优化

所以即便对于单一品类或其子品类，其成本优化的方式也是多种多

第七章 策略的实施工具

样的,是三类采购方法中多种分析工具的有机结合使用,从而达到全方位、可持续地成本优化。其顺序也不一定是从议价采购、明智采购到革新采购,可以根据其实现的难易度、完备度选择顺序,抑或是同步进行。

同样,对于固定资产类如土木建设工程、机器设备及配套服务和备件、服务类(如会议差旅)等,都是大同小异。大品类可以拆分为小品类有选择性地或同步进行。每个需要成本优化的品类根据实际情况从3种采购方法和多种分析工具入手,列出其优化的方向并分析其可行性。其思维导图(Figure 7.22)一般如下:

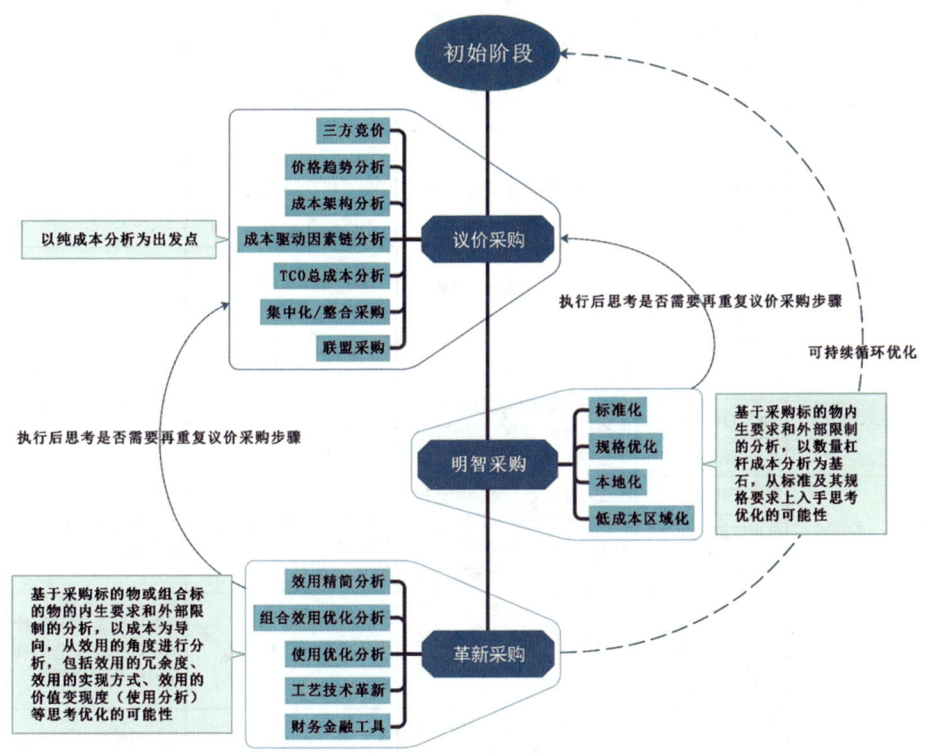

图 7-20 采购战术思维导图

一般而言，在采购策略立方模型中，分布于不同空间的品类，根据其不同的特性（供应复杂度、采购额、供应商吸引度），其采购的采购战术组合也有所差别，可归纳为表 7-5。

表 7-5 采购战术运用组合 基于采购策略立方模型中不同空间的品类

分布空间	特性	议价采购	明智采购	革新采购
空间1	低供应商吸引度 低供应复杂度 低采购额	①三方竞价 ②集中化采购 ③整合采购		
空间2	高供应商吸引度 低供应复杂度 低采购额	①三方竞价 ②集中化采购 ③整合采购	④标准化	
空间3	低供应商吸引度 高供应复杂度 低采购额	①集中化采购 ②整合采购	③标准化 ④本地化	
空间4	高供应商吸引度 高供应复杂度 低采购额	①三方竞价 ②集中化采购 ③整合采购	④标准化 ⑤规格优化	
空间5	低供应商吸引度 低供应复杂度 高采购额	①三方竞价 ②成本架构分析 ③成本驱动因素链分析 ④价格趋势分析 ⑤TCO总成本分析 ⑥ 集中化/联盟采购	⑦标准化 ⑧本地化	⑩效用精简分析 ⑪使用优化分析
空间6	高供应商吸引度 低供应复杂度 高采购额	①三方竞价 ②成本架构分析 ③成本驱动因素链分析 ④价格趋势分析 ⑤TCO总成本分析 ⑥ 集中化/联盟采购	⑦标准化 ⑧本地化 ⑨规格优化	⑨效用精简分析 ⑩使用优化分析
空间7	低供应商吸引度 高供应复杂度 高采购额	①成本架构分析 ② 集中化/联盟采购	③标准化 ④规格优化	⑤效用精简分析 ⑥组合效用优化分析 ⑦使用优化分析 ⑧技术革新
空间8	高供应商吸引度 高供应复杂度 高采购额	①三方竞价 ②成本架构分析 ③成本驱动因素链分析 ④TCO总成本分析 ⑤ 集中化/联盟采购	⑥标准化 ⑦规格优化	⑧效用精简分析 ⑨组合效用优化分析 ⑩使用优化分析 ⑪技术革新

空间 1 到空间 4，因为采购金额小，一般不考虑革新采购，因为其人力物力和时间投入较大。当然，如果通过权衡核算，其产出投入比是理想的，也是可以实施的。空间 5 到空间 8，因为采购金额较大，一般会考虑革新采购，特别是对于供应复杂度比较高、采购金额大的品类，革新采购是可重点考虑的战术手段，如空间 7 和空间 8。对于明智采购中的标准化和规格优化，对于大多数空间的品类都比较适用，因为其是以数量杠杆为导向的差异化降低和优化。

有些品类会可能经过一种或多种采购成本优化方法后其所处的空间改变到另一空间，从而使其后续的组合战术调整。如位于空间 1 的某品类可能通过多个工厂的集中化采购后，其采购金额变大，供应商吸引度变高，从空间 1 移到空间 6，使其原本因采购额过小及供应商合作意愿低而无法使用的明智采购和革新采购战术，移到空间 6 后得以使用实施。所以该运用组合是动态的，每个战术或每个步骤实施优化后，可能会改变其原有空间位置，从而出现新的改善的机会。所以，这种多角度、纵深思维的采购战术，为成本的可持续性优化提供了可能。

◎ 7.3 供应商的关系管理与优化

采购策略立方模型中的三个变量是相对独立又相互依存的。采购额的高低与供应的复杂程度影响业务对供应商的吸引度，而供应商吸引度（合作意愿）的高低又对供应复杂度有负相关的影响。上一章节提到的成本优化战术很多都是通过数量和金额杠杆来提高供应商吸引度的，如整合采购、集中化采购、联盟采购、标准化等。同样，在明智采购和革新采购所涉及对标准和效用的分析中，也必须对品类的技术和质量非常了解，而供应商作为生产商或专业供应方,往往可以提供很多建议甚至是行之有效的方案。所以供应商是采购供应优化策略的制定和执行的关键着力点,如何权衡管理与供应商的关系显得尤为重要。

7.3.1 买卖关系:零和博弈与双赢合作

在业务吸引度分析中得知,供应商合作的目的有二:物质上的收益和非物质上的收益,而收益又分短期和长期收益。因此,如第三章中的博弈模型所展示的,与供应商的合作就是围绕着收益的博弈。传统的采购手段大多是在成本基本不变的情况下对供应商利润的零和博弈[1],如议价采购中的三方竞价、成本架构分析、成本驱动因素链分析等都是为了摸清供应商的成本与利润而进行利润的零和博弈。特别是采购量特别大的企业尤为如此,通过对供应商施压,最大限度地在零和博弈中取得利益。

例如通用汽车就以在汽车业界中向供应商施压而出名。它们以大额采购量为筹码,强迫要求价格大幅下降。供应商在为了获得大宗订单的情况下作了价格的让步,实际上意味着买方获得的收益是建立在供应商收益损失的基础上的。因此,供应商只有两种选择:一是从内部增加效益或挖掘节约来补偿这个损失;二是同样地将等价的损失再以其他的方式还给它的买主,结果是某些至关重要的部件质量标准降低或延迟交货。而供应商很多时候也非常清楚并倾向于与买方进行后一种情况的游戏。因此,这种强势的零和博弈合作手段起初似乎奏效,通用汽车也确实以此为自己减少了近40亿美元的采购成本。但时间一久,通用汽车和其他采取相同策略的

---

1. 零和博弈(zero-sum game),又称零和游戏,与非零和博弈相对,是博弈论的一个概念,属非合作博弈。指参与博弈的各方,在严格竞争下,一方的收益必然意味着另一方的损失,博弈各方的收益和损失相加总和永远为"零"。

公司却发现，事情绝非如此简单。供应商为了平衡原先的利润，而提供的不达标部件给企业带来的成品质量下降所造成的损失可能带来远高于其所获得的成本节省。且由于供应商被榨取了太多的利益而可能心生暗恨（合作意愿降低、业务吸引度降低），有些企业开始失去供应商的忠诚与信赖。在买方市场时，这种合作意愿降低的负面影响可能还不明显，但一旦发生原料供给短缺或当市场情势逆转时，许多供应商对旧恨记忆犹新，稀少的原料将优先转向其竞争者，对市场造成巨大损失。这如上面策略模型分析中提到的，采购成本的降低要避免因为过度而造成该业务对供应商吸引度的急剧下降，以及由此引起的供应复杂度的上升。如从采购策略立方模型中的空间8（高供应商吸引度，高供应复杂度，高采购额）或从空间6（高供应商吸引度，低供应复杂度，高采购额）转移到空间7（低供应商吸引度，高供应复杂度，高采购额）。

因此，适度的零和博弈是控制成本的有效手段，是属于博弈中的短期利益的变现，但对于企业的长期发展并不是可持续的手段。特别是卖方市场或产业链属于寡头或多头垄断时，更要谨慎。因此，双赢合作[1]的供应商关系管理方式，越来越受到重视。长期以来，特别是从20世纪末以来，学术界对供应商管理这一课题进行了大量的研究，如Timothy M. laseter在《平衡的资源》（*Balanced sourcing*，1998 by Booz-Allen & Hamilton Inc.）一书中阐明了传统的买卖关系的供应商和现今长期的业务伙伴关系供应商的区别，提出了Partner suppliers（合作伙伴供应商）的概念。买卖双方开始朝着可持续发展持续共赢的方向努力，甚至共同提

1.也可称为正和博弈，亦称为合作博弈，是指博弈双方的利益都有所增加，或者至少是一方的利益增加，而另一方的利益不受损害，因而整个社会的利益有所增加。

高竞争力,把蛋糕做大。越来越多的企业,正积极追求这种"共创利益大饼,吃更大块的饼"的策略。一些有远见的高层采购管理者们开始提出有趣的问题:为什么我们必须和供应商拼得你死我活来抢吃现有的这块饼呢?这块利益大饼一定就只有这样大吗?何不联手来把它做得更大,让双方都同时受益,一同吃更大的饼呢?

如在上一章节提到的采购方法中,议价采购中的整合采购(精简供应商)、集中化采购和联盟采购,明智采购中的标准化等,都是通过提高采购数量,在供应商总利润影响不大甚至增加的前提下获得更低的成本。比如,联盟采购是跨企业需求整合,以更大的蛋糕跟供应商谈判,从而使多方共同获得更多的收益。

对于明智采购中的规格优化、革新采购中的效用精简和组合效用优化等采购方法,供应商也可以在参与的过程中获得技术的提升和管理能力的提高。通过这种新的思维为其他客户提供方案,将有利于进一步拓展市场,从而获得更多收益。这就是合作共赢,而且是长期的、高质量的、可持续的共赢。

所以在定位与供应商的关系或进行供应商管理时,应该从更高的角度来看问题,以更长远的眼光来管理。当然,针对不同的品类(如采购供应策略模型中不同空间的品类)和不同的供应商,对短期和长期合作,对零和博弈还是双赢合作的尺度把控,也是需要根据实际经营环境和经营理念与策略来动态调节的。

7.3.2 供应商的分类

供应商分类是供应商管理的重要部分。它决定着那些战略合作的关系,哪些是优先考虑发展合作的,哪些是维持现状的,哪些是处于备选考察阶段的,哪些是准备淘汰的。

与之相适应,供应商可分为战略供应商、优选供应商、维持型供应商、考察型供应商和淘汰型供应商。

战略供应商,是指那些对公司有战略意义的供应商。例如,他们提供供应复杂度高、对于企业运营至关重要的战略级产品,他们可能是有限的甚至唯一的供应商。他们的存在对公司的存在至关重要,其更换供应商的成本非常高。在采购供应策略模型中一般处于空间8和空间7。对这类供应商一般着眼于长远长期合作。

优选供应商,是指在可用供应商列表中,企业倾向于优先选用的供应商。优选供应商是基于供应商的总体评估结果和绩效,如价格、质量、技术、服务、配送、管理等。优选供应商可以在同等或相近条件的情况下,优先获得业务,这是对其综合实力和优良绩效的奖赏。反过来,又可以进一步提高供应商吸引度,从而良性地持续提供更好的绩效。

维持型供应商,是指表现中规中矩用于维持供应现状的供应商。

考察型供应商,一般是第一次提供产品或服务给公司,对其表现还不够理解,需要持续跟踪考察的供应商。考察通过,列入可用供应商列表,成为维持型供应商,或进一步升级为优选供应商;考察不合格,降为淘汰供应商。

淘汰型供应商,不应该再得到新项目订单,并可能逐步减少甚至移除现有项目的订单。对这种供应商要理智对待,通过沟通培训,设法提高其绩效;如无改善,则逐步减少订单并尽量维持良好关系,并确保其他供应渠道通畅。

在每个品类的供应商中,可能上述几种类型同时存在,也可能只存在一两种,且他们的角色是可以根据其绩效和企业的发展策略变换的。

当然,对于处在采购供应策略模型中不同空间的品类,其供应商列表中主要的供应商类型也是有所区别的。

空间1和空间2的品类,因为其供应复杂度和采购额都比较低,供应市场中供应商的可选择性也较多，所以大多是以维持型和考察型供应商居多。

空间 3 和空间 4 的品类，虽然采购金额低，但供应复杂度高，所以必须至少以 1 家优选型供应商为主，若干家维持性供应商为辅。

空间 5 和空间 6 的品类，供应复杂度低，但采购金额高，所以每个大区域至少以 1 家优选型供应商为主，若干维持型供应商为辅，并定期引入考察型供应商加强竞争，更换掉淘汰型供应商。

空间 7 和空间 8 的品类，供应复杂度高，采购金额也大，所以每个大区域至少有一家到两家战略供应商，及可能若干家优选型和维持型供应商（取决于供应源的可选择性的多寡）。或者同时几家战略型供应商，在不同的大区域优化组合，达到全局最优。

7.3.3 供应管理策略分析

作为供应复杂度评估和供应商吸引度评估的信息数据支撑，本书第二、三章阐述如何对供应商市场的分析，其中包括对品类供应市场宏观、中观和微观的分析。作为买方企业，一般无法对宏观环境和中观的供应市场产生太大影响，只能通过对微观供应商的选择和管理，规避宏观的风险，抓住中观发展的趋势，提高微观的管理合作水平，来保证供应和降低成本。

在采购供应策略立方模型中，供应复杂度取决于内生要求和外部制约，而内生要求中涉及的质量要求、成本控制要求和需求计划管理的高效实施，都需要供应商合作要求完成。对于外部限约中，供应商的影响因素更大，包括产能、供货的稳定性、质量技术支持和自我风险防控能力等，可以说是总体供应风险的重要载体。同样，采购成本的优化、采购优化战术的实施，最终都是需要与供应商共同去实施落实的。因此，选择和管理供应商的第一步就是针对现有供应商和潜在供应商列表的分析和评估，分析买卖双方的博弈环境、博弈筹码、长短期博弈的技巧，针对不同品类、不同宏观环境和中观的产业环境，不同实力的供应商采取不同的策略，争取获得最优的博弈收益。

7.3.3.1 供应商资源分析

除了对供应商本身的微观分析，很多跨国企业或地方政策不同的跨区域企业，其所处中观和宏观环境的不同，因此，对处于不同区域的供应商，即便是同一供应商处于不同区域的工厂，也很有必要分别进行中观和宏观环境评估。一般来说，微观考量因素包括成本结构和价格水平、市场结构与行业地位、产能与供应链管理水平、技术水平和专利、市场策略和发展规划、财务和信用，等等。为了后续可能合作实施明智采购和革新采购等成本优化战术，还需要考虑供应商的其他指标，如技术创新能力、合作意愿等。对于供应商微观的具体评估目前比较成熟，具体可参考表 7-6。

表 7-6 供应商选择评估标准

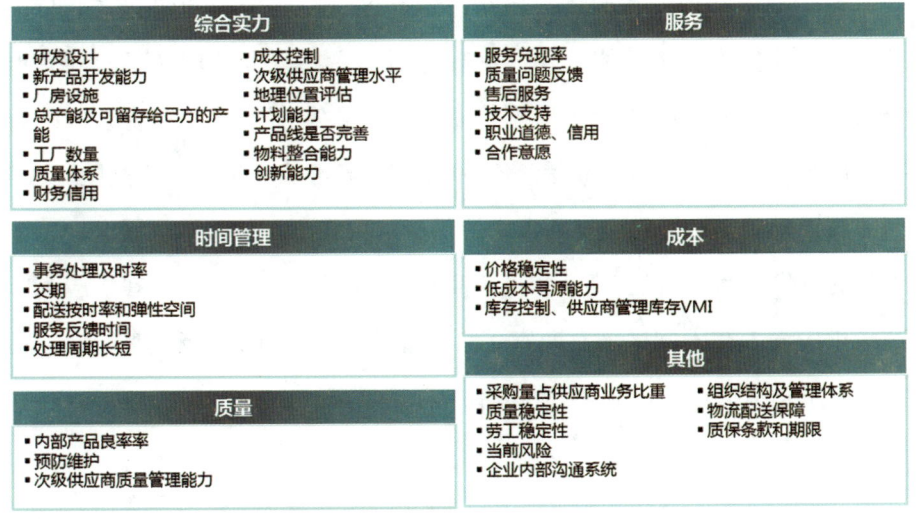

对于中观的分析，对该供应商所处行业考虑评估的因素有行业壁垒，如技术壁垒、资本壁垒、政策壁垒、资源壁垒；行业市场性质，如属于垄断、寡头、多头还是完全竞争市场；行业内外竞争状态，如替代品行业等；行业发展趋势；行业产能限制与技术水平限制；行业市场状态，如供求关系；等等。宏观环境分析主要包括经济发展水平或经济大环境；政治体制、法律法规，如所有制问题，贸易壁垒政策等；科学技术；综合营商环境，如人文社会、经济、当地政府作风、自然环境；等等。

很多供应商也是跨国企业，可能也会随着大客户跨区域建立配套工厂供货，因此，由于贸易壁垒或独立运营策略的限制，即便同一家供应商，在不同区域，不仅其工厂的中观环境和宏观环境有所差异，可能其本身的管理策略和运营能力也不尽相同。因此，在对现有供应商和潜在供应商列表评估时，也应考虑不同工厂的区域差异问题。

表7-7是简化的可用供应商评估表，所列出的指标是基于供应商市场分析模型详细分析后的精简指标。微观分析中包含跨区域合作能力、技术创新能力和合作意愿度，旨在考虑跨区域整合能力和明智采购与革新采购中可能产生的技术合作；中观分析中考虑行业环境和买卖双方市场可能发展的趋势，为更多地掌控主动权提供判断信息；宏观分析中旨在考虑政治社会稳定性、贸易壁垒和营商环境可能产生的供应风险。

假设某品类可用供应商列表中的供应商处在不同的区域/国家，正在供货的有供应商1、供应商2和供应商n，供应商i是候选/潜在供应商，其中供应商1在不同区域有两家工厂配套供货，即工厂1和工厂2。1颗红星表示指标值最低，5颗红星表示指标值最高。

表 7-7 可用供应商评估表

分析层级	指标	现有供应商1 工厂1	现有供应商1 工厂2	现有供应商2	现有供应商n	潜在供应商i
微观分析	供应商对目前业务吸引度	★★★☆☆	★★★★☆	★★★☆☆	★★★★☆	★★★★☆
	行业地位	★★★★☆	★★★★☆	★★★★☆	★★★★☆	★★★★☆
	技术创新能力	★★★★☆	★★★★☆	★★★★☆	★★★★☆	★★★★☆
	供货稳定性（包括产能和质量）	★★★★☆	★★★★☆	★★★★☆	★★★★☆	★★★★☆
	跨区域合作能力	★★★★☆	★★★★☆	★★★★☆	★★★★☆	★★★★☆
	合作意愿	★★★★☆	★★★★☆	★★★★☆	★★★★☆	★★★★☆
中观分析	行业壁垒	★★★★☆	★★★★☆	★★★★☆	★★★★☆	★★★★☆
	行业垄断性	★★★★☆	★★★★☆	★★★★☆	★★★★☆	★★★★☆
	外围市场竞争	★★★★☆	★★★★★	★★★★★	★★★★★	★★★★★
宏观分析	政治社会稳定性	8	7	8	9	7
	贸易壁垒	8	8	5	4	6
	综合营商环境（社会人文经济）	7	7	8	9	8

该评估表中，微观分析中的供应商吸引度在前面的章节已经对供应商吸引度的评估和改善做了详细的阐述。但在实务操作中，对于同一品类，因分配的业务份额占比不同和供应商自身业务状态的差异，供应商的吸引度也有所差别。即便是属于同一供应商，其不同工厂因其运营环境的不同，即便业务份额一样，对其吸引度也不尽相同。如表中供应商1的两个工厂：两个工厂位于不同国家，运营相对独立，工厂1的供应商吸引度小于工厂2的供应商吸引度。在合适的条件下，可通过这种供应商吸引度的差异来优化供应商管理。

在与供应商合作博弈的过程中，提高供应商吸引度的方法是增加自身的筹码或提高博弈对象（即供应商）的收益预期，但如果对于当前博弈对象的相对博弈筹码难以提高或短期内无法提高其收益预期，那么在符合要求的情况下，更换博弈对象，如选供应商吸引度高的供应商更有利于合作。例如位于采购供应策略模型中空间1或空间2的品类，其采购金额小、供应复杂度低，小供应商对业务的合作意愿一般高于大供应商，在满足同样要求的情况下,选择供应商吸引度高的小供应商可能更有利于提高服务、降低供应风险。当然,对供应复杂度比较高的品类,如位于采购供应策略模型中空间 3 的品类,因为可能涉及技术质量或供应管理水平要求比较高,小供应商的稳定性和可靠性短时间内难以得到验证,即便其合作意愿更高,但也必须谨慎更换,如小批量试运行。

对于供应复杂度中技术质量要求较高的品类,应该关注技术创新力和供货的稳定性,包括产能和质量水平等,同时技术和质量水平指标也是为后续可能进行的明智采购和革新采购提供技术质量支持方面的评判依据。而跨区域合作能力指标在于评判是否具有执行整合集中采购后的跨区域供应能力。

除了对供应商本身的分析,中观分析通过对供应商其所在行业的行业壁垒、市场垄断性和外围市场,即替代品市场和潜在新入局者的分析,全局把握该行业的竞争状态和局限性,从而通过调整供应商组合或引入替代品提供有效的信息,以保证供应风险或供应复杂度的降低。同样,也可以通过这种供应商组合优化或引入替代品的思路,增强供应商的竞争紧迫性,提高供应商的吸引度。在革新采购中,根本效用的实现方式的优化,其中就可能是通过替代品实现的,所以外围市场的分析也可为成本降低也提供有效信息。

宏观分析更多是关注供应商运营的稳定性受外部政策和人文等的影响有多大,其最终目的在于提供供应稳定性的评判信息。

这些指标之间也具有一定的关联性,如在相同的业务条件下,行业垄断性或行业壁垒高的企业,其对业务的吸引度(即供应商吸引度)会偏低,即便是同属于一家母公司也是如此,如供应商 1 的工厂 1 和工厂 2。工厂 1 所占区域其行业壁垒和行业垄断性都高与工厂 2 所占区域,所以面对的竞争比较少,因此供应商吸引度较低。当然,其行业壁垒或行业垄断性高的原因或许与宏观分析中贸易壁垒这个指标比较高有一定的关联性。

因此,从这些指标的相对独立性和关联性可以推测出供应商的某些真实状态或意图。如果在类似条件下,如供应商规模、业务量属于同一梯队,且在同一区域,即中观和宏观环境一样的情况下,对于同样业务,某个供应商的吸引度远高于其他供应商吸引度的平均值的话,那么就要看下是否有其他策略或未披露信息隐瞒买方。如公司运营策略是否变得更为激进扩大市场,还是对买方企业有其他方面的合作意图。其激进策略能否保证供应和价格的稳定性,是否具有可持续性等,如低价渗透策略。这些都是防范供应风险所必须考虑的问题。

正常来讲,某些指标的正相关或负相关是具有一般性的,如果某些指标的相关性出现较大偏离,那么就必须考虑其他的影响因素。从博弈的角度看,供应商做出的博弈行为都是围绕着物质利益和非物质利益、短期利益和长期利益考虑的。如果在对方博弈筹码很有利的情况下,却做出很大的让步,就需要考虑并查实其真实的筹码或意图是什么,免得对后续的供应甚至是企业的运营带来潜在风险。

同时,也要从评估表中供应商的指标中找出其互补性,如某供应商具有很强的跨区域合作能力,可以引入其他区域市场,加强竞争;或某供应商具有很强的创新能力和合作意愿,对明智采购和革新采购的方案设计和实施有很大的贡献;等等。

7.3.3.2 供应商组合优化分析

对于大集团或跨国企业,其供应商可能分布于世界各地,为了更加可视化的使分析现有供应商，除了上述的评估表外，还可以根据其具体分布位置和供应量做出供应商信息图，如图 7-21 所示。

可以看出某品类其在各大洲都有哪些供应商，每个供应商的供货量是多少。如下图可以看出，有些供应商的跨区域供货能力很强，在经济比较发达的欧洲、美洲和亚太都有工厂，可以供货，如下图供应商 S1、S2、S3、S4、S5。同样在不同的区域都有某个供应商是当地的龙头企业，供货量占比最大。如北美区和欧洲、中远东（EMEA，后面简称欧亚）区域都是供应商 S1 供货量最大，拉美区供应商 S2 供货最大，亚太区供应商 S3 供应量最大。

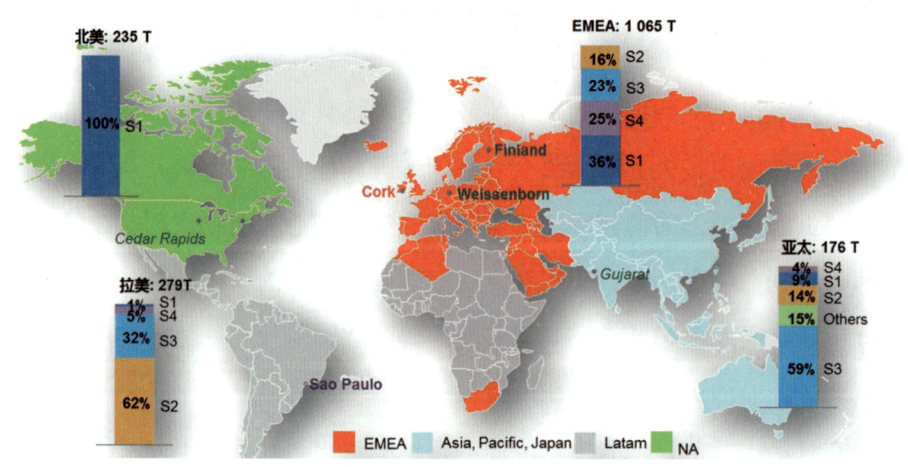

（图片来源：赛诺菲集团）

图 7-21 某品类全球供应商信息图

这张图的好处是可以结合上述的《可用供应商评估表》，通过其在评估指标中显示的优势劣势，取长补短，再根据供应商信息图的信息，进一步优化布局，即供应商组合和业务的优化。如图 7-21 所示，北美洲该品类只有唯一供应商 S1，这样是否存在供应风险，是否需要引入至少一家其他供应商到该区域作为候选供应商；而在欧亚区域，4 家供应商供货量比较均匀，会不会因每家的数量不够大而使成本较高；其他区域的小供应商是否具有很强的成本优势和跨区供应能力，是否可以加强其他区域的竞争，如北美洲，从而降低成本和供应风险？每家供应商的数量杠杆与成本的斜率是多少，怎样的数量组合是最优的？这些都是可以根据实际情况和评估结果进行供应商组合和业务优化的。

供应商组合是如何优化以达到全球资源配置最优？一般思路和步骤如下，在供应商组合优化前：

其一，必须先对各区域的特点、限制，对其宏观政策人文环境和中观的产业环境进行调查了解，对当前的供应商组合和资源配置的合理性进行分析，如 SWOT 分析等，判断当前的利弊和可提升的空间，判断其引入其他供应源的可行性及利弊，及是否有政策性风险、社会人文约束等。

其二，必须对供应商自身进行分析。如其优势劣势、发展前景、跨区域合作能力、战略发展的方向和合作的意愿等。

其三，在充分考虑区域特性和供应商自身特点的前提下，通过组合配置的方案预设、成本收益估算、潜在风险分析、紧急处理方案等进行可行性分析和全局评估。进而制定出供应商组合的优化策略，达到全局资源配置最优，并具有可持续性。

如表 7-7 所示，供应商组合优化策略及思路，基于上述的例子把优化思路和决策步骤举例说明，以期抛砖引玉，进一步理解：

步骤一，考虑 4 个大区，北美、拉美、欧亚、亚太的外部市场特点和目前各区域的供应商组合。

北美洲的区域市场成熟稳定、开放，其供应商组合只有 1 家供应商

S1，乃独家供应，具有较大的供应风险，且成本高于其他供应商。

拉丁美洲的区域属于发展中国家区域，政策及营商环境有待改善，其供应商组合有4家供应商，龙头供应商是S2，目前供应商组合处于相对平衡期，暂时不适合变动。

欧亚区域市场比较成熟稳定，其中欧洲区市场比较开放，该区域总采购量最大，其供应商组合中有4家供应商，平均成本因为供应商S1而整体拉高。因此，优化的方向是进一步降低采购成本。

亚太区属于新兴市场，劳动力成本较低，政策扶持力度大、鼓励出口，其供应商组合中有5家供应商，S3是该区域主力军，成本很有竞争力，但老牌供应商S1经常出现供应问题，拉高了总体的供应复杂度。

步骤二，供应商自身分析。分析各个供应商的各自优势劣势、战略发展方向、跨区域合作能力和合作的意愿等。

供应商S1是合作最久的老牌供应商，整个北美市场的需求都由其独家供应。而且随着买方企业的全球扩张，其也跟随进行配套建厂或设立配送仓库。但因为北美的原产地原材料成本、生产成本和管理成本高，管理水平也未能跟上全球扩张的步伐而导致跨区域供应和配套管理不理想，无法满足买方的业务发展需求。

供应商S2也是比较老牌的供应商，主战场在拉美，与S1类似，其价格和跨区域配套能力有待提高，暂时无法扩大其他区域的业务。

供应商S3来自新兴市场，亚洲区域。因为该区域很有竞争力的劳动成本和廉价原材料，使其价格远远低于北美市场的S1，和来自欧洲的供应商S4。基于公司的全球发展战略和当地政府的大力扶持与出口鼓励，使其跨区域合作的能力较强和合作意愿颇高，其在欧亚区和拉美区的成本竞争力和管理支持能力都不错，并有很强的意愿进一步全球化扩张。

供应商 S4 源自欧洲，中规中矩，价格竞争力一般，跨区域合作能力一般，暂时维持现状。

供应商 S5 是新兴市场亚太区的新引入供应商。同样属于当地政策扶持的企业，发展迅速，其成本更有优势，是供应商 S3 在亚太市场的强力竞争对手，可作为获取供应商 S3 管理主动权的筹码。但其海外业务拓展处于初始阶段，仍需进一步观察其跨区域合作管理能力。

步骤三，综合评估区域特性、供应商自身特点及当前供应商组合改善的可能性，制定供应商组合优化策略，以期达到全局配置最优。

北美区域只有供应商 S1 独家供应，供应风险过高，且缺少竞争，成本居高不下。鉴于北美宏观环境比较开放稳定，产业竞争比较良性，可以引入新兴市场的供应商 S3，以降低独家供应的风险，并加强竞争，有效降低成本并提供服务水平。选择 S3 的理由是其成本优势明显，且在其他区域有良好的跨区域合作表现。对于这种供应商选择可以参照《供应商评估表》。初期的新供应商引入所分配份额不应该过大，如 20% 以内，避免出现较大的不确定风险。中期可根据 S3 的履约能力、S1 的反应对策、中观和宏观环境的状态变化和可能出现的其他影响因素，调整份额配比，逐步达到最优。长期可以培养诸如 S5 这种与 S3 具同等竞争力的新兴市场供应商，加入北美市场。当然，在实际操作中，可能因为地方产业保护和工人就业率等政策和行业协会保护问题，不可能无限制降低当地企业的份额，但却可以在引入竞争的状态下，促进其成本的优化、管理水平的提高及对利润率的预期，进而整体降低采购成本并提高服务水平。最终，北美市场的供应商组合优化策略是：降低供应商 S1 的 15% 份额给新引入供应商 S3，以此提高供应商平均吸引度、降低供应复杂度并减少采购成本。

拉美市场具有较强的地方保护主义，原有的龙头供应商 S2 无法在分配更多的份额出来，但因为前期已经引入供应商 S3、S4，正处于整体竞争优化的过程中，其供应商组合的优化进程处于执行和磨合阶段，所以暂时维持现状。

欧亚市场，欧洲和中远东区域是第二开发的区域，也是需求量最大的区域。该区域市场比较开放稳定，适合引入其他供应商加强竞争。但因为历史的原因，S1 所占的比重仍然最大，大大拉高了该区域的总体采购成本。S4 属于欧洲当地供应商，价格相对 S1 仍然有一定优势，且本地的服务履约能力强，在之前引入新兴市场的供应商 S3 后，开始持续改善其成本和管理，所以可以适当增加其份额。因此，最终优化组合是：降低供应商 S1 的份额，用于提高供应商 S3 和 S4 的份额。

亚太区劳动力和原材料成本低，当地政策扶持力度大，是降低全球采购成本的驱动力。但因为总需求量较低，供应商组合中有 5 个供应商降低了每个供应商的平均份额，所以可以考虑剔除价格和服务最没优势的供应商 S1，除了增加供应商 S3 的份额外，还可增加 S5 的份额以扶持其进一步发展。S5 作为一家新兴市场的新引入供应商，可以作为 S3 的同级竞争对手，买方可以将其作为管理制约 S3 的筹码，掌握对供应商管理的主动权，使其成为降低全球采购成本的双动力。换个角度，供应商 S3 制约供应商 S1、S2 和 S4，供应商 S5 与 S3 互为制约，这样采购管理人员或企业高层对供应商的管理主动权将牢牢掌握，其供应商资源优化空间将大大提升，策略的执行效率也会显著提高。即供应商吸引度提高，供应复杂度和采购成本降低。

以上三个步骤是供应商组合，也可以说是资源配置优化的一般思路和程序。在实际操作的过程中，尽量把关键的影响因素列出来，进行若干组合并分别评估,并选出综合最优的方案。方案的选择也是根据买方企业的战略规划和行业的不同而可能有所侧重。比如对于快速消费品电子行业,注重的是对市场的快速反应和占有率,其成本和供货能力是重要的考虑点,所以在资源配置的时候,更多的会以成本、产能和配送能力作为供应商组合优化方案评估关键指标、增大其评分权重。一旦这些指标确认,其组合的结构调整幅度会比较大,执行速度会比较快。相反地,对于如医药行业这样偏重质量的高稳定性和高可靠性的行业来说,更注重的是其质量的稳定性和可靠性,包括配送中的质量风险等,如冷链运输、超低温运输。而且即便指标确定,组合方案非常理想,但其组合结构的调整也是渐进地。在确保每次微调后运行的稳定性和可靠性后,逐步往理想的组合目标调整,不会一步到位。同样,采矿业、能源产业等又各不相同,不同行业都有其各自的特性,不同的执行策略。

所以如上只是一个主线思路,每个行业的采购供应管理者,需要结合自身行业和本企业的特点,在选择和制定供应商组合优化策略时,在实际执行过程中,都需要将各自具有特性的影响因素考虑进去,在保证正常运营的基础上进行优化。

表 7-8 供应商组合优化策略及思路

供应商状态	区域	S1	S2	S3	S4	S5	基于区域的供应商组合策略
当前供应商组合	北美 NA	235					引入新兴市场优质供应商
	拉美 Latam	3	173	89	14		暂时维持现状
	欧亚 EMEA	383	170	245	266		引入新兴市场优质供应商
	亚太 AP	16	25	104	7	26	扩大该区域优质供应商跨区域服务
	总计	637	368	438	287	26	
供应商组合优化目标	北美 NA	200		35			引入供应商S3到北美市场，提高竞争，降低供应风险
	拉美 Latam	3	173	89	14		暂时维持现状
	欧亚 EMEA	253	170	345	296		扩大供应商S3的份额，增加少量S4的份额
	亚太 AP	0	25	120	7	35	扩大S3份额，适当扩大新入供应商S5份额，去除S1
	总计	456	368	589	317	35	引入竞争：新兴市场优质供应商 V.S.老牌市场供应商
基于供应商自身的评估及其调整策略		老牌供应商，在新兴市场的服务和价格没有优势；引入竞争，减少份额	老牌供应商，跨区域合作能力强；在新兴市场的服务和价格没有优势；短期维持现状	新兴市场供应商，发展迅速，跨区域合作能力强，价格优势明显。扩大其全球的份额	源自欧洲市场的供应商，在欧亚区合作能力强，跨区域合作能力较弱，价格竞争力一般。扩大其欧亚区的份额	新兴市场供应商，发展迅速，价格最优，跨区域合作能力有待考证。重点培养对象，适当扩大其本区域的份额	供应商组合的优化在于根据其所服务及所能服务的区域的特点，发挥供应商各自的特长，取长补短，达到资源禀赋配置全局最优。组合是动态的，根据区域特点、外部市场和供应商自身策略的变化而适时调整

当然，上面例子中的品类是处于空间 8 的战略性物料，即高供应商吸引度、高供应复杂度和高采购额。对于其他品类来讲，其思路不尽相同，但大方向基本一致。一般而言，供应商组合和业务的优化其思路也是基于采购供应策略立方模型中品类的优化思路，即提高供应商平均吸引度、降低供应复杂度和降低采购成本。因此，对于处于采购供应策略模型中，不同空间中的品类及处于同一空间的不同品类，其供应商策略也是有所差异的。

7.3.3.3 基于不同空间的供应商管理策略

空间 1 边缘品类（X=<5，Y=<5，Z=<Sp）为低供应商吸引度，低供应复杂度，低采购额

处于该空间的品类因为采购金额低，所以对供应商的吸引力也较小。由于该空间品类的供应复杂度低，其供应市场大多属于完全竞争市场或多头垄断竞争市场，供应源的可选择性多。但这种市场同样买方也比较多，供应商的客户可选择性较高，所以买卖双方的市场主动权，即买方市场或是卖方市场，取决于市场的总供求关系和企业交易业务量的大小。对一般的买方企业来说，只能从业务量的大小来调价其市场的主动权，也即是业务量对供应商的吸引度。

在实际操作中，因为该空间的品类属于三低状态，低供应商吸引度、低供应复杂度、低采购额，所以买卖双方一般都比较不受重视，管理比较松，更容易产生主观因素的供应风险。所以供应商管理策略是减少供应商数量，提高单个供应商的平均业务量，提高供应商对业务的吸引度，加强管理。

在前面整合采购中提过，通过减少同质品牌数量、型号等措施提高单品采购量，同时精简供应商，以数量杠杆降低成本，降低供应复杂度，与此同时也可以提高供应商的合作意愿。由于处于该空间的品类供应复杂度较低，还可以通过整合相近品类的需求由一家或若干家供应商统一供货，在提高供应商吸引度的同时，也更易于管理。同时，应避免选择规模太大、因业务不对称而造成合作意愿小的供应商，尽量选择规模小、服务水平高的供应商，且由于其管理成本低，价格一般也具有优势。在可能的情况下，一般优先考虑本地化供货，降低供应复杂度。

该区间的供应商管理优化后，随着供应商吸引度的提高，该品类可能从空间1移到空间2。

空间2　理想品类（5<X=<9，Y=<5，Z=<Sp），为高供应商吸引度，低供应复杂度，低采购额

处于该空间的品类是属于比较良好的状态，很多时候空间1、空间4、甚至空间6的品类优化后就会移到该空间。因此供应商管理的策略是：对于改善后移到该空间的品类，维系该状态是首要任务，而对于原本就处于该空间的品类则可以再考虑是否有进一步提高供应商合作意愿的可能，以实现更低的供应风险及争取更优的采购成本。

在考虑供应商合作意愿进一步提高之前，必须先考虑为何采购金额小，供应商吸引度还比较高，才能在保持现有状态的基础上进一步提高合作意愿。在第4章介绍该空间品类特性中提过，供应商吸引度高有可能是产品成熟、供应难度低，供应商无须花费太多的精力、物力、财力或承担更多的风险来进行交易，边际成本低，投入产出比高，因此具有较大的吸引力，特别是对于一些规模小、管理成本低的企业。当然，由于业务的量级不一样，大型企业所认为的小金额采购对于小企业甚至个体商店来说，都是很有吸引力的。类似地，如果买方是品牌企业，不管采购金额高低，供应商可能为了提高其客户群的质量以利于进一步宣传拓展市场，也会积极合作，特别是对于一些刚起步的企业来说。

因此，对于该空间品类的供应商，其供应市场一般竞争比较完全，愿意合作的供应源相对较多，所以有很大供应商管理主动权和一定的成本优化空间。在进行议价采购和可能的明智采购时，供应商一般也会比较配合。

但在议价采购时，如三方竞价，要防止供应商利润压得过低而使其合作意愿降低，品类位置转移到空间1，并产生可能的供应风险，即供应复杂度升高，甚至移到空间3。同样对于那些只是为了蹭品牌知名度的供应商，要观察其在其他地方业务进一步拓展的目的达到后，是否还能保持对这个小业务的合作意愿。因此，虽然无须多家同时供货，但必须保证有一两家备用供应商。

空间3 瓶颈品类（X=<5，5<Y=<9，Z=< Sp），为低供应商吸引度，高供应复杂度，低采购额

在品类的供应复杂度比较高，而采购金额又较小的情况下，供应商和合作意愿一般都比较低。而且因为供应复杂度高，说明供应市场具有一定的垄断性，供应商一般具有一定的技术、渠道或专业资质的优势，在采购金额比较小的情况下，如果没有其他附加收益，如买方的品牌合作附加值或展开其他业务的合作，一般对这种业务兴趣不是特别大，所以，供应商和品类管理起来都比较麻烦。一旦因为供应商主观或客观的原因或采购管理的疏忽，就很容易出现供应的问题，进一步增加供应风险。如果是关键物料的话，可能会成为生产顺利进行的瓶颈。所以，对于该空间的品类来讲，保障供应的优先级高于成本降低。

针对供应商管理的策略是：

1. 以较为长期的合同提高其合作的意愿，如果买方企业对未来的发展预期比较好，也可以分享给供应商，提高其未来合作的收益预期。

2. 在可能的情况下，减少同质化的品牌型号和供应商，整合采购，提高单个供应商的业务量。如果多个工厂都有需求，可考虑其总量和配送的可行性，进行集中采购谈判。

3. 如果该品类非常关键，可以寻求通过开展其他业务增加总体合作意愿。如买方其他需求的品类如果该供应商也可以提供，则可以考虑合并采购。

4. 如果本地有合格的供应源，本地化采购也可以降低供应风险，提高响应速度和服务质量。

同时，尽可能地在供应市场上寻找可能的替代品。

要注意的是，对于该品类的供应商，三方竞价的效果不好，甚至可能因为重新竞价后的供应商在没有足够利润保证的情况下难以维系稳定供应。三方比价的方法只能用作了解市场的行情，而不能有效地作为压价的手段。同样，成本架构分析可能因为其结构复杂难以有效分析，且采购金额太小的话也没太大必要，只能是用于初步的判断价格区间。因为供应复杂度高，如果新供应商明显低于市面价的报价也要注意，明确其是否真正了解供应要求。

该空间供应商吸引度优化后，该品类位置可能移到空间4，即高供应商吸引度，高供应复杂度，低采购额。

空间4 维系品类（5<X=<9，5<Y=<9，Z=< Sp），为高供应商吸引度，高供应复杂度，低采购额

与空间2类似，处于该空间的品类属于比较良性的状态，但不是稳定的状态，特别是对于那些从空间3优化后移到该位置的品类，可能错误的策略或管理会使之退回空间3。同样，对于原先就处于该位置的品类，也要考虑为何在供应复杂度高、采购额小的情况下供应商还有比较强的合作意愿。

在前面的供应商博弈模型中提过，供应商的博弈期望收益有物质收益

第七章 策略的实施工具

和非物质收益，有短期预期收益和长期预期收益。而对于处于该空间的品类来说，因为供应市场具有一定的垄断性，供应商合作大多是看中长期的物质收益，如高增长的预期；或是短期的超额物质收益，如高利润；当然，着重非物质收益，如品牌合作增值也是可能的。因此，对于不同出发点的供应商预期，其管理策略是不同的。

对于高增长的预期。初期采购金额小，但未来可以看到发展的前景或希望展开其他业务的合作。很多大企业都可以看到这类供应商的身影，他们随着买方企业一起成长。这类供应商希望未来得到更大、更长久的收益，可以接受短期的低收益甚至亏损。很多采购人员也抓住供应商的这种心态和预期，在采购量上不去的时候喜欢通过夸大的手段向供应商描绘未来的憧憬，以期获得更低的成本和更优的服务。但是过一段时间后，如果供应商发现并没有达到预期的发展和业务量，他们就会降低合作意愿，不是要求涨价，就是采用消极的手段应付，造成供应风险。同时，也对买方企业的信任度大大降低。所以采购供应管理人员首先不要过于夸大未来的业务量，其次要跟踪业务的发展和供应商态度的变化以便及时应对，并寻找一两家认证过的供应商作为备选。当然如果确实之前夸大的业务量说辞透支了成本降低的空间，提高价格保证供应商吸引度和供应的稳定也是一种办法，毕竟采购金额基数比较小。

高利润。可能某些品类就是属于小众市场，采购金额小，供应难度大，但具有一定的垄断性，丰厚的利润足以让供应商保持强烈的合作意愿。如果有足够的供应源，可以通过几家供应商比价或成本架构分析控制成本，或者通过替代品方案，不管是真实计划还是仅作为谈判筹码，施加压力给予降价。当然，对于这类具有一定垄断性的供应商，仍然要注意保证在合理的市场利润水平。否则，因为缺少有效供应源，一旦合作意愿降低，同样会带来供应风险。

品牌合作增值。如买方是知名企业,与其合作具有一定的品牌附件值,特别是如果其标准在行业具有一定标杆地位时,其认证的供应商在行内将受到普遍认可,对于其开拓市场很有帮助。所以,有些供应商甚至在亏损的状态下都愿意合作。对于此类供应商,买方具有较大的主动权,易于管理,且可以充分地控制成本。但同时也要注意在供应商通过品牌增值达到开展业务目的后,是否还保持较高的合作意愿。

相对业务量较大。如果买方是大型企业,其所定义的小采购额,可能相对于小型或初创型企业的供应商来说算是比较大的业务量,对供应商的管理比较有主动权。这也是为何小供应商有时比大供应商更合适。如果有两家或以上的小供应商可供选择的话,那么适度的竞价或成本架构分析,是很有必要的,在控制成本的同时保证供应商一定的利润空间。同时,在允许的情况下保留两家供应商同时供货,价格低者供货份额大些,价格高者,份额少些;或是保留一家作为备用供应商,减低供应风险。

处于该空间的品类的优化任务是保障供应,降低供应风险。所以对于该空间品类的供应商的管理要以此为关注点,同时,必须预先调查清楚供应商的预期,然后才能有效地进行管理和优化。任何解决方案的实施都需要对症下药,根据上述的可能性,找出对应的方案。同时,可通过需求整合,签订中期协议,或考虑本地化的可能性,更好地与供应商合作,稳定供应,进一步提高供应商吸引度。

空间5 被动品类(X=<5,Y=<5,Z> Sp),为低供应商吸引度,低供应复杂度,高采购额

该空间品类供应商的合作态度与空间4截然相反。供应复杂度低,一般供应商市场竞争是比较完全的，可供选择的供应源多，再加上采购金额大的话，供应商的吸引度应该都比较高，所以出现供应商吸引度低的情况是比较反常的。因此，首先必须找出供应商合作意愿低的原因，才能对供应商管理策略对症下药。

在前面的章节已经提及供应商合作意愿低的原因，基于此，来作出不同的管理策略。

供应商利润低于市场水平。完全竞争市场的价格战杀伤力是比较大的，如果经过多轮竞标和价格谈判后，虽然交易金额大，但利润过低，供应商的长期合作意愿就会降低。这种情况下，供应商可能在市场行情好或产能受限的时候会将产能或资源优先留给利润高的客户。所以本书一直强调，单纯的价格战，不是成本可持续优化的根本，可能短期内可以看到效果，但长期带来的隐患可能造成更大的损失。

对于此品类供应商，在保证备选可用的情况下，可以减少供应商数量，以更大的量提高供应商的合作意愿，并签订长期的协议，延长竞价周期。同时加强合作，通过协助其对二级供应商的管理或成本管控，提高其利润空间。对于多工厂企业，可以查看是否有整合的可能，通过多区域（如全球范围）供应商选择，全部或部分区域集中采购，选出成本更低、合作意愿更高的供应商组合。同时可以通过明智采购革新采购的手段，加强供应商合作，使采购绝对值降低的同时供应商的利润率增加，当然，这个供应商可以是原供应商，也可以是新供应商。

业务量不对等。如果所选供应商规模太大，采购额与他们的业务占比太小，同样不会引起供应商的重视。在实际的采购操作中，一定避免一味地追求与大供应商合作，而是要寻找合适的供应商合作，特别是采购方的业务量或品牌知名度无法形成对等谈话资格的情况下。

公开市场大宗货物。一般大宗资源型货物，比如与国际或国内指数挂钩的农产品、石油产品、金属产品、矿产产品等，其市场竞争充分、透明，很多时候交易是双方在没有见面的情况下在平台达成合约的，其供应对象也不固定。对于这种品类，如果需求数量足够大的话，可以直接与原产地供应商直接合作，签订长期协议，对成本、交期和质量更为保证，并可能上升到战略合作关系。

空间6 杠杆品类（5<X=<9，Y=<5，Z> Sp），为高供应商吸引度，低供应复杂度，高采购额

空间5的品类供应商合作意愿提高后，就会转移到该空间，所以该空间是比较健康的状态，而且供应市场基本属于比较完全竞争的市场，采购额又比较高，对市场上的供应商具有持续的吸引力，属于比较稳定良好的状态。同时，也是最容易取得成本优化的空间。

对于这个空间的供应商，定期的三方竞价可以保证供应商组合足够的竞争度，在实际供货时保留2~3家即可，按其报价分配份额，在控制成本的同时降低供应风险。但如果通过成本分析，或比价中发现某个报价远低于其他报价时，则要注意是否有低价渗透的意图，或偷工减料的可能性。在可能的情况下查看其财务的利润表、资产损益表判定。对于多工厂企业，如果有相同的需求，可以整理出供应商信息图，通过集中采购，多区域选择供应商，通过数量杠杆在获得成本降低的同时进一步提高供应商的合作意愿。当然，跨区域供货的时候要考虑贸易壁垒等政策性风险，要考虑其配送能力和需求地的配套服务能力等，所以在进行供应商选择时，必须把这些因素作为评估指标。同时，应适当保留当地供应商的份额，双重保障。

对于常年采购经过多次竞价的品类，一般很难单纯通过议价采购的方式获得更多的成本优化，而且可能因为利润率的减少逐渐降低供应商的合作意愿，甚至移到空间 5 的位置。所以，应该加强供应商合作，通过明智采购的方式，如标准化、规格优化等进一步减少差异性，获得更多的规模效应而降低单价，降低供应风险；或者通过革新采购的思维，进行根本效用分析，剔除无效或冗余的效用要求，减少无价值的要求，在获得更为深入的成本优化的同时保证供应商合理的利润率。因此，在供应商选择时，创新能力、技术能力等也要作为评估的指标。对于能够持续为明智采购或革新采购提供建议或方案的供应商，应列为重点供应商，并签订中期协议。

空间 7 紧要品类（X=<5，5<Y=<9，Z> Sp），为低供应商吸引度，高供应复杂度，高采购额

该空间的品类一般是比较关键的战略级物料，对技术质量要求高，或是监管力度大，或是供应源属于寡头或完全垄断市场。能提供该品类的供应商往往规模较大，具有一定的技术垄断地位，或很强的渠道控制力。因为他们在市场上具有较强的主动权，客户可选择性多，所以对买方的业务吸引度不高，特别是采购量占其业务总量很低的情况下。因此，对于这些品类的供应和供应商关系维护都必须时刻关注，避免产生较大的供应风险。

常规的供应商管理的策略是：

第一，通过长期的协议提高供应商的合作意愿，尽量维持与供应商的关系，包括建立与供应商负责人之间的良好私人关系。

第二，通过集中采购的方式提高采购量，在可能的情况下，选择体量更小的供应商以提高采购额在其总业务量中的占比。

第三，从供应市场中寻找可能的替代品，或培育潜在的供应商，如提供市场支持和技术支持等。

长远的且可持续性的方式是通过明智采购和革新采购的方式，在降低采购额绝对值的同时，预留稍微有竞争力的利润率给供应商，以提高其合作意愿。或者通过明智采购或革新采购的思维寻找供应商合作意愿较高的新替代品。摆脱原有采购品的束缚，包括供应源、供应复杂度及成本。当然，对于这种优化，现有供应商一般不太愿意提供帮助，所以只能从供应复杂度评估表中的内生要求和供应商吸引力评估表中的外部市场或买方自身分析等因素中找到突破口。尽量把处于该空间的品类移到空间8，建立合作伙伴关系。

空间8 战略品类（5<X=<9，5<Y=<9，Z> Sp），为高供应商吸引度，高供应复杂度，高采购额

该空间品类一般属于战略性物料，一个企业的核心竞争力往往也体现在这些关键战略性物料上，其供应商也对企业的运营起着关键的作用，所以一般会建立长期的战略合作关系，有些甚至买方参股入资，保证战略资源的稳定供应。此外，双方的关系还更多地在于深入合作，如明智采购和革新采购的思维，发挥各自的专长，通过改善物料的特性，提高良率，开发新产品，或优化物料使用的组合，改善物料的使用寿命，共同提高产品的质量、成本、知名度等来提高市场占有率等来优化成本和供应复杂度，获取并分享更大的市场蛋糕，共同成长。

当然，作为买方，为保证供应的低风险和合作的主动权，尽可能地开发若干候选供应源，并分配部分采购量，虽然可能价格更高。对于跨国企业，在考虑贸易壁垒和跨区域管理和配送能力的情况，可实行集中采购，

但仍需配比 1～2 家当地区域供应商。此外,可重点关注新兴市场的供应商,其可能是促进供应商组合优化和供应战略优化的生力军。同时,要持续关注替代品市场,多与该类市场的供应商接触了解,不仅为了保障供应的多重选择性,也能更好地把握自身行业未来发展的趋势。

以如下"供应商管理优化策略思维导图"7-22 作为本节的小结,梳理一下供应商管理和优化策略的一般思路和步骤。

供应商管理和优化策略,一般先要定位该品类处于采购供应策略立方模型中的哪个空间,根据其空间特性和所得到的初步信息与数据明确其需要优化的方向(请参考前面"采购供应策略立方模型"章节中对各空间基本策略的阐述)。然后对该品类的供应市场进行深入了解分析,进而再对该品类现有的供应商组合结合 SWOT、PEST 等分析工具进行微观、中观、宏观分析。通过这些详细深入的分析,就可以开始制定基本的管理策略及下一步的优化策略,并立项进入执行阶段,向着该品类的优化目标前进,即更高的供应商业务吸引度、更低的供应复杂度和更少的采购成本。

供应商管理与优化的策略需要与本章第一节所介绍的采购成本优化策略、战术有机结合使用,才能有效地实现采购供应优化的战略目标。

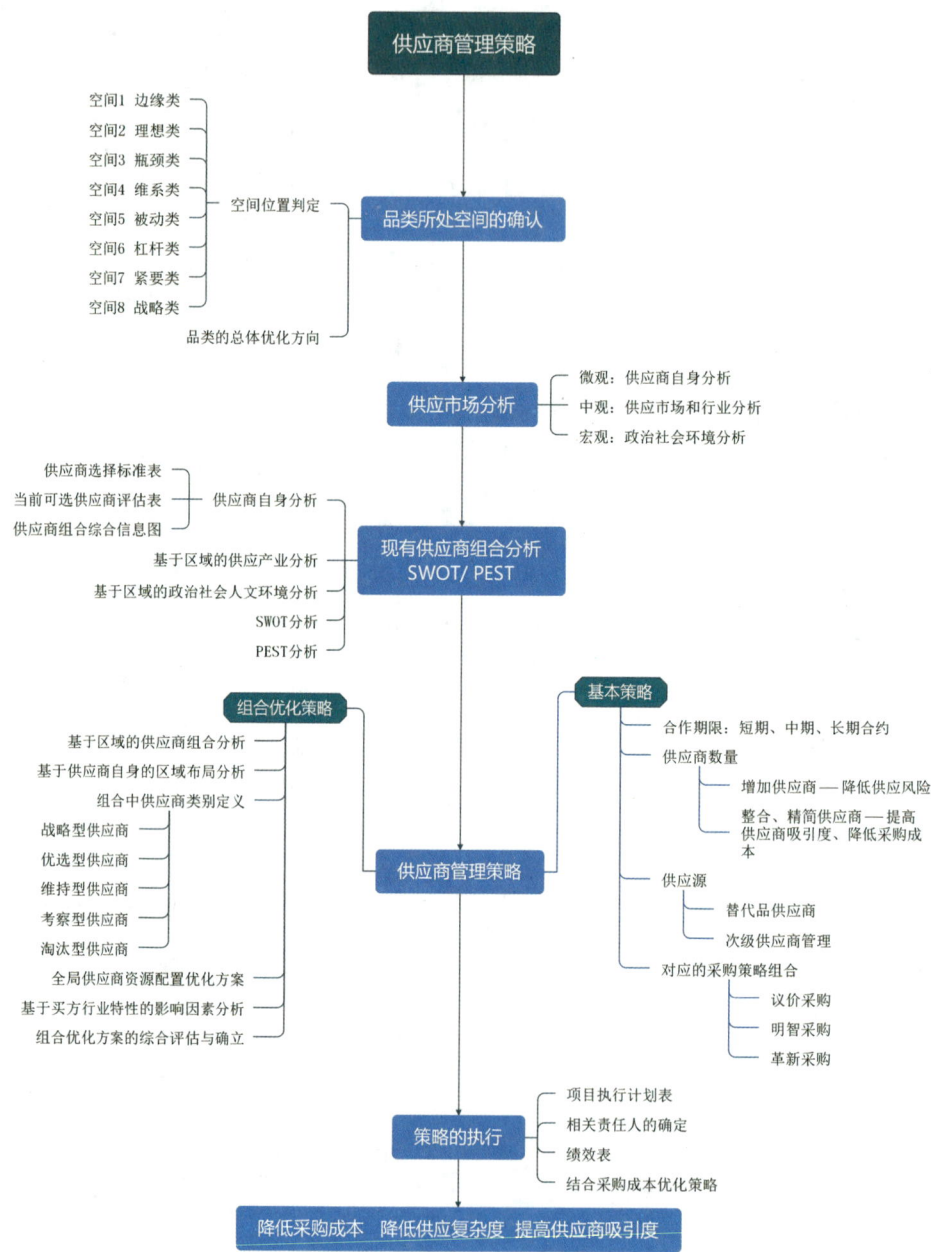

图 7-22 供应商管理与优化策略思维导图

第八章 策略的实施与管理

再好的策略也要通过有计划的、严格的执行和管理才能有效地实现。通过第一阶段的信息的收集、分析、诊断到第二阶段建模、策略方向的制定,再到第三阶段采购成本优化方法的分析、选择和组合,供应复杂度的优化思路及供应商管理与优化的分析和策略后,开始进入最后一步:策略的实施与管理。

采购供应优化策略的实施与管理可以通过项目的形式来完成,每个品类的实施都可以看作大项目中的一个子项目,也可以成为一个独立的项目。同样,对于跨国多工厂或多事业部企业,也可以按区域或事业部分划分,每个区域项目或事业部项目都是全球大项目的子项目。基于此,策略的实施将引用项目管理的方式进行。

所谓项目管理,就是项目的管理者,在有限的资源约束下,运用系统的观点、方法和理论,对项目涉及的全部工作进行有效的管理。即从项目的决策开始到项目结束的全过程进行计划、组织、指挥、协调、控制和评价,以实现项目的目标。

所以,策略实施前从信息收集分析到策略的制定都可以算作项目管理的前段或预备阶段,后面的实施可以作为项目管理的后半段或正式阶段。

◎ 8.1 项目的立项

人员的组织架构配置与职责定义

所谓兵马未动粮草先行，项目管理也是如此，人作为策略实施的关键资源，在项目正式实施之前，必须先配备相关的责任人，明确其在项目中各自的职责，并召开正式会议立项。一般而言，其步骤如下：

1. 设置项目管理组，对项目进行专门管理。项目的不确定因素多，可能涉及很多新情况和新问题，需要不断研究解决。而且，项目实施基本是跨部门、跨企业、跨国跨文化，甚至还有可能涉及政府部门、学术机构等单位，需要相互配合、协同攻关才能完成。对此，应单独设置成立专门的项目组，配备一定的专职人员，对项目进行专门管理。如采购供应优化项目组、采购供应策略组、成本控制项目组等。

2. 设置项目负责人。项目总监或经理，对项目进行全局管理一般可以由企业高层或采购负责人担任。如果有子项目，对每个子项目设置一个项目主管，如区域级别的采购供应经理或品类采购负责人。

3. 设置项目组成员。项目涉及的部门比较多，每个相关的部门可以委派一个人作为项目组成员。对项目中涉及其所属部门的事务作出专业的意见和行动，如质量部、生产部、市场部、政府事务部等部门。

4. 设置矩阵结构的组织形式，对项目进行综合管理。矩阵结构就是由纵横两套管理系统组成的矩形组织结构。一套是纵向的部门职能系统，另一套是由项目组成的横向项目系统。将横向项目系统在运行中与纵向部门职能系统两者交叉重叠起来，就组成一个矩阵。每个项目组成员都是这个矩阵组织的节点，是项目与其本身职能部门的纽带。

表 8-1 项目组织职责表

项目组织	职责	担任者
发起者/决策者	• 制定项目管理的总路线 • 把控项目的进度 • 帮助去除项目执行中的障碍	• 关键时刻起决定作用的高层管理者，项目总负责人。如得到充分授权的项目总监、CPO、CFO、CEO挂职等
利益相关部门委员会	• 监督项目的进程并核验阶段性成果 • 验证项目的方向并提供建议 • 支持并监督项目的执行	• 对该项目有相关切身利益并充分了解的各部门中高层管理者。其监督和成果评价具有客观性和广泛的认可性
项目行动负责人 子项目主管人员	• 协调跨部门团队，为项目矩阵组织架构的节点 • 推动管理项目的进程 • 以行动为导向	• 品类采购负责人。丰富的品类采购供应管理和项目管理知识和经验 • 专职项目主管。丰富的项目管理经验
项目组成员	• 提供专业知识、技能、信息数据和评估 • 主导其领域部分任务的执行 • 负责其专业领域的分析并报告给其上级	• 利益相关部门具有较强专业水平的代表。如能代表其部门参与项目的生产主管、质量主管、市场部主管、政府事务主任等
外部支持人员	• 提供数据和专业信息 • 对项目的指令进行反馈 • 项目的一线执行者	• 项目标的的一线人员。如生产线操作工、质量部实验室人员、市场一线策划销售人员等

项目一般是自上而下推动的，即便项目的起初的概念、信息的收集或方案可以是由基层或中层管理人员提出，但要真正有效执行，必须通过高层决策并立项推动。特别是涉及跨部门甚至跨国团队协作的时候，具有决定权的总项目负责人对项目的成功实施非常重要。项目总负责人可以是得到充分授权的项目总监／经理，也可以是挂职的高层管理人员。对于这种供应采购优化方面的项目，总负责人一般是采购供应部总负责人，如 CPO 等，也可以授权给次一级管理人员担任。项目决策者不仅肩负着制定项目管理的总路线和宏观进度管理，还必须有足够的权限或渠道帮助扫除项目执行中的各种障碍，对结果负责。

对于比较大型的项目，如跨国多工厂采购供应优化项目，可能还需要组建利益相关部门组成的委员会，其主要由具有一定权威的各利益相关部门的中高层管理者担任。委员会的任务是监督项目的方向正确性，验证项目的进程和阶段性成果。其监督报告和成果评价具有客观性并受到包括高级管理层在内的广泛认可。如果较小的项目一般就不需要，来自各部门的项目组成员一般就可以充当这个角色。

项目行动负责人。小型项目的项目行动负责人一般由项目总负责人担任。对于大型的项目，会分拆各子项目，子项目的主管人员便是项目的行动负责人。如全球采购供应优化项目中，各个区域、事业部或品类的子项目负责人就是该区域或事业部的采购负责人，或是该品类的采购负责人。该角色是项目矩阵组织架构的关键节点，既要向项目总负责人汇报，又要向当地的管理人员如总经理汇报。同时也是各部门协调管理的中枢节点。该角色不只担任着上传下达的任务，还必须是强力的以行动为导向的项目推动者，必须对所负责的品类有一定的了解、对采购策略管理和项目管理有一定的知识和经验。

项目组成员主要由各利益相关部门的主管担任。能够提供专业的知识、信息并对现状、方案和结果进行评估。其主要主导其所在领域的项目任务执行，进行专业的分析并汇报给其上级。该角色一般由各利益相关部门具有一定专业能力的主管级别及以上的人员承担，如生产主管、质量主管、市场主管、政府事务主任等，这样在对一线员工收集项目数据或分配项目实操任务时，更有效率。

外部支持人员。除了专业的顾问外，更多的是各利益相关部门的一线员工，主要由项目组成员主导调配。其主要职责是提供基础数据和专业信息，对项目的指令作出反馈并执行。他们一般由生产一线操作管理者，如质量部实验室人员、市场销售人员、采购员等担任，肩负着项目真正落地执行和有效性检验的重任。

　　类似上述的成员架构，对于比较大型的，如全球采购供应项目，其组织层级可能会根据区域、国别、事业部和品类一级级下分。如图8-1所示。

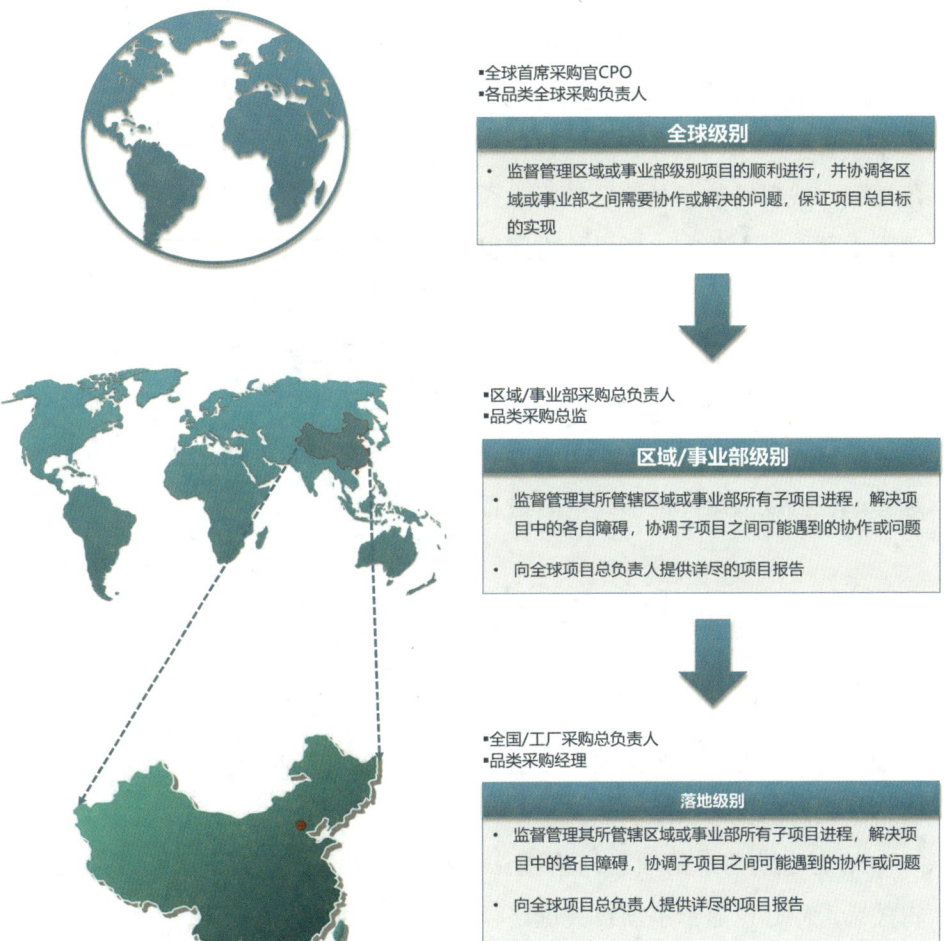

图 8-1　全球采购供应优化项目组织分级

　　全球采购供应优化项目的总负责人是首席采购官 CPO，负责全球项目的全局，监督区域或事业部的子项目进展情况。区域或事业部的子项目的负责人是该区域的采购总管，如采购总监，其负责本区域或本事业部项目的管理并监督下一级项目（地方级）的进展情况；负责向CPO及时汇报所负责项目的进展。地方级的项目由负责该处的采购经理管理，并及时向区域或事业部的项目负责人汇报项目进展。

全球级和区域或事业级的项目管理人员更多的是监督、分析、指导和汇报，更多的是比较务虚的工作。而地方级往往是一线管理者和员工真正落地到一线现场的，是检验项目是否真正有效实施并起到预想的结果的，更为重要，更为务实，所以地方级也可以称为落地级。

当然，还可以根据品类为主线划分，每个品类作为一个子项目，管理汇报线由地方级的品类经理到区域或事业部级的品类总监，到全球品类采购负责人，再最终到CPO。各级区域、事业部和地方工厂的采购总监、经理辅助协调品类负责人的项目执行。这两种方式可以根据企业的实际情况选择，也可以按矩阵的形式同时进行。

◎ 8.2 项目的实施进度计划

项目进度计划亦称"进度计划"，包括每一具体活动的计划开始日期和期望完成日期。可用摘要"主进度计划"形式或详细形式表示，也可用表格形式，但更常以图示法表示。具体有以下几种：

1. 有日期信息的项目网络图。这些图能显示出项目间前后次序的逻辑关系，同时也显示了项目关键路径与相应的活动。

2. 条形图。也称甘特图，该图显示了活动开始和结束日期，也显示了期望活动时间，但图中显示不出相关性。条形图易读、直观，一目了然。

3. 重大事件图。类似于条形图，可显示出主要工作细目的开始和完成时间。

4. 有时间尺度的项目网络图。这是项目网络图和条形图的一种混合图，显示了项目的前后逻辑关系、活动所需时间和进度方面信息[1]。

进度计划编制的主要依据是：

1. 项目目标和范围。即采购供应策略的优化目标和所要优化的区域范围或品类范围等，包括各子项目的子目标和范围。

2. 项目工期的要求。如总工期的要求、各子项目工期的启动时间和工期要求等。如全球采购供应策略优化项目总工期分3期，每期间隔1年启动，第1期由欧美区域先行启动，项目工期2年，第2期亚太区子项目启动，工期2年，第3期非洲和拉美区域子项目启动，工期1年。

3. 项目工作分解分配。项目工作的分解参照WBS工作分解结构（WBS，Works Breakdown Structure）的方法，将项目按目标时段、职能部门、区域事业部、实施顺序等分解为模块，每个模块再分解成任务单元，任务单元进一步分解成一项项工作，再把一项项工作分配到每个人责任人。即项目→模块→任务→工作。工作分解结构是以可交付成果为导向，对项目要素进行的分组，它归纳和定义了项目的整个工作范围，每下降一层代表对项目工作的更详细定义。如按职能模块分解：供应优化项目→质量模块（职能模块）→验证测试任务（职能模块中的其中的一项任务单元）→完整性验证、耐受性测试、过载测试（该任务单元中所涉及的具体工作）→实验室人员A、B、C（每项具体工作的负责人）。当然，还可以根据项目实施顺序分解，除了模块和任务单元的组合顺序不同，模块和任务单元下面所分解对应的具体工作及其负责人都是一样的。

编制进度计划前要进行详细的项目结构分析，系统地剖析整个项目结构的构成，包括实施过程和细节，各个项目结构或任务单元的责任人等，进而系统规则地分解项目。此外，进度计划编制要充分考虑客观条件和风

---

1. 陆雄文．管理学大辞典．上海辞书出版社，2013．

险预计，确保项目目标的实现。并把总计划分解到每年、每季度、每月、每周等各阶段，从而对项目实施进度进行控制管理。

项目进度控制管理是采用科学的方法确定进度目标，编制进度计划与资源供应计划，进行进度控制，在与质量、费用、安全目标协调的基础上，实现工期目标。由于进度计划实施过程中目标明确，而资源有限，不确定因素多，干扰因素多，这些因素有客观的、主观的，主客观条件的不断变化，计划也随着改变。因此，在项目执行过程中必须不断掌握计划的实施状况，并将实际情况与计划进行对比分析，必要时采取有效措施，使项目进度按预定的目标进行，确保目标的实现。进度控制管理是动态的、全过程的管理，其主要方法是规划、控制、协调。

如表 8-2 所示，基于采购供应优化策略模型的项目进度计划表框架。该计划表涵盖了从最初的数据收集到策略的制定，再到最终的实施落地并应用。具体可执行的项目的立项视其复杂度和企业的实际情况，可以从最初的数据收集开始（即第 2 步开始，项目前段），也可以从策略确定后正式执行开始（即第 3 步开始，项目后段）。项目一栏需清晰地标注从大到小，由大模块到每个阶段任务，到每个任务下的具体工作，甚至细分分解到每个可执行的行动计划。在实际操作中，策略的实施与管理是决定项目能否真正落地的过程，其任务单元的分解和管理可能会更加细化。因此，包括项目前段在内，每个任务单元的负责人需要定义清楚，如表中项目负责人一栏，每个任务都因具体到对应的责任人，如项目组员中的质量部负责人 A、市场部负责人 B 等，甚至需在任务单元下的每项工作中详细指定更具体的操作执行人员。

表 8-2 项目进度表 —— 从策略的制定到执行落实

项目任务	负责人	2018 1	2	3	4	5	6	7	8	9	10	11	12
项目前段													
1. 准备、动员与立项	项目总管	■											
2. 采购供应优化策略	项目总管	■	■	■	■	■	■	■					
① 数据收集、分析与管理	采购部		■	■									
a. 采购数据	采购部		■	■									
b. 供应市场分析	项目组员												
c. 供应风险的分析与细化	采购部			■	■								
② 数据的量化	项目组员												
a. 采购成本	项目总管												
b. 供应复杂度													
c. 供应商吸引度	采购部												
③ 采购供应策略立方模型生成	项目组员				■	■							
④ 基于模型的分析和诊断	项目组员				■	■							
a. 采购成本优化分析	项目组员												
b. 供应复杂度优化分析	项目总管												
I. 内生要求	采购部及项目组员												
II. 外部限制													
c. 业务吸引度优化分析													
⑤ 策略的制定							■	■					
⑥ 策略的实施方案	项目组							■	■				
a. 成本优化策略（议价采购、明智采购、革新采购）	项目总管 / 项目组员 / 项目组员												
b. 供应商管理与优化策略	项目总管												
项目后段													
3. 策略的实施与管理									■	■	■	■	
① 准备（人、物、财）									■	■			
② 任务单元分解（WBS）										■	■		
③ 计划进度表											■	■	
④ 项目过程管理													■
4. 完结													

253

计划表中时间栏下面的横线表示的是每个任务的计划完成时间（该进度表仅显示出关键任务／工作单元的时间条），如项目总计划时间是 12 个月，其中第 2 步采购供应优化策略需要执行并完成的时间段是 1 月中旬到 7 月底，其细分下去的每个具体任务又有细化的要求时间。如第 2 步中，数据收集、分析与管理的任务从 1 月底启动，3 月初完成。该任务可分解为 3 个工作单元，即①采购数据收集工作单元，②供应市场分析工作单元，③供应风险的分析与细化工作单元。可以看出，每个工作单元可能需要通过一系列的行动计划才能完成，所以在实际工作中，该表的任务栏还可以进一步细分下去，如供应市场分析可能还包括供应市场宏观环境、中观产业状况和微观供应商资源等的信息的收集与分析等，这些都可以进一步给出想象的完成时间和相应的负责操作人员。同样，数据的量化任务紧接上一任务，从 3 月初开始到 4 月初需完成，依此类推。当然，对于比较复杂的项目，每个任务单元的负责人可以根据需要，单独为该任务再制定一个详细的进度计划表。目前很多项目管理软件可以很清晰地实现这一功能，如微软公司的 Project 软件等。

对于比较大型复杂的项目，如全球采购供应优化项目，其涉及不同的区域、不同的事业部、不同的品类等，所以基于实际划分的需要，每个模块可以看作子项目进行管理。如基于区域划分，那么每个区域可以按一个子项目来管理；基于事业部划分，每个事业部的策略实施也可以看作一个子项目；按品类划分亦是如此。然后通过一个汇总的子项目进度表进行总项目的管理。表 8-3 是基于区域划分的子项目进度总表，每一行都显示该区域子项目的进度计划。其每个子项目的进度计划由项目总负责人／组制定，由每个子项目的负责人执行、管理并汇总定期汇报。

同理，如按品类划分，则以基于品类的子项目进度总表来管理，每个子项目对于一个品类的进度计划，如品类 A 项目进度（计划）表，品类 B 项目进度（计划）表等。按事业部划分亦是如此。每个子项目可沿用如上

"项目计划进度表框架",制定项目进度计划。

因为区域、事业部门、品类的差异性,或每个执行单位(分公司、工厂)的实际经营管理策略或环境不同,每个子项目的启动时间和执行进度可能具有一定的差异性,法国和北美洲是最先行启动项目的,其他洲延后,且不同国家启动也有所差异。有些比较复杂的可能需要通过一个试点,如某区域、某事业部、某品类、某工厂等,实施成功后才开始逐步或全面推行,由点及面,以避免执行过程中出现的风险,并积累更多的经验,更有效率地执行落地。当然,这个试点的范围也根据企业的实际需要选择,如从某一工厂的某一品类为试点,或全球范围内的某一品类为试点,或某事业部的某工厂(包含其采购的所有品类)为试点等。对于风险比较大或暂时不适合执行的,可以暂时不纳入项目。

表 8-3 基于区域划分的子项目进度总表

年均采购额	区域/国家	2015 Nov	2015 Dec	2016 Jan	2016 Feb	2016 Mar	2016 Apr	2016 Mai	2016 Jun	2016 Jul	2016 Aug
64 M€	法国总部										
114 M€	北美洲 美国、加拿大										
235M€	欧洲 德国、意大利 俄罗斯 希腊、西班牙 波兰										
370M€	亚太区、日本 中国 澳大利亚、韩国 日本、泰国										
470M€	南美 墨西哥、巴西										

图例:策略的制定、策略、策略的实施落实

对于不同的品类,其策略实施所要求的项目期限和由点及面的推广周期要求是不一样的。供应复杂度高,特别是对质量稳定性可靠性要求特别高的品类,项目推进的时候以稳为准。因为品类虽然所有指标都符合要求,但可能在使用一段时间后才发现其他未预知的问题。因此,在由点及面之前,最好能通过一定时间的观察,保证产品的稳定性和可靠性后,才开始逐步推广。

同样对于不同的行业,亦是如此。这里仍用更新换代速度快的快消电子行业和追求稳定性可靠性的生物医药行业为例。对于快速消费品电子行业,注重的是对市场的快速反应和占有率,其成本优势和供货能力是抢占市场的关键因素,所以在各区域项目推进的时候,时间差间隔会比较小,甚至是同步推进,执行速度会比较快。相反,对于如生物医药行业这样偏重质量的高稳定性和高可靠性的行业来说,更注重的是其质量的稳定性和可靠性,包括配送中的质量风险等,如冷链运输、超低温运输。即便某个试点项目很成功,但其向面扩散也是渐进地,更多是从非关键品类入手开始推进,在确保子项目成功实施并的稳定可靠的运行后,逐步增大实施的范围,而不会一步到位。同样,其他诸如采矿业、能源产业等又各不相同,不同行业都有其各自特性,就采用不同的项目推进策略。

◎ 8.3 项目的监管与绩效考核

与绝大多数项目管理一样,在采购供应优化策略实施的过程中,只有良好的计划表是不够的,还需要对项目实施的进程进行监管,对阶段性成果进行考核,奖罚分明,步步为营,才能最大概率地达到目标,使策略得以顺利有效地实施。

一般而言,项目实施的监管和绩效考核主要有几个方面:

1. 项目进程的监管。首先,要保证行动内容无偏差,避免往错误的方向使力,及时纠正偏差,保证执行的准确率和效率。其次,要保证实际行动计划时间节点与原计划表是同步的。即便在某些行动节点完成时间有出入,也可以通过进程监管及时纠正、调节时间,使实际行动内容和时间表与项目计划一致。如某个任务由A、B、C三个分解工作组成,工作A因为部分行动偏差,使其完成时间拖后,那么就需尽量缩短在工作B或/和C的完成时间,使任务完成时间节点与进度计划表一致。该部分主要由各任务责任人主要负责。

2. 扫清障碍。在监管的过程中,如果发现某些阻碍项目推进的因素,则必须向项目负责人或更高级管理层反馈,以扫清其障碍。

3. 合规性的监管。监督项目执行的合规性,要保证任务的完成和问题的解决是通过合法合规的形式完成。

4. 绩效点/里程碑的设定,如阶段性目标、成本优化率、供应复杂度优化率等。绩效点的设置是在保证项目顺利进行的同时,也是绩效考核的重要组成部分,是对相关责任人奖罚的主要依据。

对于比较大型的项目,监管与绩效考核一般由项目组以外的第三方团队负责。一般而言,大多由项目各模块/任务责任人负责其所属模块/任务的监督职能,以便在实际执行过程中实施现场管理监督并及时纠偏。此外,还可以通过统计分析工具、例会和周期性报告等上传下达,让项目具体执行人员得到及时指导和纠正,让高层管理人员得到及时的信息和反馈。

总之,在传统的观念下,采购供应管理部门作为一个支持性的部门,甚至被认为是个"花钱的"部门，在企业管理层的话语权一般比较低，往往只是被动的执行部门，不像销售部门被认为是企业收入的源泉，也不像质量技术部门有自己的专业领域话语权。所以，采购供应部门要组织并引导这种采购供应策略优化项目，困难更大，更需要得到高层管理者的认可并自上而下地推行。可喜的是，这种被动的状态已经在慢慢改变，供应管理专家／高层管理者开始从企业战略的角度参与决策，从企业战略的层面上进行全面成本控制和全链条供应管理。

同时，处于一线的工作人员往往更容易从其熟悉的岗位获取优化的思路。结合一定的奖励措施，如果该一线人员提出的思路能被采用并实施变现的话，给予一定的物质上和精神上的奖励，那么，这种全员参与的优化改善文化（不限于成本，可能还有工艺改善、质量改善等）将激活企业，且因为奖励受益者往往是一线操作的员工或部门，因此，落地实施起来也将事半功倍。

未来展望：采购供应管理的新时代

随着信息技术快速发展，在竞争市场上利用信息的不对称套利的难度越来越大，产品及服务的成本与利润将越来越透明，这将使产品或服务的成本控制变得简单。基于5G或更高代次的通信技术的万物互联（物联网），使每个数据点数据的提取变得更加容易、快捷，也更加精准，这对于供应风险点的分析及整体供应链的优化有很大的帮助。同时，如本书开头所述，大数据与人工智能的结合，对于采购供应状态的自动化分析和智能化决策将变得更容易、更快速、更精准。这不仅有助于企业总成本的优化，也有利于企业的管理和市场的拓展。

所有的这些技术都将逐步把采购供应人员从日常的初级工作中解放出来。将来所要采购的非复杂物料或服务，其要求大都将标准化，不同的需求（配置）也只是不同标准模块的组合。在打破信息壁垒之后，对于由标准模块或标准要求组成的物料或服务，将很快可以获得最优的供应源信息和成本价格，并可以自动分析定标，自动下单并配送。因此，一些处理简单工作的采购员、跟单员的岗位将大量减少，采购供应岗位将更多地关注于复杂品的采供、数据的分析和策略的制定。未来10年，将是该类岗位一个逐步淘汰和转型升级的时期。

同时，近几年的共享经济与平台化的趋势，将进一步打破信息壁垒。企业将可能以供采联盟的形式，在同一个供应链协同平台上，共享信息，整合需求，通过需求杠杆提高议价力和规模经济效应优化成本，提高供应链的效率，并将从需求申请、采购招标到物流付款等进行全供应链条数字化，协助参与企业的供应链数字化转型。

供应链协同平台产生的数据结合区块链技术，使数据不可篡改、可追溯、去中心化，提高了其公信力。这对于银行或第三方供应链金融机构的对接非常有利，有助于解决协同平台参与企业融资的问题。同样，对于信用度高的核心企业，甚至可以通过以写入区块链的实际供应链交易信息作为背书，将债权区块链化，直接进行分割并多级流转，无须第三方金融机构的介入就可以实现信用融资，解决资金问题。这也是全面成本控制的一页新篇章。

虽然，技术貌似很强大，理想看似很丰满，然而，未来是多变的，道路也是曲折的。知易行难，路漫漫，与诸君共勉！